KLAUS-JÜRGEN KRAATZ

Der Schutz geographischer Weinbezeichnungen im Recht der Europäischen Gemeinschaften

Schriften zum Internationalen Recht

Band 21

Der Schutz geographischer Weinbezeichnungen im Recht der Europäischen Gemeinschaften

unter besonderer Berücksichtigung der Sanktionsbefugnisse und der Außenkompetenzen auf Grund des EWG-Vertrages

Von

Dr. Klaus-Jürgen Kraatz

DUNCKER & HUMBLOT / BERLIN

Gedruckt 1980 bei Berliner Buchdruckerei Union GmbH., Berlin 61
Printed in Germany

ISBN 3 428 04800 8

Für Marianne

Vorwort

Die vorliegende Arbeit wurde von zahlreichen Personen und Organisationen gefördert, denen der Verfasser an dieser Stelle sehr herzlich danken möchte. Da es nicht möglich ist, alle zu nennen, gilt mein besonderer Dank — stellvertretend für alle, die mich bereitwillig unterstützt haben — folgenden Personen und den Organisationen und Institutionen, die Sie repräsentieren:

Professor Dr. Steinberger, Universität Mannheim, der meine Arbeit betreut hat.

Professor Dr. König, Universität Mannheim

Giuliano Marenco, Kommission der Europäischen Gemeinschaften, der mir die Anregung zum Thema dieser Arbeit gegeben hat.

Professor Dr. Matthies, Kommission der Europäischen Gemeinschaften

Dr. Alfred Reichardt, Kommission der Europäischen Gemeinschaften

Guido Berardis, Kommission der Europäischen Gemeinschaften

Dr. Werner Becker, Deutscher Weinbauverband, Bonn

Ministerialdirigent a. D. Dr. Renz, Ministerium für Landwirtschaft, Weinbau und Umweltschutz, Mainz

Rechtsanwalt Dr. Winfried Tilmann, Düsseldorf

R. Tinlot, Ministère de l'Agriculture, Paris

Ferner danke ich Frau Hofacker, die in vorbildlicher und unermüdlicher Weise das Manuskript betreut hat.

Last no least möchte ich dem *Institut für Weinrecht, Trier,* für seine großzügige Unterstützung danken, die das Erscheinen dieser Arbeit ermöglicht hat.

Kronberg, den 26. August 1980

Der Verfasser

Inhaltsverzeichnis

2. Kapitel:

Teil II

Der Schutz von Herkunftsangaben und Ursprungsbezeichnungen der EG-Weine durch internationale Abkommen

Abkürzungsverzeichnis

a. A.	=	anderer Ansicht
Abl.	=	Amtsblatt der Europäischen Gemeinschaften
A.O.C.	=	Appellation d'Origine Contrôlée
A.R.	=	Arrêté Royal
C.D.E.	=	Cahiers de Droit Européen
C.I.A.	=	Consumer Information Act
C.M.L.R.	=	Common Market Law Reports
dir. com.	=	diritto comunitario e degli scambi internazionali
Dok.	=	Dokument
D.P.R.	=	Decreto Presidenziale della Republica
endg.	=	endgültig
EuGH	=	Europäischer Gerichtshof
EuR	=	Europarecht
Fasc.	=	Fascicule
FN	=	Fußnote
GRUR	=	Gewerblicher Rechtsschutz und Urheberrecht
GRUR Ausl.	=	Gewerblicher Rechtsschutz und Urheberrecht ausländischer und internationaler Teil
GRUR Int.	=	Gewerblicher Rechtsschutz und Urheberrecht internationaler Teil
G.U.	=	Gazetta Ufficiale
Ing. Cons.	=	Revue de Droit Intellectuel — L'Ingénieur-Conseil
J.C.L. Comm.	=	Jurisclasseur Commercial
J.C.P.	=	Jurisclasseur Périodique
J.O.R.F.	=	Journal Officiel de la République Française
KOM	=	Kommission
L.J.	=	Lord Justice
LUA	=	Lissaboner Ursprungsabkommen
MA	=	Der Markenartikel
m. a. W.	=	mit anderen Worten
MHA	=	Madrider Herkunftsabkommen
M.M.A.	=	Merchandise Marks Act
m. w. N.	=	mit weiteren Nachweisen
NJW	=	Neue Juristische Wochenschrift
O.I.V.	=	Office International de la Vigne et du Vin
Q.b.A.	=	Qualitätswein bestimmter Anbaugebiete
PVÜ	=	Pariser Verbandsübereinkunft
Rdn.	=	Randnummer
Riv. dir. ind.	=	Rivista del diritto industriale
Riw/Awd	=	Recht der internationalen Wirtschaft/Außenwirtschaftsdienst des Betriebs-Beraters

RMC	= Revue du Marché commun
R.P.C.	= Reports on Patent Cases
Rs	= Rechtssache
RTDE	= Revue Trimestrielle de Droit Européen
RuW	= Das Recht des unlauteren Wettbewerbs in den Mitgliedstaaten der Europäischen Wirtschaftsgemeinschaft
Rz.	= Randzahl
S.E.W.	= Sociaal Economische Wetgeving
S.I.	= Statutory Instrument
Slg.	= Sammlung
Suppl. ord.	= Supplemento ordinario
T.D.A.	= Trade Descriptions Act
VDQS	= Vin Délimité de Qualité Supérieure
VO	= Verordnung
Vol.	= Volume
vqprd	= Vin de qualité produit dans des régions déterminées
WIPO	= World Intellectual Property Organisation
W.L.R.	= Weekly Law Reports

Einleitung

Als vor mehr als 20 Jahren der Vertrag zur Gründung der Europäischen Wirtschaftsgemeinschaft geschlossen wurde, ließ sich nicht vorhersehen, welchen Umfang die aufgrund dieses Vertragswerkes erlassenen Rechtsnormen annehmen würden. Noch weniger konnte man zum damaligen Zeitpunkt erwarten, daß im Rahmen dieses wirtschaftlichen Zusammenschlusses nicht die Probleme der gewerblichen Wirtschaft, sondern der Landwirtschaft hieran den größten Anteil haben würden. Dieses im wesentlichen aus Verordungen und Richtlinien des Rates und der Kommission der Europäischen Gemeinschaften bestehende Rechtsgebiet ist bis heute weitgehend unerforscht. Dabei kommt dem Weinrecht insofern eine besondere Bedeutung zu, da es sich um ein Teilgebiet des Landwirtschaftsrechts handelt, das die Gemeinschaft umfassend geregelt hat.

Die hierbei möglichen Konflikte und Schwierigkeiten werden besonders deutlich am Beispiel der geographischen Weinbezeichnungen. Diese dienen der lebensmittelrechtlichen Kennzeichnung des Erzeugnisses Wein, bekannte Lagenamen und andere geographische Weinbezeichnungen dienen außerdem der Verkaufsförderung. Ihr Mißbrauch berührt daher Fragen des unlauteren Wettbewerbs. Dieser Aspekt darf daher bei der Würdigung der gemeinschaftsrechtlichen Regelung nicht außer Betracht gelassen werden.

Die gegenwärtige Diskussion des gewerblichen Rechtsschutzes im Recht der Europäischen Gemeinschaften wird weitgehend von der bevorstehenden Schaffung einer Europäischen Marke bestimmt[1]. Mit Ausnahme des „Sekt-Weinbrand"-Urteils des Europäischen Gerichtshofs[2] und der hierauf basierenden Erörterungen zu den Art. 30 ff. EWGV[3] hat die Möglichkeit eines Schutzes von Herkunftsangaben und

[1] Vgl. Die Denkschrift über die Schaffung einer EWG-Marke der Kommission der Europäischen Gemeinschaften, GRUR Int. 1976, 481; zur deutschen Literatur z. B. Tilmann, Die Rechtsprechung des Europäischen Gerichtshofs und ihre Auswirkungen auf das künftige EWG-Markenrecht, GRUR 1977, 446; von Mühlendahl, Koexistenz und Einheitlichkeit im europäischen Markenrecht, GRUR Int. 1976, 27; Beier, Ziele und Leitgedanken des europäischen Markenrechts, GRUR Int. 1976, 363; Heydt, Benutzung und Benutzungszwang im europäischen Gemeinschaftsmarkenrecht, GRUR Int. 1978, 2 ff. u. 61 ff.

[2] Rechtssache (Rs) 12/74, Urteil vom 20. Februar 1975, Slg. 1975, 181.

[3] Vgl. z. B. die Urteilsanmerkung von Deringer / Sedemund NJW 1975, 1591.

Ursprungsbezeichnungen durch das Gemeinschaftsrecht in der Literatur nur bei wenigen Autoren Beachtung gefunden[4]. Konkrete Vorschläge für eine umfassende Lösung dieses Problems hat Ulmer in einem umfangreichen Gutachten für die Kommission der Europäischen Wirtschaftsgemeinschaft erarbeitet[5]. Er hat das Recht des unlauteren Wettbewerbs in den damals sechs Mitgliedsstaaten der Gemeinschaft untersucht und Vorschläge für eine Rechtsangleichung dargelegt[6]. In diesem Gutachten wurde auch der Schutz von Herkunftsangaben und Ursprungsbezeichnungen eingehend behandelt[7]. Diesbezüglich schlug Ulmer vor, eine Klausel zum Schutz dieser Bezeichnungen in einem Abkommen zwischen den Mitgliedsstaaten zur Bekämpfung des unlauteren Wettbewerbs aufzunehmen[8]. Außerdem hielt er ein Sonderabkommen zum Schutz von Herkunftsangaben und Ursprungsbezeichnungen für erforderlich[9]. Auch riet er vom Erlaß sektorieller Regelungen auf diesem Gebiet ohne weitgehende Koordinierung im Hinblick auf das vorgeschlagene Abkommen ab[10]. Diese Bemerkung zielte speziell auf die Qualitätsweinverordnung, die damals geplant, aber noch nicht erlassen war[11].

Inzwischen hat sich das Gemeinschaftsrecht fortentwickelt, die Vorschläge Ulmers sind wegen der sehr unterschiedlichen wirtschaftlichen und politischen Interessen der Mitgliedsstaaten und der Verschiedenartigkeit ihrer Rechtsordnungen bisher nicht Wirklichkeit geworden. Diese Situation hat sich durch den Beitritt der drei neuen Mitgliedsstaaten nicht geändert, da insbesondere die Integration des angelsächsischen Rechts systematische Schwierigkeiten bereitet. Für den Bereich des unlauteren Wettbewerbs fehlt es bisher an einer gemeinschaftsrechtlichen Regelung allgemeiner Art[12]. Dasselbe gilt für den Sonderschutz von Herkunftsangaben und Ursprungsbezeichnungen. Aus heu-

---

4 In diesem Zusammenhang ist die umfangreiche Untersuchung von Tilmann hervorzuheben, die sich vorwiegend mit dem Schutz geographischer Herkunftsangaben im deutschen und internationalen Recht befaßt, aber auch Probleme des Gemeinschaftsrechts erörtert, vgl. Tilmann, S. 425 ff. (427 ff.).

5 Eugen Ulmer, Das Recht des unlauteren Wettbewerbs in den Mitgliedstaaten der Europäischen Wirtschaftsgemeinschaft Band 1 - 5. (= RuW I - V).

6 Ulmer, RuW I, Nr. 405 ff., S. 247 ff.

7 Ulmer, RuW I, Nr. 228 ff., S. 145 ff.

8 Ulmer, RuW I, Nr. 419, S. 254.

9 Ulmer, RuW I, Nr. 439 ff., S. 267 ff.

10 Ulmer, RuW I, Nr. 452, S. 273.

11 Vgl. Art. 4 der VO Nr. 24/62; Abl. v. 20. April 1962, S. 990/62.

12 Es existiert lediglich ein Programm zur Verstärkung der Aufklärung und des Schutzes der Verbraucher, vgl. Abl. C 92/1 v. 25. April 1975, besonders Nr. 19 IV, V; 22; 23 sowie der Entwurf einer Richtlinie betreffend die unlautere Werbung. Der Text mit Erläuterungen ist in GRUR Int. 1978, 246 ff. abgedruckt.

tiger Sicht wird eine Rechtsangleichung auf diesem Gebiet eher durch Erlaß von Richtlinien als durch Abkommen zwischen den Mitgliedsstaaten erfolgen[13].

Die Europäische Gemeinschaft hat inzwischen für Wein eine Vielzahl von Vorschriften erlassen, die auch das Bezeichnungsrecht umfassend regeln. Es handelt sich insbesondere um folgende Verordnungen:

VO	816/70	(EWG) des Rates[14] (Martkordnung für Wein)
VO	817/70	(EWG) des Rates[15] (Qualitätsweinverordnung)
VO	2133/74	(EWG) des Rates[16] (Weinbezeichnungsverordnung)
VO	1608/76	(EWG) der Kommission[17] (Durchführungsverordnung)

Inzwischen sind die Ratsverordnungen 816/70, 817/70 und 2133/74 zusammen mit den übrigen Weinverordnungen des Rates im Hinblick auf die Vielzahl der zwischenzeitlich ergangenen Änderungsverordnungen neu gefaßt worden[18]. Die Unübersichtlichkeit dieses Rechtsgebiets wurde damit jedoch nur in redaktioneller Hinsicht verringert.

Im ersten Teil dieser Arbeit wird daher untersucht, ob und in welchem Umfang diese Vorschriften einen Schutz für Herkunftsangaben und Ursprungsbezeichnungen der in der Europäischen Gemeinschaft erzeugten Weine gewährleisten. Ein wirkungsvoller Schutz erfordert Sanktionsmöglichkeiten, die bisher durch Ausführungsbestimmungen zu den gemeinschaftsrechtlichen Verordnungen von den Mitgliedsstaaten gewährleistet werden. Im Hinblick auf unterschiedliche Gesetzgebungstechniken in diesen Ländern sind Sanktionslücken bzw. bedeutende Unterschiede bei der Art oder Höhe der Sanktionen denkbar, die eine Gemeinschaftsregelung erforderlich machen könnten. Dies ist nur möglich, wenn die Gemeinschaft im Weinrecht über entsprechende Kompetenzen verfügt. Da Sanktionen unmittelbar in die Rechte der

---

13 Zu den praktischen Bedenken hiergegen vgl. Ulmer, RuW I, Nr. 403, S. 244 f.

14 Abl. L 99/1 v. 5. 5. 1970.

15 Abl. L 99/20 v. 5. 5. 1970.

16 Abl. L 227/1 v. 17. 8. 1974.

17 Abl. L 183/1 v. 8. 6. 1976.

18 Abl. L 54/1 v. 5. 3. 1979.

EG-Angehörigen eingreifen, sind hierbei besonders strenge Maßstäbe anzulegen[19].

Der zweite Teil dieser Untersuchung befaßt sich mit dem Schutz der geographischen Bezeichnungen der EG-Weine durch die Europäische Gemeinschaft gegenüber Drittländern, d. h. außerhalb des Gemeinsamen Marktes. Im Hinblick auf die Revision der Pariser Verbandsübereinkunft und der Arbeiten im Rahmen der Weltorganisation für geistiges Eigentum (WIPO) zur Reform des Lissaboner Ursprungsabkommens bzw. zum Abschluß eines neuen Abkommens zum internationalen Schutz von Herkunftsangaben und Ursprungsbezeichnungen[20] ist die Frage der Gemeinschaftskompetenzen in diesen Bereichen von großer Bedeutung, da geographische Weinbezeichnungen die weitaus zahlreichsten international geschützten Herkunftsangaben und Ursprungsbezeichnungen bilden[21].

Die Gemeinschaft ist bei einem Anteil von mehr als 40 %[22] der gesamten Weltproduktion bei weitem der größte Weinerzeuger der Erde. Diese Marktposition wird mit dem Beitritt der Weinbauländer Griechenland, Spanien und Portugal die 50 %-Grenze überschreiten. Trotz der exportfördernden Wirkung[23] von Herkunftsangaben und Ursprungsbezeichnungen gehört die Gemeinschaft bisher keinem internationalen Abkommen zum Schutze von Herkunftsangaben und Ursprungsbezeichnungen an. Die Beteiligung der Mitgliedsstaaten an den einzelnen Abkommen ist sehr unterschiedlich. Alle sind Mitglied der Pariser Verbandsübereinkunft, dem Madrider Herkunftsabkommen gehören fünf Mitgliedsstaaten (Deutschland, Frankreich, Irland, Italien und Großbritannien) an und nur zwei (Frankreich und Italien) sind dem Lissaboner Ursprungsabkommen beigetreten[24]. Dies erklärt sich aus der unterschiedlichen Interessenlage zwischen Ländern, die vorwiegend am Schutz industrieller Erzeugnisse interessiert sind und solchen, für die der Schutz landwirtschaftlicher Erzeugnisse im Vordergrund steht.

---

19 Vgl. Précigout, RMC 1962, 142.

20 Zu den Problemen bei der Revision der Pariser Verbandsübereinkunft vgl. Oppenhoff, GRUR Int. 1977, 226; Bogsch, Riv. dir. ind. I 1978, 189; WIPO-Dok. PR/PIC/IV/V v. 28. Juni 1978 u. PR/WGAO/I/6 v. 24. November 1978; zur Reform des Lissaboner Ursprungsabkommens vgl. WIPO-Dok. TAO/II/3 v. 25. August 1975.

21 Vgl. Tilmann, S. 38; WIPO (Hrsg.), Les Appellations d'Origine, Heft 1 bis 12, die die bisher registrierten Bezeichnungen im Rahmen des Lissaboner Ursprungsabkommens aufführen (Stand: Juni 1978).

22 Vgl. Mauron, Situation de la viticulture dans le monde en 1977, Bulletin de l'Office International de la Vigne et du Vin (O.I.V.) Vol. 51 - 572, Oktober 1978, Tafel 3, S. 825 f.

23 Vgl. Tilmann, S. 35.

24 Vgl. Übersicht über den Stand der internationalen Verträge, GRUR 1979, 260 ff. (Stand: 1. Januar 1979), zu den Einzelheiten siehe Teil II dieser Arbeit.

Angesichts dieser Tatsache ist es nicht verwunderlich, daß die Kompetenz der Gemeinschaft politisch umstritten und juristisch weitgehend ungeklärt ist[25].

[25] Vgl. Matthies, S. 405 ff., der sich für eine allgemeine EG-Kompetenz zum internationalen Schutz von Herkunftsangaben und Ursprungsbezeichnungen einsetzt; Tilmann, S. 426 ohne Begründung für eine Kompetenz der Europäischen Gemeinschaft bei geographischen Weinbezeichnungen; a. A. Beier, GRUR Int. 1977, 2 = Der Deutsche Weinbau 1977, 580, insgesamt ablehnend ohne nähere Begründung.

TEIL I

Der Schutz geographischer Weinbezeichnungen innerhalb der Gemeinschaft

1. Kapitel

Herkunftsangaben und Ursprungsbezeichnungen

Die rechtliche Einordnung geographischer Bezeichnungen kann sehr unterschiedlich sein, z. B. als Marke, Herkunftsangabe, Ursprungsbezeichnung usw.[1]. Nur bei Herkunftsangaben und Ursprungsbezeichnungen ist der Hinweis auf die geographische Herkunft des Erzeugnisses kennzeichnend und begrifflich erforderlich. Dies ist auch im Gemeinschaftsrecht anerkannt[2]. Wegen dieses gemeinsamen Elements wurden beide Begriffe nicht immer streng voneinander getrennt[3]. Heute ist die Unterscheidung international üblich[4], wenn auch nicht immer erwünscht[5]. Sie entstammt dem französischen Recht[6].

Im Gemeinschaftsrecht werden beide Begriffe erwähnt[7], gegeneinander aber nicht abgegrenzt. Der Europäische Gerichtshof hatte diese Frage bisher nicht zu entscheiden[8]. Der Versuch, zur genaueren Ab-

---

[1] Vgl. Matthiolius, S. 10 ff.

[2] Vgl. EuGH, Rs 12/74, Urteil v. 20. 2. 1975, Slg. 1975, S. 194, Rz. 7.

[3] Vgl. z. B. Art. 1 II PVÜ, abgedruckt in GRUR Int. 1968, 418; aus dem Wortlaut ... „Herkunftsangaben *oder* Ursprungsbezeichnungen" (Hervorhebung des Verfassers) ergibt sich die unterschiedslose Verwendung der Begriffe.

[4] Vgl. z. B. Christian, GRUR Ausl. 1957, 478 (479); Baumbach / Hefermehl I, § 3 UWG, Rdn. 181; Beier, GRUR Ausl. 1959, 277 FN 1 m. w. N.; Beier, GRUR Ausl. 1963, 169 ff. (171); Sordelli, Encyclopedia del diritto, S. 134; Ronga, Il diritto dell'economia 1966, 581 (587); Ladas, § 842, S. 1574; Auby / Plaisant, Nr. 89, S. 41; De Caluwé, Nr. 128, S. 197; Chavanne / Burst, Nr. 883, S. 487.

[5] Vgl. Ladas, § 842, S. 1574 f.

[6] Vgl. Ulmer / Beier, RuW I, Nr. 230, S. 146.

[7] Vgl. Richtlinie 70/50/EWG v. 22. 12. 1969, Abl. L 13/29 v. 19. 1. 1970; EuGH, Rs 12/74, Slg. 1975, S. 194, Rz. 7.

[8] Zu der Definition der geographischen Herkunftsangabe durch den EuGH s. u. Teil I 2. Kapitel II 2.

grenzung einen gemeinsamen Oberbegriff zu schaffen[9] oder die Herkunftsangabe als Oberbegriff zu sehen[10], erscheint wenig sinnvoll, da ein neuer Begriff oder ein anderer Begriffsinhalt die Terminologie nur verkürzen würde, aber nicht klarer werden ließe. Man sollte es daher bei der international eingeführten Zweiteilung[11] in Herkunftsangaben (indications de provenance) und Ursprungsbezeichnungen (appellations d'origine) belassen, zumal dem deutschen Recht die Konzeption der Ursprungsbezeichnung bis heute fremd ist[12]. Auch ist die Annäherung der inzwischen als grundverschieden erkannten Begriffe durch die in Deutschland entwickelte Lehre vom Sonderschutz für qualifizierte Herkunftsangaben[13] international erfolglos geblieben[14]. Nach dem Urteil des Europäischen Gerichtshofs vom 20. Februar 1975[15] erscheint es fraglich, ob diese im deutschen Recht folgerichtige Idee, die in Analogie zur berühmten Marke entwickelt wurde[16], vorbehaltlos in das Recht der Europäischen Gemeinschaften übernommen werden kann.

I. Herkunftsangaben

Das Wort Herkunftsangabe erklärt sich aus der Übersetzung der international anerkannten Bezeichnung „indication de provenance"[17]. Früher wurde auch der Ausdruck Herkunftsbezeichnung synonym verwendet[18].

---

9 Vgl. Wille, S. 9 der geographische Benennung als Oberbegriff vorschlägt; Christian, GRUR Ausl. 1957, 478 verwendet den Ausdruck Herkunftszeichen.

10 Vgl. Krieger, GRUR Ausl. 1960, 400 (404).

11 Zu den internationalen Schwierigkeiten bei dieser Frage vgl. WIPO-Dok. TAO/II/2 v. 25. 8. 1975, S. 8/9.

12 Vgl. Beier, GRUR Int. 1974, 134 (135).

13 Vgl. Baumbach / Hefermehl I, § 3 UWG, Rdn. 182; Beier, GRUR Int. 1974, 134 (135/136); Ulmer / Reimer, RuW II, Nr. 687, S. 475; zur Rechtsprechung vgl. BGH GRUR 1969, 611 (614) — „Champagner-Weizenbier".

14 Vgl. Tilmann § 14, S. 385 f.

15 EuGH, Rs 12/74 — „Sekt, Weinbrand", Slg. 1975, 181 (197), Rz. 12, wonach im Recht der Europäischen Gemeinschaften eine Bezeichnung als — allerdings mittelbare — Herkunftsangabe nur anerkannt wird, wenn die Qualität des Erzeugnisses einen objektiven Zusammenhang mit der Herkunft des Erzeugnisses aufweist, ohne daß es auf die Verkehrsauffassung ankäme.

16 Ulmer / Reimer, RuW III, Nr. 737, S. 516; Tilmann, § 9, S. 285 ff.

17 Vgl. Christian, GRUR Ausl. 1957, 478; Beier, GRUR 1963, 169 (171); ders., GRUR Int. 1974, 134 (135).

18 Vgl. Beier, GRUR 1963, 169 (177); der Ausdruck Herkunftsangabe ist vorzuziehen, um auch sprachlich den Unterschied zur Ursprungsbezeichnung hervorzuheben. Zu den Möglichkeiten, die Begriffe zu verwechseln, vgl. Wille, S. 15 ff.; für die „indication de provenance" vgl. De Caluwé, Nr. 128, S. 196; im internationalen Recht vgl. Ronga, Il diritto dell'economia 1966, 587.

Als Herkunftsangabe ist jeder Hinweis auf die geographische Herkunft eines Erzeugnisses anzusehen, d. h. ein Ort, eine Gegend, ein Land usw.[19].

Genauer wäre es, den Ausdruck geographische Herkunftsangabe zu benutzen, um alle anderen Herkunftshinweise, z. B. auf einen Betrieb, begrifflich auszuschließen[20]. Aus sprachlichen Gründen und nach der gegebenen Definition erscheint dies jedoch entbehrlich. Im nachfolgenden wird der Ausdruck Herkunftsangabe daher nur in dieser Bedeutung verwendet.

Im deutschen Recht, das den Schutz von Herkunftsangaben in besonderem Maße entwickelt hat[21], während Frankreich das Recht der Ursprungsbezeichnung geschaffen[22] und auf dem Wein- und Branntweinsektor bis zur Perfektion vervollkommnet hat[23], wird nach der Art des Herkunftshinweises und der Bekanntheit bzw. dem besonderen Ruf der jeweiligen Angabe unterschieden.

1. Unterscheidung nach dem Bekanntheitsgrad

a) Einfache Herkunftsangaben

Alle Herkunftsangaben, die nach der Verkehrsauffassung keinen besonderen Ruf besitzen, sind der Kategorie der einfachen Herkunftsangaben zuzurechnen[24].

b) Qualifizierte Herkunftsangaben

Herkunftsangaben, die Erzeugnisse kennzeichnen, die besonders bekannt sind und daher einen guten Ruf besitzen, werden als qualifizierte Herkunftsangaben bezeichnet[25]. Dabei ist es unerheblich, ob der gute Ruf der Erzeugnisse durch deren tatsächliche Qualität gerechtfertigt

---

19 Vgl. Matthiolius, S. 6; Baumbach / Hefermehl I, § 3 UWG, Rdn. 182; von Gamm, § 3 UWG, Rdn. 31; Ulmer / Beier, RuW I, Nr. 231, S. 146; Ulmer / Reimer, RuW III, Nr. 682, S. 472; Christian, GRUR Ausl. 1957, 478 (479); Chavanne / Burst, Nr. 910, S. 499; a. A. Wille, S. 14, der zusätzlich verlangt, daß die Verkehrsauffassung eine besondere Güte des Erzeugnisses annimmt; Bußmann hat diese Auffassung ausdrücklich aufgegeben (vgl. Bußmann, GRUR 1965, 281 (282). Die Rechtsprechung folgt der herrschenden Meinung, vgl. z. B. BGH GRUR 1965, 317 (318) — „Kölnisch Wasser".

20 Dasselbe gilt für die „indication de provenance", vgl. Pigassou in J.C.L. Comm. Annexes, indications de provenance, Fasc. A, Nr. 1.

21 Vgl. Tilmann, § 13, S. 371.

22 Vgl. Tilmann, § 14, S. 386 ff.

23 Vgl. Auby / Plaisant, S. 41 ff.

24 Ulmer / Reimer, RuW III, Nr. 685 ff., S. 473 ff.

25 Vgl. Ulmer / Reimer, RuW III, Nr. 685 ff., S. 473 ff.; Baumbach / Hefermehl I, § 3 UWG, Rdn. 182; BGH GRUR 1965, 317 (318).

ist. Entscheidend ist die Verkehrsauffassung, d. h. eine ausschließlich subjektive Betrachtungsweise läßt eine Herkunftsangabe zu einer qualifizierten werden[26]. Dabei läßt sich nicht verkennen, daß die Lehre diese wirtschaftlich wertvollen Herkunftsangaben nach der Art der berühmten Marken schützen möchte[27].

2. Unterscheidung nach der Art des Herkunftshinweises

a) Unmittelbare Herkunftsangaben

Unter unmittelbaren Herkunftsangaben versteht man den direkten Hinweis auf die geographische Herkunft durch namentliche Angabe des Orts, der Gegend usw., in der das Erzeugnis hergestellt wurde[28].

b) Mittelbare Herkunftsangaben

Mittelbare Herkunftsangaben sind solche, die durch andere Mittel als die Angabe des Namens auf die geographische Herkunft eines Erzeugnisses hinweisen (z. B. Bocksbeutelflasche für Frankenweine und bestimmte badische Weine, Abbildung des Kölner Doms auf einem Etikett u. ä.)[29].

II. Ursprungsbezeichnungen

1. Begriff

Wie bereits erwähnt, kennt das deutsche Recht Ursprungsbezeichnungen nicht[30]. Diese Wortschöpfung entstammt dem französischen Recht und ergibt sich aus der wörtlichen Übersetzung des dort geschaffenen Ausdrucks „appellation d'origine"[31]. Im folgenden wird daher im wesentlichen die Rechtslage in Frankreich berücksichtigt. Der Begriff wurde erstmals im Lissaboner Ursprungsabkommen von 1958 definiert[32].

---

[26] Vgl. Baumbach / Hefermehl I, § 3 UWG, Rdn. 182, der nicht klar zwischen qualifizierten Herkunftsangaben und Ursprungsbezeichnungen unterscheidet, sondern mißverständlich von Ursprungsangaben spricht.

[27] Vgl. Tilmann, § 9, S. 286.

[28] Vgl. Ulmer / Reimer, RuW III, Nr. 683, S. 472; Tilmann § 1, S. 15; Baumbach / Hefermehl I, § 3 UWG, Rdn. 189.

[29] Baumbach / Hefermehl I, § 3 UWG, Rdn. 189; Ulmer / Reimer, RuW III, Nr. 684, S. 473; Nr. 740 ff., S. 520 ff.; von Gamm § 3 UWG, Rdn. 33; Tilmann § 1, S. 15 f., zu den Erscheinungsformen vgl. § 7, S. 155 ff.

[30] Vgl. Beier GRUR Int. 1974, 134 (135).

[31] Zum französischen Recht vgl. Nouveau Répertoire de droit S. 242 ff. und Ergänzungslieferung 1977, S. 134 ff.

[32] Lissaboner Abkommen über den Schutz der Ursprungsbezeichnungen und ihre internationale Registrierung (LUA) vom 31. Oktober 1958 revidiert in Stockholm am 14. Juli 1967. Der französische Text von 1958 sowie eine

Artikel 2 LUA lautet:

„(1) Unter Ursprungsbezeichnung im Sinn dieses Abkommens ist die geographische Benennung eines Landes, einer Gegend oder eines Ortes zu verstehen, die zur Kennzeichnung eines Erzeugnisses dient, das dort seinen Ursprung hat und das seine Güte oder Eigenschaften ausschließlich oder überwiegend den geographischen Verhältnissen einschließlich der natürlichen und menschlichen Einflüsse verdankt.

(2) Ursprungsland ist das Land, dessen Name, oder das Land, in dem die Gegend oder der Ort liegt, deren Name die Ursprungsbezeichnung bildet, die den Ruf des Erzeugnisses begründet[33]."

Für Wein hat Italien 1963 eine entsprechende Definition erlassen[34]. Frankreich übernahm 1966[35] fast wörtlich die in Art. 2 I LUA enthaltene Definition, wobei in bezug auf die geographischen Verhältnisse die Worte „ausschließlich oder überwiegend" nicht im Text enthalten sind. Diese Definition hat trotz ihres allgemeinen Wortlauts bisher nur für landwirtschaftliche Erzeugnisse Bedeutung erlangt, insbesondere für Wein. Man wird ihr trotz der geringfügigen redaktionellen Änderung keine andere Bedeutung als der in Art. 2 I LUA gegebenen Definition zuerkennen müssen[36]. Hiergegen läßt sich nicht einwenden, daß die französische Rechtswirklichkeit, speziell im Weinrecht, dem nicht entspricht. Es ist richtig, daß die in der Lehre vertretene Auffassung von der sogenannten „exclusivité d'origine" zweifelhaft geworden ist. Nach dieser Lehre muß ein Erzeugnis aufgrund seiner geographischen Herkunft Eigenschaften aufweisen, die an keinem anderen Ort reproduzierbar sind, um eine Ursprungsbezeichnung führen zu dürfen[37]. Dieses Postulat ist zumindest im Weinrecht überholt, da die französische Rechtswirklichkeit anders aussieht[38]. Heute werden Ursprungsbezeichnungen ausschließlich durch die Verwaltung aufgrund der von dieser festgelegten und weithin genormten Qualitätsvorschriften verliehen. Dies ist mit der Definition durchaus vereinbar, da weiterhin objektive natürliche und menschliche Faktoren maßgeblich die Qualität

deutsche Übersetzung ist bei Ulmer / Beier, RuW I, S. 304 ff. abgedruckt. Die revidierte Fassung von Stockholm ist im J.C.L. Comm. Annexes Fasc. M, S. 3 ff. abgedruckt. Die Revision betraf lediglich den verfahrensrechtlichen Teil des Abkommens.

33 Übersetzung zitiert nach Ulmer / Beier RuW I, S. 304.

34 D.P.R. 12 luglio 1963 n. 930, Suppl. ord. G.U. n. 188 del 15 luglio 1963.

35 Loi no. 66 - 482 du 6 juillet 1966, Art. A; Dieses Gesetz ist ein Abänderungsgesetz des Gesetzes vom 6. Mai 1919 zum Schutz der Ursprungsbezeichnungen, J.O.R.F. vom 7. 7. 1966, Slg. 1966, S. 5781.

36 Vgl. Auby / Plaisant Nr. 90, S. 42.

37 Vgl. Roubier II, Nr. 310, S. 762.

38 Vgl. Tilmann, S. 386 ff. (387).

der Erzeugnisse bestimmen, auch wenn dies durch verwaltungsmäßige Festsetzung geschieht.

Schließlich hat Belgien 1971 die Definition des LUA in das Gesetz über die Handelspraktiken aufgenommen[39]. Bisher wurde nur eine Ursprungsbezeichnung anerkannt[40]. Die Notwendigkeit einer derartigen Gesetzgebung wurde aus diesem Grunde angezweifelt[41]. Sie ist zumindest bisher ohne große praktische Bedeutung[42].

Man kann daher auf die Definition des Art. 2 I LUA zurückgreifen[43]. Danach setzt sich eine Ursprungsbezeichnung aus folgenden Elementen zusammen:

— Beschränkung auf bestimmte geographische Bezeichnungen

— Herkunftshinweis als Bezeichnungsinhalt

— Güte oder Eigenart des Erzeugnisses

— Zusammenhang zwischen der Güte oder Eigenart des Erzeugnisses und den geographischen Verhältnissen am Herstellungsort[44]

a) Beschränkung auf bestimmte geographische Bezeichnungen

Es muß sich nach Art. 2 I LUA um die Benennung eines Landes, einer Gegend oder eines Ortes handeln. Damit ergeben sich gegenüber der Herkunftsangabe Einschränkungen in zweierlei Hinsicht:

aa) Es dürfen keine geographischen Angaben gewählt werden, die auf eine größere Einheit als ein Land hinweisen, z. B. Europa. Aus der Formulierung „Bezeichnung eines Ortes" läßt sich hingegen meines Erachtens nicht schließen, daß hiermit eine Gemeinde als kleinste Einheit gemeint ist. Der deutsche wie auch der maßgebliche französische Text („localité") ist mehrdeutig. Im Hinblick darauf, daß Weinbezeichnungen den größten Anteil der Ursprungsbezeichnungen ausmachen, sind meines Erachtens auch noch kleinere Einheiten wie z. B. Lagenamen bei Wein zulässig.

---

39 Loi sur les pratiques du commerce v. 14. Juli 1971, vgl. Codes Belges, 33. Aufl., Bd. 2, 652; der deutsche Text ist in GRUR Int. 1972, 202 abgedruckt.

40 Jambon d'Ardennes (Ardennenschinken) — Arrété Royal v. 4. 2. 1974, abgedruckt in Ing. Cons. 1974, 66.

41 Tummers, Ing. Cons. 1974, 41 (62 f.).

42 Disegno di Legge, Camera dei Deputati Nr. 1768.

43 Vgl. Auby / Plaisant, S. 41, Rdn. 89.

44 Zur Auslegung des Art. 2 LUA vgl. Ronga, Il diritto dell' economia 1966, 581.

bb) Aus der Tatsache, daß eine *Benennung* gefordert wird, ergibt sich, daß eine mittelbare Bezeichnung nicht ausreichend ist, zumindest keine Symbole oder ähnliches[45].

b) Herkunftshinweis als Bezeichnungsinhalt

Es ist wesentlich, daß die geographische Bezeichnung tatsächlich auf die Herkunft des Erzeugnisses aus dem angegebenen Ort hinweist. Dies ist nicht der Fall bei Gattungs- oder Phantasiebezeichnungen[46].

c) Güte oder Eigenart des Erzeugnisses

Das Erzeugnis muß eine *objektiv* feststellbare Qualität oder eine besondere Eigenart aufweisen, die es von anderen Erzeugnissen derselben Gattung unterscheidet.

d) Zusammenhang zwischen der Güte oder Eigenart des Erzeugnisses und den geographischen Verhältnissen am Herstellungsort

Die Qualität oder Eigenart des Erzeugnisses muß wesentlich bestimmt werden durch die geographischen Verhältnisse am Herkunftsort, d. h. sowohl durch die natürlichen Gegebenheiten als auch die besonderen Fähigkeiten der ortsansässigen Erzeuger[47]. Dieses Erfordernis ist eine Umschreibung der französischen Auffassung von den Voraussetzungen des Schutzes von Ursprungsbezeichnungen. Nach dem Gesetz von 1919 in der Fassung des Gesetzes vom 6. Juli 1966 sind hierfür die „usages loyaux, locaux et constants“[48] entscheidend, d. h. die ortsansässigen Produzenten mußten ihre Erzeugnisse seit langer Zeit nach feststehenden Regeln hergestellt haben. Trotz der theoretischen Gültigkeit der Definitionen auch für handwerkliche und industrielle Erzeugnisse[49] blieben daher bisher die Ursprungsbezeichnungen fast ausschließlich landwirtschaftlichen Erzeugnissen vorbehalten.

---

45 Vgl. Ulmer / Krasser RuW IV, Nr. 553, S. 396; dabei genügt es, daß die ursprünglich anders verstandene Bezeichnung ihre geographische Bedeutung durch das geschützte Erzeugnis erlangt hat, z. B. die Weinbezeichnungen „Graves“ (Bodenbeschaffenheit), „Muscadet“ (Rebsorte), „Oeil de Perdrix“ (Farbe).

46 Vgl. allgemein hierzu von Gamm, § 3 UWG Rdn. 40 ff.; Baumbach / Hefermehl I, § 3 UWG Anm. 199 ff.; zum französischen Recht, Ulmer / Krasser RuW IV, Nr. 560 S. 402.

47 Vgl. Ronga, Il diritto dell'economia 1966, 592 f.; zum französischen Recht Ulmer / Krasser RuW IV, Nr. 556 S. 398 ff.

48 Gesetz vom 6. Mai 1919 in der Fassung des Gesetzes vom 6. Juli 1966, J.O.R.F. vom 7. Juli 1966, Jahrg. 1966, S. 5781; vgl. Roubier, Nr. 314 f., S. 780 ff., der schon früher für eine Qualitätsgarantie als Begriffsinhalt der Ursprungsbezeichnung eintrat; Ulmer / Krasser RuW IV, vor Nr. 552, S. 394 f.

49 Ulmer / Krasser RuW IV, Nr. 558, S. 400.

Historisch erklärt sich diese Tatsache aus der wirtschaftlichen Situation Frankreichs kurz nach 1900, als die Bedeutung der „usages loyaux, locaux et constants“ besonders betont wurde[50]. Damals war die Bedeutung der Landwirtschaft nicht nur gefühlsmäßig, sondern auch im Hinblick auf die Zahl der Erwerbstätigen noch größer als heute.

Zwar wird heute besonders bei Weinbauererzeugnissen infolge der Festsetzung der Qualitätserfordernisse durch die Verwaltung dieses Definitionselement nicht mehr in dem Maße berücksichtigt, wie dies von der Lehre vertreten wird. Andererseits wird auch ohne Berücksichtigung der „usages loyaux, locaux et constants“, über die sich die Verwaltung hinwegsetzen kann, die direkte Verknüpfung von Herkunft und Qualität bis heute nicht aufgegeben.

International hat dieses Erfordernis viele Länder daran gehindert, dem LUA beizutreten. So war die Bindung der Qualität der Erzeugnisse an ihre geographische Herkunft auch der Hauptgrund dafür, daß Deutschland dem LUA nicht beigetreten ist[51].

e) Bekanntheit des Erzeugnisses

Inwieweit das zu schützende Erzeugnis einen besonderen Ruf besitzen muß, ist nicht völlig geklärt. Im französischen Recht wird dies nicht verlangt, da nur objektive Qualitätsmaßstäbe entscheiden. Der daraus resultierende gute Ruf bzw. die Bekanntheit des Erzeugnisses sind keine Wesensmerkmale der Ursprungsbezeichnung. Für die Registrierung nach dem LUA genügt meines Erachtens trotz Art. 2 II LUA die nationale Anerkennung durch eine offizielle Instanz[52].

Auch würde die Entstehung neuer Ursprungsbezeichnungen im nationalen Bereich sehr erschwert, wenn man einen bestimmten Bekanntheitsgrad verlangen würde, da gerade die Qualitätsgarantie der Ursprungsbezeichnung dem Erzeugnis bessere Absatzmöglichkeiten verschaffen soll. Eine besondere Bekanntheit wird zumindest bei den normativ geschaffenen Ursprungsbezeichnungen, wie bei Wein, nicht vorausgesetzt.

---

50 Vgl. Capus, S. 3 ff.; Roubier, Nr. 909, S. 756 ff.

51 Vgl. Krieger, GRUR Ausl. 1959, 97; Beier, GRUR Int. 1968, 76.

52 Vgl. Tilmann, S. 385 f.; a. A. Ronga, Il diritto dell'economia 1966, S. 593, der dieses Erfordernis dem Art. 2 II LUA entnimmt.

2. Kontrollierte Ursprungsbezeichnungen

Das französische[53] und das italienische[54] Recht kennen neben den einfachen Ursprungsbezeichnungen auch noch sogenannte kontrollierte Ursprungsbezeichnungen. Dies bedeutet, daß die Qualitätsbedingungen staatlich reglementiert sind und ihre Einhaltung kontrolliert wird. In Frankreich[55] betrifft diese Regelung Wein und Branntwein, in Italien[56] nur Wein. Diese besonderen Ursprungsbezeichnungen lassen sich nach der Art ihrer Entstehung unterscheiden.

a) Traditionelle Ursprungsbezeichnungen

Die seit langem bekannten Ursprungsbezeichnungen, wie z. B. „Champagne", „Bourgogne", „Bordeaux", deren Erzeugungsbedingungen durch staatliche Verordnungen gemäß den örtlichen, lauteren und ständigen Gebräuchen festgeschrieben wurden[57].

b) Neu geschaffene Ursprungsbezeichnungen

Neuere Ursprungsbezeichnungen, bei denen diese Gebräuche, die über Jahrhunderte bestehen müssen, sich noch nicht herausbilden konnten, sondern denen bei Einhaltung staatlich vorgeschriebener Qualitätsnormen die Ursprungsbezeichnung zuerkannt wird[58].

Rechtlich besteht zwischen beiden Arten kein Unterschied, wirtschaftlich hingegen sicherlich, da die länger eingeführten Ursprungsbezeichnungen den Verbrauchern vertraut sind und daher in größerem Umfang gekauft werden. Während diese älteren Ursprungsbezeichnungen kraft Gewohnheitsrechts entstanden und nur der vorgefundene Rechtszustand gesetzlich anerkannt wurde, fand mit Einführung der kontrollierten Ursprungsbezeichnungen eine normative Schöpfung von Ursprungsbezeichnungen statt[59]. Dies ist in der Praxis heute bei Weinbezeichnungen ausnahmslos der Fall, obwohl die gerichtliche Anerkennung in Frankreich bis heute nicht abgeschafft worden ist[60]. Auch für

---

[53] Art. 21 ff. des Décret-Loi du 30 juillet 1935, J.O.R.F. du 31 juillet 1935; diese Vorschriften wurden in die Art. 42 ff. code du vin übernommen.

[54] D.P.R. 12 luglio 1963 n. 930, suppl. ord. G.U. n. 188 del 15 luglio 1963.

[55] Vgl. Geisser, S. 221 ff.; Wille, S. 29 ff.; Brogsitter, S. 109 ff.; Ulmer / Krasser, RuW IV, Nr. 587 ff., S. 421 ff.; Auby / Plaisant, Nr. 178 ff., S. 76 ff.

[56] Vgl. Geisser, S. 185 ff.; Ulmer / Schricker, RuW V, Nr. 204 ff., S. 238 ff.

[57] Vgl. z. B. Dekret v. 29. Juni 1936 bezüglich der Ursprungsbezeichnungen „Champagne", Les vins et Eaux de vie d'appellation d'origine, numéro spécial du Bulletin de l' INAO, II AOC Fiche No. 1.

[58] Vgl. z. B. Dekret v. 12. April 1965 bezüglich der Ursprungsbezeichnung „Clairette du Languedoc", Bulletin spécial de l' INAO, X AOC Fiche No. 2.

[59] Vgl. Tilmann, S. 389 ff.

[60] Vgl. Auby / Plaisant, Nr. 170 S. 73 f.

den internationalen Schutz von Ursprungsbezeichnungen im Rahmen des LUA hat sich die normative Methode als die einzig brauchbare erwiesen, da es den Vertragsstaaten unmöglich ist nachzuprüfen, inwieweit die zur Registrierung angemeldeten Erzeugnisse ihrer Partner den Voraussetzungen der Definition des Art. 2 LUA entsprechen[61]. In der internationalen Praxis hat daher nur der Nachweis der Anerkennung Bedeutung erlangt, der praktische Nutzen der Definition blieb gering. Für die Anerkennung von Ursprungsbezeichnungen auf internationaler Ebene ist daher die Existenz eines staatlichen Anerkennungsverfahrens wichtiger als die Definition, da erst durch die Anerkennung im nationalen Bereich der internationale Schutz möglich wird[62].

III. Unterschiede zwischen Herkunftsangaben und Ursprungsbezeichnungen

1. Begriffliche Abgrenzung

Die Tatsache, daß für ein internationales Registrierungsverfahren, wie es im LUA vorgesehen ist, die Definition der Ursprungsbezeichnungen weniger wichtig ist als die nationale Anerkennung durch konkrete Rechtsakte, hat keinen Einfluß darauf, daß eine Definition als Voraussetzung für eine nationale Anerkennung erforderlich bleibt, insbesondere um die Ursprungsbezeichnung von der Herkunftsangabe zu unterscheiden[63]. Gemeinsam ist beiden Bezeichnungen der Hinweis auf eine bestimmte geographische Einheit. Während die Herkunftsangabe auf einen beliebigen Teil der Erdoberfläche hinweisen kann, darf eine Ursprungsbezeichnung als größte Einheit ein Land benennen. Bei Herkunftsangaben kann der Hinweis auf die Herkunft in beliebiger Weise erfolgen[64] (z. B. Abbildung des Eiffelturms usw.), Ursprungsbezeichnungen erfordern eine Wortangabe[65]. Dabei kann es sich gelegentlich auch um einen wörtlichen, aber mittelbaren Hinweis auf die Herkunft handeln (z. B. „Graves" für einen Wein aus Bordeaux, „Oeil de perdrix" für einen schweizer Rotwein[66]). In der Regel wird der geographische Name des Orts oder Gebiets, bzw. der Name der wichtigsten Gemeinde einer Gegend verwendet (z. B. Chablis), aus dem das Erzeugnis stammt.

[61] Vgl. Tilmann, S. 385 f.

[62] Vgl. Tilmann, S. 388.

[63] Vgl. Roubier II, Nr. 319, S. 810 ff.; Beier, GRUR Int. 1968, 75; Christian, GRUR Ausl. 1957, 479; Pigassou, J.C.L. Comm. Annexes Fasc. A Anm. 13; Sordelli, Encyclopedia del diritto, S. 134.

[64] Vgl. z. B. Ulmer, RuW I, Nr. 231, S. 146.

[65] Vgl. Ulmer / Krasser, RuW IV, Nr. 553, S. 396.

[66] Vgl. Ulmer / Krasser, RuW IV, Nr. 553, S. 396.

Nach noch h. L.[67] wird für die Entstehung einer Ursprungsbezeichnung zusätzlich gefordert, daß das so bezeichnete Erzeugnis eine objektiv feststellbare Güte oder besondere Eigenart infolge der geographischen Verhältnisse am Herkunftsort aufweist[68]. Für Herkunftsangaben bedarf es dieser zusätzlichen Voraussetzungen nicht.

Es läßt sich jedoch nicht leugnen, daß die heutige Praxis aus Zweckmäßigkeitsgründen in Frankreich, dem Mutterland der Ursprungsbezeichnungen, seit der Schaffung der „appellation d'origine contrôlée" für Weine und Branntweine bei der Prüfung, ob eine neue Bezeichnung als Ursprungsbezeichnung anerkannt werden soll, anders verfährt[69]. Ohne die tatsächliche Abhängigkeit des Weinbaus von örtlichen Gegebenheiten wie Bodenbeschaffenheit, klimatischen Bedingungen usw. zu leugnen, die weitgehend berücksichtigt werden, bewirkt nur die Festlegung der objektiven Qualitätserfordernisse durch Dekret der Regierung[70] auf Vorschlag des Institut National des Appellations d'Origine die Anerkennung als Ursprungsbezeichnung mit konstitutiver Wirkung. Die Verknüpfung der Qualität des Erzeugnisses mit dessen geographischer Herkunft erscheint daher gelockert, aber nicht aufgehoben. Die Berücksichtigung der örtlichen, lauteren und ständigen Gebräuche ist bei diesen neueren Ursprungsbezeichnungen schwer zu verwirklichen, da es in vielen Fällen an einer ausreichend langen Tradition fehlen dürfte. Im übrigen ist das INAO infolge seiner weinwirtschaftlichen und weinbautechnischen Kompetenzen nicht verpflichtet, Gebräuche dieser Art anzuerkennen[71].

Insoweit kann man feststellen, daß heute die nach objektiven Kriterien der Weinbauforschung festgelegte Qualität der Weine, die eine Ursprungsbezeichnung führen dürfen, im Vordergrund steht. Hierin liegt der wesentliche begriffliche Unterschied zur Herkunftsangabe, die als solche über die Güte des Erzeugnisses keine Aussage beinhaltet.

Die kontrollierten Ursprungsbezeichnungen der meisten Weine beinhalten folglich neben der Angabe über die geographische Herkunft eine durch Verwaltungsvorschriften festgelegte Qualitätsgarantie, die geographische Bezüge aufweist. Infolge weitgehender Normierung der Qualitätsvoraussetzungen dürfte daher das Erfordernis der Einzigartigkeit des jeweiligen Erzeugnisses aufgrund seiner geographischen

67 Vgl. EuGH, Rs 12/74, Slg. 1975, S. 210; De Caluwé, S. 209 f., 213.

68 Vgl. Ronga, Il diritto dell'economia 1966, 592 f.; Ulmer / Krasser, RuW IV, vor Nr. 552, S. 395; Nr. 556, S. 398 f.; Roubier II, Nr. 310, S. 763.

69 Vgl. Wille, S. 29 ff., Brogsitter, S. 109 ff.; Auby / Plaisant, Nr. 102 ff., S. 47 ff.; Nr. 178 ff., S. 76 ff.

70 Vgl. z. B. Brogsitter, S. 118; Ulmer / Krasser, RuW IV, Nr. 587 ff., S. 421 ff.

71 Vgl. das Urteil des Conseil d'Etat v. 14. 10. 1960 in Gazette du Palais 1961, Bd. I, S. 68 f.; Auby / Plaisant, Nr. 184, S. 79.

Herkunft de facto nicht mehr bestehen. Im Gegensatz zur Herkunftsangabe sind die normierten Voraussetzungen jedoch an objektiven Kriterien orientiert. Es kann daher meines Erachtens nicht von einer Annäherung der Begriffe Herkunftsangaben und Ursprungsbezeichnungen gesprochen werden.

Festzuhalten bleibt, daß auf dem Gebiet des Weinrechts heute in Frankreich zwei Konzeptionen der Ursprungsbezeichnungen existieren, die gewohnheitsrechtliche, die durch die „usages loyaux, locaux et constants" begründet wurde und deren Anerkennung nur deklaratorische Wirkung besitzt, und die normative, bei der die Anerkennung durch Regierungsdekret Entstehungsvoraussetzung ist, d. h. mit konstitutivem Effekt. Dabei hat sich in der Praxis, obwohl beide Arten gesetzlich verankert sind, seit Schaffung der „appellation d'origine contrôlée" (A.O.C.) bei Wein im Jahre 1935, die normative Ursprungsbezeichnung durchgesetzt.

Es ist noch anzumerken, daß die Definition des Art. 2 LUA für Weinbauerzeugnisse zu weit erscheint, da auch die geographische Benennung eines Landes zugelassen ist. Die Qualität eines Weines wird maßgeblich von geographischen Faktoren (Boden, Klima) mitbestimmt. Wegen der unterschiedlichen Verhältnisse innerhalb eines Landes, die es nicht zulassen, daß überall ein qualitativ hochwertiger Wein wachsen kann, erscheint es unangemessen, die Bezeichnung eines Landes bei Wein als Ursprungsbezeichnung zu schützen. Insoweit ist die Definition des Art. 2 I LUA zu weit. In diesem speziellen Fall umfaßt sie eine Herkunftsangabe. Die Vorschrift ist jedoch nicht speziell auf Wein zugeschnitten.

2. Rechtliche Abgrenzung

Herkunftsangaben sind Hinweise auf den Ort, aus dem die bezeichneten Erzeugnisse stammen. Sie sind einfache Bezeichnungen, keine Rechte[72]. Ursprungsbezeichnungen sind hingegen Rechte[73], der Begriff ist daher insoweit mißverständlich, als Übersetzung aus dem Französischen aber allgemein üblich. Ihre Rechtsnatur ist in der französischsprachigen Literatur streitig[74]. Nach älterer Auffassung handelt es sich um ein kollektives Eigentumsrecht der ortsansässigen Erzeuger. Neuere Autoren rechnen sie den gewerblichen Schutzrechten zu[75], andere halten Ursprungsbezeichnungen für Rechte sui generis, erörtern diese Frage jedoch im Zusammenhang mit gewerblichen Schutzrechten[76].

[72] Vgl. z. B. Roubier II, Nr. 319, S. 811.

[73] Vgl. z. B. Auby / Plaisant, Nr. 159, S. 59 f.; De Caluwé, S. 198 ff., m. w. N. (Nr. 129).

[74] Vgl. zum Meinungsstreit De Caluwé, S. 198 ff.; Brogsitter, S. 138 ff.; Ulmer / Krasser, Nr. 568, S. 409 f.; Wille, S. 55 ff.

[75] Roubier II, Nr. 311, S. 768.

Einigkeit dürfte darüber herrschen, daß der Mißbrauch von Ursprungsbezeichnungen unlauteren Wettbewerb darstellt, auch wenn dies nicht der einzige Aspekt des Schutzes ist. Der Streit ist im Ergebnis bedeutungslos[77], da alle Autoren übereinstimmend davon ausgehen, daß Ursprungsbezeichnungen absolute Rechte der ortsansässigen Erzeuger sind, die die gesetzlichen Voraussetzungen bei der Herstellung ihrer Erzeugnisse erfüllen. Diese Rechte sind unübertragbar und unverjährbar, d. h. die Inhaberschaft knüpft sich ausschließlich an die Ortsansässigkeit, nicht an die Ausübung des Rechts. Aus der Tatsache, daß Herkunftsangaben nur Bezeichnungen sind, Ursprungsbezeichnungen dagegen Rechte, erklären sich auch die unterschiedlichen Schutzmaßnahmen gegen Irreführung, Täuschung oder sonstigen Mißbrauch. Herkunftsangaben werden durch allgemeine Gesetze über unlauteren Wettbewerb, Marktverhalten u. ä. geschützt. Für Ursprungsbezeichnungen als Rechte existieren dagegen Spezialvorschriften, die ihren spezifischen Schutz gewährleisten.

---

[76] So z. B. Ulmer / Krasser RuW IV, Nr. 568, S. 409 f.; Wille, S. 58, der für ein kollektives Ausschlußrecht eigener Art votiert; Brogsitter, S. 138 ff., Roubier II Nr. 311, S. 768, der in der Ursprungsbezeichnung ein spezielles Recht der „propriété industrielle" auf einen Kundenstamm, d. h. ein Recht am „Goodwill" der Bezeichnung kraft Gesetzes sieht; a. A. De Caluwé, der von der gesetzlichen Billigung einer besonderen tatsächlichen Situation spricht.

[77] a. A. Brogsitter, S. 140.

2. Kapitel

Der Schutz von Herkunftsangaben und Ursprungsbezeichnungen im Recht der Europäischen Gemeinschaften

I. Rechtsgrundlagen

1. EWG-Vertrag

Im Vertrag zur Gründung der Europäischen Wirtschaftsgemeinschaft werden die Begriffe Ursprungsbezeichnung und Herkunftsangabe nicht erwähnt. Art. 36 EWGV ist die einzige Vorschrift, die über den Begriff „gewerbliches und kommerzielles Eigentum" dieses Rechtsgebiet berührt[1]. Art. 36 EWGV ist eine Ausnahmevorschrift von den Art. 30 - 34 EWGV, die mengenmäßige Einfuhr- und Ausfuhrbeschränkungen sowie Maßnahmen gleicher Wirkung verbieten[2]. Seit Ende der Übergangszeit[3] gelten Art. 30 und 34 EWGV uneingeschränkt (vgl. Art. 8 VII EWGV), sofern Art. 36 EWGV nicht zur Anwendung kommt.

Es ist inzwischen anerkannt, daß nationale Rechtsvorschriften zum Schutz von Herkunftsangaben und Ursprungsbezeichnungen Maßnahmen gleicher Wirkung wie mengenmäßige Beschränkungen im Sinne von Art. 30 und 34 EWGV bilden[4]. Diese Beschränkungen können jedoch gemäß Art. 36 S. 1 EWGV zulässig sein, wenn sie durch Vorschriften zum Schutz des „gewerblichen und kommerziellen Eigentums" gerechtfertigt sind.

---

[1] Vgl. Groeben / Boeckh, Vorbem. vor Art. 30 II 2 A c) bb) u. Art. 36 II b); Beier, GRUR Ausl. 1959, 279; Mattera, dir. com 1975, 214 ff.; allg. zur Bedeutung von Art. 36 EWGV z. B. Ehlermann, EuR 1973, 1 ff.; Mattera, RMC 1976, 500 ff.

[2] Allgemein zu mengenmäßigen Beschränkungen und Maßnahmen gleicher Wirkung Ipsen, S. 586 ff. (29/20 ff.); Ehlermann, EuR 1973, 2 ff.; Mattera, RMC 1976, 502 ff.; Bleckmann, S. 240 ff.

[3] Die Übergangszeit endete am 31. 12. 1969, vgl. Art. 8 I EWGV. Für Großbritannien, Dänemark und Irland endete sie am 31. 12. 1977 (vgl. Art. 9 Nr. 2 der Beitrittsakte v. 21. 1. 1972, Abl. L 73, S. 14 ff.; Art. 42 II der Beitrittsakte bestimmt das Ende aller Maßnahmen gleicher Wirkung wie mengenmäßige Beschränkungen zum 1. 1. 1975). Zollunion und gemeinsamer Agrarmarkt sind bereits seit dem 1. 7. 1968 vollendet, vgl. Groeben / Boeckh, Art. 8, Anm. II.

[4] Vgl. z. B. Wille, S. 109 ff.; Tilmann, S. 429; Groeben / Boeckh, Vorbem. vor Art. 30, Anm. II 2 A c) bb); Matthies, S. 397; offen gelassen von Beier, GRUR Ausl. 1959, 278.

Dieser Ausdruck ist unglücklich gewählt. Auch die französische Fassung („propriété industrielle et commerciale") ist nicht klarer. Man ist sich jedoch inzwischen darüber einig, daß mit beiden Begriffen die gewerblichen Schutzrechte im weiteren Sinne und die Regelungen gegen den unlauteren Wettbewerb gemeint sind, so daß auch Herkunftsangaben und Ursprungsbezeichnungen von Art. 36 EWGV erfaßt werden[5].

Nach Art. 36 S. 2 EWGV sind solche Beschränkungen dennoch unzulässig, wenn sie zur willkürlichen Diskriminierung eingesetzt werden oder eine verschleierte Beschränkung des Handels zwischen den Mitgliedsstaaten darstellen.

Die Art. 30 ff. EWGV[6] bilden einen der Eckpfeiler des Gemeinsamen Marktes, dessen Errichtung die zentrale Aufgabe der Gemeinschaft bildet (vgl. Art. 2, 3 a EWGV).

Da Art. 36 S. 1 EWGV bestimmte Handelshemmnisse zuläßt — als Ausnahmeregelung aber eng auszulegen ist[7] —, bedarf es einer sorgfältigen Prüfung, ob die Voraussetzungen im Einzelfall erfüllt sind, um eine Beschränkung zuzulassen[8]:

— die Bezeichnung muß eine echte Herkunftsangabe oder Ursprungsbezeichnung sein, d. h. sie darf weder Gattungs- noch Phantasiebezeichnung sein

— die mit dem Schutz der Bezeichnung verbundene Einfuhrbeschränkung muß zu diesem Zweck geeignet, erforderlich und verhältnismäßig sein[9]

— Art. 36 S. 2 EWGV bildet die Grenze für alle nationalen Maßnahmen dieser Art, da diese nicht

  — willkürlich diskriminierend

  — verschleierte Handelsbeschränkungen

  sein dürfen.

---

[5] Vgl. EuGH, Rs 8/74, Urteil v. 11. 7. 1974, Slg. 1974, 837 („Dassonville"); Rs 12/74, Urteil v. 20. 2. 1975, Slg. 1975, 181 („Sekt/Weinbrand"); Groeben / Boeckh vor Art. 30 II 2 A c) bb); Tilmann, S. 429, Matthies, S. 398.

[6] Allg. vgl. z. B. Mattera, RMC 1976, 500 ff., Groeben / Boeckh, Vorbem. zu Art. 30; zum Problem einer allgemeinen Definition der Maßnahme gleicher Wirkung vgl. Wellinghausen, EuR 1975, 223 ff.

[7] St. Rspr., vgl. z. B. EuGH, Rs 46/76, Urteil v. 25. 1. 1977, Slg. 1977, 15 Rz. 12/15.

[8] Vgl. Matthies, S. 398.

[9] Zur Geltung des Verhältnismäßigkeitsgrundsatzes im Gemeinschaftsrecht vgl. Ipsen, S. 512 (24/14); Bleckmann, S. 82; EuGH, Rs 36/75, Urteil v. 28. 10. 1975, Slg. 1975, 1231 Rz 27 f. — (Rutili).

Dies gilt für die positive Prüfung. Im umgekehrten Fall, der zumindest für Kommission und Europäischen Gerichtshof den Regelfall bildet, d. h. zur Feststellung, ob eine Bezeichnung als Handelsbeschränkung unzulässig ist, läßt sich die Prüfung methodisch vereinfachen, da Art. 30 bzw. 34 und 36 EWGV gemeinsam untersucht werden können. Läßt sich einer der in Art. 36 S. 2 EWGV aufgeführten Ausschlußgründe annehmen, ist die Maßnahme in jedem Falle unzulässig, auch wenn eine Ausnahme nach Art. 36 S. 1 EWGV möglich erscheint. Diese Vorschrift bezieht sich lediglich auf die Art. 30 ff. EWGV. So erklärt sich die einheitliche Prüfung der Art. 30 und 36 EWGV durch den Europäischen Gerichtshof[10].

2. Andere allgemeine Rechtsakte der Europäischen Gemeinschaften

Mit Herkunftsangaben und Ursprungsbezeichnungen hat sich bisher nur die Richtlinie 70/50/EWG der Kommission befaßt[11]. Diese Richtlinie wurde kurz vor Ende der Übergangszeit erlassen[12]. Als Rechtsgrundlage diente Art. 33 VII EWGV, der ein Tätigwerden der Kommission mittels Richtlinien hinsichtlich des Verfahrens und der Zeitfolge des Abbaus von Maßnahmen gleicher Wirkung vorsieht. Man könnte daher Bedenken haben, ob die Kommission zum Erlaß einer Richtlinie ermächtigt war, die nicht Verfahren oder Zeitfolge regelt, sondern definiert, welche Maßnahmen gleicher Wirkung nach Auffassung der Kommission von Art. 30 und 34 EWGV erfaßt werden. Der Gerichtshof hat die Richtlinie als Auslegungshilfe dennoch herangezogen[13], obwohl er nicht an eine Interpretation der Kommission gebunden ist[14]. Im übrigen nimmt die Richtlinie Art. 36 EWGV von ihrem Anwendungsbereich ausdrücklich aus (vgl. Art. 5 Nr. 2).

Sie differenziert Maßnahmen, die zwischen nationalen und eingeführten Erzeugnissen unterscheiden (vgl. Art. 2) von solchen, die unterschiedslos Anwendung finden, aber gerade hierdurch ausländische Erzeugnisse benachteiligen (vgl. Art. 3). Während die formell unterschiedliche Behandlung von inländischen und eingeführten Waren immer als Maßnahme gleicher Wirkung anzusehen sein soll, gilt dies bei unterschiedslos anwendbaren Maßnahmen nur, wenn diese die spezifischen Wirkungen einer Handelsgesetzgebung überschreiten, insbesondere wenn sie unverhältnismäßig sind, m. a. W., wenn die getrof-

---

10 z. B. EuGH, Slg. 1974, 837 (853), Rz 7/9; zur Methode vgl. Tilmann, S. 428.

11 Abl. L 13/29 v. 19. 1. 1970; zur Auslegung der Richtlinie vgl. Groeben / Boeckh, Vorbem. vor Art. 30 EWGV, Anm. II 2 A c (5. Richtlinie).

12 Die Richtlinie datiert v. 25. 12. 1969.

13 Vgl. EuGH, Rs 12/74, Slg. 1975, 198, Rz 14.

14 Vgl. Matthies, S. 397.

fenen Maßnahmen durch andere ersetzt werden könnten, die den Handel zwischen den Mitgliedsstaaten weniger beeinträchtigen (vgl. Art. 3 II).

Bei den unterschiedlichen Maßnahmen enthält Art. 2 III s eine Ausnahme für Herkunftsangaben und Ursprungsbezeichnungen von der Bestimmung, daß Bezeichnungen nicht nationalen Erzeugnissen vorbehalten werden dürfen. Dies steht im Einklang mit Art. 36 S. 1 EWGV, vorbehaltlich der sich aus Art. 36 S. 2 EWGV ergebenden Einschränkungen.

3. Die Vorschriften des Europäischen Weinrechts

a) Allgemeines

Das Weinrecht hat sich im Laufe der Jahre zu einem sehr verordnungsintensiven Gebiet der europäischen Rechtssetzung entwickelt[15]. Dies ließ sich am Anfang kaum vorhersehen, als man glaubte, sich auf eine gemeinsame Qualitätsweinpolitik beschränken zu können. Die Unübersichtlichkeit der Vorschriften, deren Vielzahl, die entgegengesetzten Interessen der verschiedenen Weinbauländer und die Unkenntnis regionaler Eigentümlichkeiten der Problemgebiete des Europäischen Weinbaus (Languedoc, Mezzogiorno) haben dazu geführt, daß ein System entstanden ist, das seine hochgesteckten Ziele[16] — die Qualitätsverbesserung der Weine, die Stabilisierung der Einkommen der Winzer, die Lösung regionaler Strukturprobleme und die Beseitigung der Überproduktion bei Tafelwein bei gegenwärtig sinkender Nachfrage — bisher nicht erreicht hat und angesichts der wirkungsvollen Lobbies[17] in den Weinbauländern in naher Zukunft nicht erreichen wird. Der vielpropagierte Schutz des Verbrauchers bleibt, wie nur zu oft, mangels einer wirkungsvollen Interessenvertretung auf Absichtserklärungen beschränkt. Neben Butterberg und Milchpulverhalden gehört das EG-verordnete Tafelweinmeer der vergangenen Jahre zu den unrühmlichsten Kapiteln der EG-Agrarpolitik.

Die eher verbraucherfreundlichen Vorschläge der Kommission wurden in der Regel im Rat durch politische Verknüpfungen mit anderen Agrarproblemen abgeblockt. Dies ändert nichts daran, daß ungeachtet seiner praktischen Auswirkungen das System der Weinverordnungen die umfassendste Regelung einer gemeinsamen Agrarpolitik darstellt.

---

[15] Vgl. Geschäftsbericht des deutschen Weinbauverbandes 1976, S. 9, wonach seit Erlaß der Weinmarktordnung bis Ende 1976 468 VO des Rates und der Kommission auf dem Weinsektor (die wöchentlichen Preisfeststellungen nicht eingerechnet) ergangen sind.

[16] Vgl. z. B. die Begründungserwägungen der VO Nr. 24/62 v. 4. 4. 1962, Abl. 1962, 989.

[17] Vgl. „Der Spiegel" Nr. 1/79, S. 34.

Sie ist daher mit all ihren Vor- und Nachteilen exemplarisch für den europäischen Einigungsprozeß auf diesem Gebiet.

Inzwischen wurde infolge der zahlreichen Änderungsverordnungen eine Kodifizierung der Weinverordnungen des Rates notwendig[18]. Dagegen wurden die Verordnungen der Kommission, insbesondere die VO 1608/76[19] bisher nicht kodifiziert. Inhaltlich blieben die kodifizierten Vorschriften mit wenigen Ausnahmen unverändert.

Die Kodifikation betrifft nur die jeweiligen Grundverordnungen und die hierzu ergangenen Ausführungsverordnungen. Das unübersichtliche Verhältnis der Weinverordnungen zueinander wurde hierdurch nicht vereinfacht.

b) Weine mit geographischen Bezeichnungen

Das Europäische Weinrecht kennt drei Arten von Weinen mit geographischen Bezeichnungen:

— Tafelweine mit geographischer Bezeichnung (Landweine)

— Qualitätsweine bestimmter Anbaugebiete (Q. b. A.)

— Drittlandsweine mit geographischer Bezeichnung

Diese Unterscheidung ergibt sich aus der allgemeinen Systematik der Verordnungen, die EG-Weine in Tafelweine und Qualitätsweine bestimmter Anbaugebiete einteilt und Weinen aus Drittländern gegenüberstellt. Bei letzteren wird — zumindest gegenwärtig[20] — keine

---

18 VO 337/79 Abl. L 54 v. 5. 3. 1979, S. 1 (Weinmarktordnung), die seit dem 2. 4. 1979 an die Stelle der VO 816/70 Abl. L 99 v. 5. 5. 1970, S. 1 ff. getreten ist.

VO 338/79 Abl. L 54 v. 5. 3. 1979, S. 48 (Qualitäts-Weinverordnung), die die VO 817/70 Abl. L 99 v. 5. 5. 1970, S. 20 ff. abgelöst hat. — Die VO 337/79 und die VO 338/79 wurden zuletzt geändert durch VO 1989/80 v. 22. 7. 1980 195/3 v. 29. 7. 1980 (Stand 1. 10. 1980).

VO 355/79 Abl. L 54 v. 5. 3. 1979, S. 99 (Bezeichnungsverordnung), die die VO 2133/74 Abl. L 227 v. 17. 8. 1974, S. 1 ff. ersetzt hat. — Die VO 355/79 wurde zuletzt geändert durch VO 461/80 v. 18. 2. 1980 Abl. L 57/36 v. 29. 2. 1980 (Stand 1. 7. 1980).

19 VO 1608/76 der Kommission v. 4. 6. 1976 Abl. L 183 v. 8. 7. 1976 (Durchführungsverordnung), zuletzt geändert durch VO 2164/80 v. 8. 8. 1980 Abl. L 214/1 v. 16. 8. 1980 (Stand 1. 10. 1980).

20 Vgl. Art. 52 VO 337/79 (= Art. 28 b VO 816/70), der wegen des Verweises auf VO 338/79 (= VO 817/70) nur für Weine anwendbar sein kann, die den Qualitätsweinen bestimmter Anbaugebiete als gleichwertig anerkannt sind. Bisher wurden keine Abkommen geschlossen, es besteht jedoch eine Empfehlung der Kommission an den Rat zur Erteilung eines Verhandlungsmandats bezüglich eines Abkommens zum Schutze von Herkunftsangaben, Ursprungsbezeichnungen und sonstigen geographischen Bezeichnungen von Qualitätsweinen zwischen der Europäischen Gemeinschaft und Österreich, vgl. Dok. KOM (78) 657 endg. v. 30. 11. 1978 ergänzt durch Dok. KOM (79) 25 endg. v. 5. 2. 1979.

entsprechende Differenzierung vorgenommen. Tafelweine werden im Regelfall ohne geographische Bezeichnung verkauft, die sogenannten Landweine, d. h. Tafelweine mit geographischer Bezeichnung bilden eine gehobene Kategorie dieser Weine.

Qualitätsweine bestimmter Anbaugebiete müssen die Bezeichnung des bestimmten Anbaugebiets tragen (vgl. Art. 16 V 1 VO 338/79 = Art. 12 IV 1 VO 817/70)[21], da dieses die Qualität des Erzeugnisses maßgeblich bestimmt. Die Qualitätsbezeichnung, die obligatorisch ist (vgl. Art. 16 V 2 VO 338/79 = Art. 12 IV 2 VO 817/70), soll nur zusätzlich das Vertrauen des Konsumenten in die qualitätsbestimmende Herkunft des Erzeugnisses schützen. Aus diesem Grunde wurde es untersagt, die Qualitätsbezeichnung blickfangartig herauszustellen, um den Verbraucher von der wichtigeren Angabe des bestimmten Anbaugebiets abzulenken (vgl. Art. 2 I 1 VO 1608/76, der die Verwendung höherer Schriftzeichen für die Qualitätsbezeichnungen verbietet).

Weine aus Drittländern dürfen eine geographische Bezeichnung nur tragen, wenn die jeweilige geographische Hauptangabe in einer Liste[22] der Europäischen Gemeinschaft enthalten ist (vgl. Art. 28 I VO 355/79 = VO 2133/74)[23]. Dabei muß es sich um ein genau abgegrenztes Weinbaugebiet[24] handeln, das kleiner ist als das Hoheitsgebiet des Drittlandes (vgl. Art. 31 I a VO 355/79 = VO 2133/74).

c) Die Europäische Weinmarktordnung

Im Jahre 1962 wurde mit der VO Nr. 24/62[25] die gemeinsame Weinpolitik begonnen. Gestützt auf Art. 43 EWGV, der die Ratskompetenzen und die Grundzüge des Verfahrens zur Schaffung der gemeinsamen Agrarpolitik regelt, wurden u. a. die Errichtung von Weinbaukatastern (vgl. Art. 1), die Abgabe von Ernte- und Lagerbestandsmeldungen der Weinerzeuger und Händler (vgl. Art. 2), die bei der angekündigten Qualitätsweinverordnung zu berücksichtigenden Gesichtspunkte (vgl.

---

21 Da die Kodifizierung keine wesentliche inhaltliche Änderung, sondern eine Einarbeitung der durch die jeweiligen Änderungsverordnungen modifizierten Vorschriften darstellt, verlieren die zu den bisherigen Verordnungen erschienenen Veröffentlichungen nicht an Aktualität. Um das Auffinden der Zitate zu erleichtern, werden im Folgenden die neuen und die alten Vorschriften zitiert.

22 Vgl. VO 1608/76 Abl. L 183 v. 8. 7. 1976, Anh. II.

23 Art. 1 - 34 beider Verordnungen stimmen überein.

24 Die Verordnungen verwenden diesen Ausdruck im Gegensatz zum bestimmten Anbaugebiet auch bei Tafelweinen der Europäischen Gemeinschaft (vgl. Art. 54 III 1 VO 337/79 = Art. 30 III 1 VO 816/70).

25 Abl. 1962, 989; vgl. dazu Geisser, S. 370 ff.; Wille, S. 134 ff.; Heine / Reichardt, 5 — Kommentierung zu VO 24/62; die genannte Verordnung wurde bei der Kodifizierung in die VO 337/79 und 338/79 integriert.

Art. 4) sowie die Einrichtung eines Verwaltungsausschusses „Wein" geregelt (vgl. Art. 6 - 8)[26].

1970 wurden die Grundlagen der EG-Weinpolitik geschaffen, als die Weinmarktordnung[27] und die Qualitätsweinverordnung[28] gleichzeitig erlassen wurden. Beide Verordnungen haben zahlreiche Änderungen erfahren. Die gemeinsame Marktordnung für Wein regelt Preise, Interventionsmaßnahmen, den Handel mit Drittländern, die Erzeugung und die Kontrolle der Anpflanzungen, das önologische Verfahren und das Inverkehrbringen der ihr unterliegenden Erzeugnisse.

Das EG-Weinrecht unterscheidet zwischen zwei Arten von Weinen, den Tafelweinen[29] und den Qualitätsweinen bestimmter Anbaugebiete (= Q. b. A.)[30]. Beide Bezeichnungen sind ausschließlich Weinen vorbehalten, die in der Gemeinschaft erzeugt werden[31]. Der Q. b. A. ist innerhalb dieser Zweiteilung das den strengeren Vorschriften unterliegende und qualitativ höherwertige Erzeugnis.

Den wirtschaftlich bedeutendsten Teil der Weinmarktordnung bildet die Preis- und Interventionsregelung, die mittels Auslösungs-, Mittel- und Orientierungspreisen, Lagerverträgen, Destillationskampagnen und damit verbundenen Preisgarantien marktregulierend wirken soll[32].

Diese Vorschriften gelten nur für Tafelwein, der sich wegen seiner geringeren Qualität auch auf seinen traditionellen Absatzmärkten in den Mittelmeerländern infolge sinkenden Konsums immer schwerer verkaufen läßt. Es kann hier nicht dargelegt werden, warum die Tafelweinerzeugung dennoch seit den sechziger Jahren — von sehr schlechten Ernten abgesehen — regelmäßig steigt. Diese Tatsache bildet das wirtschaftliche Hauptproblem der Weinmarktordnung, die den Beweis für ihre marktordnende Wirkung zumindest in Zeiten der Überproduktion schuldig geblieben ist.

Die Regelung des Handels mit Drittländern enthält ein System von Abschöpfungen (bei Einfuhr) und Erstattungen (bei Ausfuhr), wie es auch in anderen Marktordnungen enthalten ist (vgl. Art. 17 ff. VO 337/79 = Art. 9 ff. VO 816/70)[33]. Im übrigen enthält die Marktord-

---

[26] Zu den Verwaltungsausschüssen vgl. Ipsen, S. 441 ff. (20/55 - 58).

[27] VO 337/79 Abl. L 54 v. 5. 3. 1979, S. 1 = VO 816/70 Abl. L 99 v. 5. 5. 1970, S. 1.

[28] VO 338/79 Abl. L 54 v. 5. 3. 1979, S. 48 = VO 817/70 Abl. L 99 v. 5. 5. 1970, S. 20.

[29] Vgl. die Definition der VO 337/79, Anh. II Nr. 11 = VO 816/70, Anh. II Nr. 10.

[30] Vgl. Art. 1 VO 338/79 = Art. 1 VO 817/70.

[31] Vgl. Heine / Reichardt, 10 — VO 816/70, Rdn. 2.

[32] Vgl. Heine / Reichardt, VO 816/70, Rdn. 4 - 10, 24 - 33.

nung ausführliche Regeln über die Erzeugung und die Kontrolle der Entwicklung der Rebflächen (vgl. Art. 29 - 31 VO 337/79 = Art. 15 - 17 VO 816/70) und über die önologischen Verfahren und das Inverkehrbringen (vgl. Art. 32 - 54 VO 337/79 = Art. 18 - 30 VO 816/70) sowie einige allgemeine Bestimmungen (vgl. Art. 55 - 70 VO 337/79 = Art. 31 - 43 VO 816/70)[34].

d) Qualitätsweinverordnung[35]

Gemäß Art. 4 I VO Nr. 26/62 hätte die Qualitätsweinverordnung bis zum 31. Dezember 1962 erlassen werden müssen. Die Verzögerung von fast acht Jahren erklärt sich insbesondere daraus, daß Deutschland sich einer zu stark an das französische Modell der kontrollierten Ursprungsbezeichnung angelehnten Fassung der Qualitätsweinverordnung widersetzte[36].

Die Qualitätsweinverordnung ist eine Rahmenregelung, die gemeinsame Merkmale für im Weinrecht der Mitgliedsstaaten im einzelnen genauer definierte Weine und Schaumweine festlegt, die sicherstellen soll, daß diesen Erzeugnissen eine bestimmte Mindestqualität gemeinsam ist, wobei noch strengere nationale Vorschriften hinsichtlich der Qualität der Erzeugnisse zulässig sind (vgl. Art. 19 VO 338/79 = Art. 15 VO 817/70). In der Qualitätsweinverordnung ist insbesondere festgelegt, unter welchen Voraussetzungen ein Wein Q. b. A. genannt werden darf. Es handelt sich daher von der Konzeption her um einen besonderen Bezeichnungsschutz für Weine überdurchschnittlicher Qualität, der von bestimmten Produktionsbedingungen abhängig ist[37].

Folgende Elemente, die bereits in der VO Nr. 24/62 aufgeführt waren (vgl. Art. 4 II VO Nr. 24/62 = Art. 2 I VO 338/79) müssen erfüllt sein, damit ein Wein eine Qualitätsbezeichnung im Sinne der VO 338/79 (= VO 817/70) führen darf[38]:

aa) Die Abgrenzung des bestimmten Anbaugebiets (Art. 3 VO 338/79 = Art. 2 VO 817/70)[39]

Die Abgrenzung des bestimmten Anbaugebiets muß sehr genau erfolgen. Sie wird durch die Festlegung der Gebiete, die zur Erzeugung

---

33 Vgl. Heine / Reihardt, VO 816/70, Rdn. 25 - 29.

34 Zu den Einzelheiten vgl. Heine / Reichardt, VO 816/70, Art. 15 - 43.

35 VO 338/79 Abl. L 54 v. 5. 3. 1979, S. 48 = VO 817/70 Abl. L 99 v. 5. 5. 1970, S. 20.

36 Vgl. Wille, S. 138; Brogsitter, S. 159; Heine / Reichardt, VO 817/70, Rdn. 1.

37 Vgl. Auby / Plaisant, Nr. 532 ff., S. 272 ff.

38 Vgl. Marenco, dir. com. 1975, 15 ff.

39 Vgl. Auby / Plaisant, Nr. 537 f., S. 276 f.; Heine / Reichardt, VO 817/70, Rdn. 3 a - 5.

von Qualitätsweinen klimatisch und geographisch geeignet sind, vollzogen, sowie durch die Aufteilung der Anbaugebiete in Untergebiete, die so zu bestimmen sind, wie es die Eigenart der jeweiligen Weine unter Berücksichtigung der örtlichen Gebräuche erfordert. Der Wein darf grundsätzlich nur aus Trauben des jeweiligen Gebiets hergestellt werden, von dem er seine geographische Bezeichnung ableitet. Diese Regelung wird jedoch dadurch eingeschränkt, daß sie diesem Grundsatz widersprechende traditionelle Praktiken gestattet (vgl. Art. 6 I a VO 338/79 = Art. 5 I a VO 817/70). Diese Ausnahme hat besondere Bedeutung für die italienische Weinwirtschaft. Auch müssen die geernteten Trauben im Erntegebiet selbst verarbeitet werden (vgl. Art. 6 II VO 338/79 = Art. 5 II VO 817/70). Auch hiervon sind Ausnahmen möglich.

bb) Rebsorten
(Art. 4 VO 338/79 = Art. 3 VO 817/70)[40]

Zur Erzeugung der Qualitätsweine dürfen nur zugelassene oder empfohlene Rebsorten im Sinne von Art. VO 337/79 = Art. 16 VO 816/70 verwendet werden.

cc) Anbaumethoden
(Art. 5 VO 338/79 = Art. 4 VO 817)70)[41]

Hinsichtlich der Anbaumethoden werden die Mitgliedsstaaten ermächtigt, geeignete Vorschriften zu erlassen.

dd) Natürlicher Mindestalkoholgehalt
(Art. 7 VO 338/79 = Art. 6 VO 817/70)[42]

Art. 7 Abs. 1 der genannten Vorschrift verpflichtet die Mitgliedsstaaten für jeden Qualitätswein bestimmter Anbaugebiete den natürlichen Mindestalkoholgehalt festzusetzen. Abs. 2 schreibt für die verschiedenen Weinbauzonen ausdrücklich Mindestsätze vor, die nicht unterschritten werden dürfen[43].

ee) Die Weinbereitungsmethoden
(Art. 8 - 10 VO 338/79 = Art. 7 - 9 VO 817/70)[44]

Die genannten Vorschriften regeln die zugelassenen Anreicherungs-, Säuerungs- und Entsäuerungsmethoden. So darf z. B. deutscher Quali-

---

[40] Vgl. Auby / Plaisant, Nr. 539, S. 277; Heine / Reichardt, VO 817/70, Rdn. 6 - 8.

[41] Vgl. Auby / Plaisant, Nr. 540 f., S. 277; Heine / Reichardt, VO 817/70, Rdn. 9.

[42] Auby / Plaisant, Nr. 543, S. 278; Heine / Reichardt, VO 817/70, Rdn. 14 - 15.

[43] Ausnahmen sind möglich, hieraus erklären sich die erfolgreichen Bemühungen der deutschen Weinwirtschaft um den ertragreichen, aber alkoholarmen Jahrgang 1978, vgl. „Die Zeit", Nr. 43, v. 10. 10. 1978, S. 22.

tätswein, der der Weinbauzone A angehört (alle deutschen Anbaugebiete außer Baden) gegenwärtig „naßverbessert“, d. h. nach beendeter Gärung durch Zusatz von Zucker in wässriger Lösung geschmacklich verbessert werden. Dabei ist es zulässig, daß sich das Gesamtvolumen um bis zu 10 % erhöht (vgl. Art. 8 II 4 VO 338/79 = Art. 7 II 4 VO 817/70). Bereits aus der Tatsache, daß die Regelung befristet ist, läßt sich erkennen, daß diese Art der Verbesserung nicht unbedingt qualitätserhöhend wirkt[45]. Dennoch wurde die Frist, insbesondere aufgrund der Intervention der deutschen Weinwirtschaft, bisher mehrfach verlängert.

ff) Hektarertrag
(Art. 11 VO 338/79 = Art. 10 VO 817/70)[46]

In Anlehnung an die französische Regelung, nach welcher bestimmte Hektarerträge (meist in hl/ha) festgelegt werden, die nicht überschritten werden dürfen, wurde in die VO 817/70 eine entsprechende Regelung aufgenommen. Im Unterschied zum französischen Weinrecht[47] führt ein Überschreiten des Hektarertrags jedoch zum Verlust der Qualitätsbezeichnung für die gesamte Ernte, nicht nur für den Überschuß (vgl. Art. 11 II VO 338/79 = Art. 10 II VO 817/70)[48]. Grund der Regelung ist die Erfahrungstatsache, daß Weinqualität und Weinertrag in umgekehrtem Verhältnis zueinander stehen. Der Winzer soll zur Ertragsbegrenzung aus Qualitätsgründen angehalten werden. Die strenge EG-Regelung hat jedoch kaum Auswirkungen in der Praxis, da die genannte Vorschrift nur zur Anwendung kommt, wenn nicht in den geltenden Regelungen der Mitgliedsstaaten etwas anderes vorgesehen ist. Für Frankreich wurde dies bereits angedeutet. Deutschland kennt eine Hektarertragsbegrenzung nicht und weigert sich unter Berufung auf diese Einschränkung, derartige Begrenzungen einzuführen. Man begründet dies damit, daß jeder deutsche Qualitätswein einer sogenannten organoleptischen Prüfung, d. h. einer Beurteilung nach Farbe, Klarheit, Geruch und Geschmack unterzogen wird (vgl. §§ 4 - 5 der deutschen WeinVO)[49].

---

44 Vgl. Auby / Plaisant, Nr. 544 ff., S. 278; Heine / Reichardt, VO 817/70, Rdn. 16 ff.

45 Vgl. dazu „Die Zeit“, Nr. 37 v. 8. 9. 1978, S. 55; Hieronimi, GRUR 1979, 80.

46 Vgl. Heine / Reichardt, VO 817/70, Rdn. 19.

47 Vgl. dazu Auby / Plaisant, Nr. 196 ff., S. 81 f.

48 Vgl. Auby / Plaisant, Nr. 198, S. 82.

49 WeinVO v. 15. 7. 1971, BGBl I, S. 926 in der Fassung der 2. WeinrechtsänderungsVO v. 14. 1. 1977, BGBl I, S. 117.

gg) Analytische und organoleptische Prüfung
(Art. 14 VO 338/79 = Art. 11 VO 817/70)

Schließlich ist auch eine analytische und organoleptische Prüfung[50] vorgeschrieben[51], wie sie in Deutschland üblich, in Frankreich z. B. aber für jeden Jahrgang nur bei den V.D.Q.S.-Weinen vorgeschrieben ist.

Auf die eigentliche Bezeichnungsregelung wird unter I 4 b) näher eingegangen[52].

e) Weinbezeichnungsverordnung
(VO 355/79 = VO 2133/74)[53]

Die Weinbezeichnungsverordnung regelt die Bezeichnungen der Weine, sowie deren Aufmachung. Eine Bezeichnungsregelung dieser Art für Schaumweine und Likörweine ist bisher nicht ergangen (vgl. Art. 1 I b). Sie unterscheidet zwischen Erzeugnissen mit Ursprung in der Gemeinschaft (vgl. Art. 2 - 26) und Erzeugnissen aus Drittländern (Art. 27 - 38). Die Aufmachung[54] ist in den Art. 39 - 42 geregelt.

Art. 43 ff. enthalten allgemeine Bestimmungen. Bei den EG-Weinen wird zwischen Tafel- und Qualitätswein (Art. 2 - 11 bzw. Art. 12 - 18) unterschieden. Die Verordnung regelt die Etikettierung umfassend, insbesondere die Verwendung kleinerer geographischer Einheiten[55], als bestimmte Anbaugebiete[56], Rebsortenbezeichnungen[57], Jahrgangsangaben[58], die Verwendung von Hinweisen auf den Abfüllungsort[59], den Händlernamen[60] sowie die Markenbenutzung[61] u. v. m.

Soweit dies die Frage der Verwendung von Herkunftsangaben und Ursprungsbezeichnungen berührt, wird hierauf noch näher unter II 4 dieses Kapitels eingegangen[62].

---

[50] d. h. Prüfung durch die menschlichen Sinnesorgane.

[51] Vgl. Auby / Plaisant, Nr. 548 f., S. 278 ff.; Heine / Reichardt, VO 817/70, Rdn. 21, 22.

[52] Teil I 2. Kapitel I 4 b.

[53] VO 355/79 Abl. L 54 v. 5. 3. 1979, S. 99 = VO 2133/74 Abl. L 227 v. 17. 8. 1974 mit ÄnderungsVO. Die Folge der Art. 1 - 43 blieb bei der Kodifizierung unverändert. Die Nennung von Artikeln ohne Verordnungsangabe bezieht sich daher auf diese beiden Verordnungen.

[54] d. h. Vorschriften über Behältnisse, Etikettierung und Verpackung, vgl. Art. 39 I.

[55] Art. 4, 14.

[56] Vgl. Art. 3 VO 338/79 = Art. 2 VO 817/70.

[57] Art. 5, 15.

[58] Art. 6, 16.

[59] Art. 2 III f., 12 II q.

[60] Art. 2 I c, 12 I d.

[61] Art. 8, 18.

f) Durchführungsverordnung (VO 1608/76 der Kommission)[63]

Diese von der Kommission erlassene Verordnung ist auf Art. 54 V VO 337/79 (= Art. 30 IV, 35 VO 816/70) gestützt. Es handelt sich daher genaugenommen um eine Ausführungsverordnung zur Weinmarktordnung. Da jedoch die amtliche Überschrift den Ausdruck „... Durchführungsbestimmungen ... für die Bezeichnung und Aufmachung ..." gebraucht und die erste und zweite Begründungserwägung der VO 1608/76 auf die Bezeichnungsverordnung ausdrücklich Bezug nimmt, erscheint es sachgerecht, in Anlehnung an die amtliche Überschrift von einer Durchführungsverordnung zur VO 2133/74 zu sprechen. Gemäß Art. 48 II VO 355/79 ist die VO 1608/76 mit den hierzu ergangenen Änderungsverordnungen nunmehr die Durchführungsverordnung zur neuen Bezeichnungsverordnung geworden.

Die Verordnung trifft u. a. genaue Bestimmungen über die Größe der Etikettenbeschriftung, insbesondere über das Größenverhältnis der zugelassenen Angaben untereinander, um eine Kontrolle durch die Behörden zu erleichtern und die Verbraucher vor Irrtümern zu schützen (vgl. Art. 2, 3)[64]. Auch die Verwendung bestimmter Bezeichnungen wie z. B. château, Schloß usw. wird in dieser Verordnung geregelt (vgl. Art. 5). Anhang II enthält eine umfangreiche Liste der geographischen Bezeichnungen von Drittlandsweinen, die in die EG eingeführt werden dürfen[65].

Stellungnahme

Aus dem Normengefüge der wichtigsten Weinverordnungen ergibt sich eine umfassende Regelung des Europäischen Weinrechts, die eine Marktordnung für Tafelwein, Einfuhrabgaben für Drittlandsweine, Ausfuhrerstattungen für EG-Weine sowie Bezeichnungs- und Aufmachungsregeln für Tafel-, Qualitäts- und Drittlandsweine umfaßt.

Die Kompetenz der Gemeinschaft ergibt sich aus Art. 43 EWGV, da Wein ein landwirtschaftliches Erzeugnis im Sinne von Art. 38 I EWGV ist und die Art. 39 - 46 EWGV Anwendung finden (vgl. Art. 38 III in Verbindung mit Anhang II, Kap. Nr. 21.05 der Brüsseler Nomenklatur des Gemeinsamen Zolltarifs)[66]. Ferner enthält die Weinmarktordnung

---

62 s. u. Teil I 2. Kapitel I 4.

63 s. o. Teil I 2. Kapitel I 3 a FN 19; zu den Einzelheiten vgl. Heine / Reichardt, Nr. 241 — VO 1608/76.

64 Vgl. die ausdrückliche Erwähnung des Verbraucherschutzes in den amtlichen Begründungserwägungen.

65 Zu den Einzelheiten der VO 1608/76 vgl. Heine / Reichardt, Nr. 241, Rdn. 1 ff.

66 Vgl. Wille, S. 159 ff.

eine ausdrückliche Ermächtigung an den Rat zum Erlaß einer Bezeichnungsverordnung[67] und verweist im übrigen auf das Verwaltungsausschußverfahren. Dies bedeutet, daß die Kommission zum Erlaß von Durchführungsbestimmungen zuständig ist[68].

4. Das Recht der geographischen Weinbezeichnungen in der Europäischen Gemeinschaft

a) Geographische Bezeichnungen bei Tafelwein

Die Gattungsbezeichnung Tafelwein ist in der VO 337/79 Anh. II Nr. 11 (= VO 816/70 Anh. II Nr. 10) definiert und für Weine dieser Art ausschließlich reserviert (vgl. Art. 48 I VO 337/79 = Art. 27 I VO 816/70). Diese Bezeichnung darf daher für Weine aus Drittländern nicht benutzt werden[69].

Art. 54 II, III VO 337/79 (= Art. 30 II, III VO 816/70) bilden die Grundvorschriften für das geographische Bezeichnungsrecht der Tafelweine.

Wortlaut und Reihenfolge der Vorschriften legen es nahe, daß Art. 54 II VO 337/79 (= Art. 30 II VO 816/70) den Regelfall bildet und Art. 54 III VO 337/79 (= Art. 30 III VO 816/70) eine Ausnahme enthält.

Nach Abs. 2 können die Mitgliedsstaaten die Verwendung einer geographischen Angabe u. a. (vgl. den Wortlaut „insbesondere") davon abhängig machen, daß der betreffende Wein zu 100 % aus bestimmten ausdrücklich bezeichneten Rebsorten gewonnen wird und gleichfalls zu 100 % aus dem Gebiet stammt, dessen Namen er trägt.

Nach dem Grundsatz der Bezeichnungswahrheit sollte dies selbstverständlich sein. Bei Wein entspricht dies jedoch seit langem nicht der Auffassung des Weingesetzgebers[70], die sehr stark von den Wünschen der Weinwirtschaft beeinflußt wird[71]. Bei Tafelwein, dessen Anteil an der deutschen Weinerzeugung bisher sehr gering ist[72], läßt sich dies möglicherweise rechtfertigen, da es sich insoweit um ein Massenpro-

---

[67] Art. 54 I VO 337/79 = Art. 30 I VO 816/70; vgl. auch Wille, S. 170 f. der eine Mischform aus Verordnung und Richtlinie für erforderlich hält.

[68] Vgl. Art. 54 V i. V. m. Art. 67 VO 337/79 = Art. 30 IV VO 816/70 i. V. m. Art. 7 VO 24/62.

[69] Ebensowenig für Q.b.A., es dürfte jedoch angesichts der Privilegierung dieser Weine kaum ein Versuch unternommen werden, ihn als Tafelwein zu bezeichnen.

[70] Vgl. z. B. § 10 WeinG, wonach 75 % für kleinere geographische Einheiten als bestimmte Anbaugebiete oder Weinbaugebiete genügen; § 7 I WeinG 1930 gestattete sogar einen bezeichnungsunschädlichen Verschnitt von 33⅓ %, vgl. Koch, § 10 WeinG, Anm. 12 b.

[71] Vgl. Brogsitter, GRUR 1966, 238 (240 f.); Hieronimi, GRUR 1979, 79 (80).

[72] 1976 betrug die Tafelweinerzeugung 0,3 % der deutschen Gesamterzeugung, vgl. Bericht des deutschen Weinbauverbandes 1976, S. 1.

dukt handelt, dessen gleichbleibende Eigenschaften wichtiger sind als bestimmte Bezeichnungen. Es wäre jedoch ehrlicher, in diesem Fall bei Tafelwein überhaupt keine geographische Bezeichnung zuzulassen, abgesehen vom Herstellungsland.

Aus den Formulierungen „können" in Abs. 2 und „unbeschadet der ergänzenden Vorschriften ... ist" in Abs. 3 des Art. 54 VO 337/79 (= Art. 30 VO 816/70) ergibt sich, daß der Regelfall in der zuletzt genannten Vorschrift enthalten ist, wonach eine geographische Bezeichnung verwendet werden darf, wenn mindestens 85 % des Tafelweins aus dem Weinbaugebiet stammen, dessen Name angegeben ist.

Was der europäische Gesetzgeber unter Weinbaugebiet versteht, ist in Art. 4 I VO 355/79 (= VO 2133/74) definiert. Es muß sich um eine kleinere geographische Einheit als die des Mitgliedsstaats handeln, und zwar wahlweise den Namen

- einer Lage oder einer Einheit die mehrere Lagen umfaßt,
- einer Gemeinde oder eines Ortsteils,
- eines Untergebiets oder eines Teils eines Untergebiets
- oder eines anderen Gebiets als eines bestimmten Anbaugebiets.

In allen diesen Fällen genügt es, wenn die Angabe zu 85 % der Wahrheit entspricht. Dabei bleiben die weniger strengen Übergangsregeln unberücksichtigt[73]. Die Bezeichnung darf jedoch nur verwendet werden, wenn sie nicht mit der Gesamtheit der geographischen Bezeichnungen für Qualitätsweine bestimmter Anbaugebiete oder mit der Bezeichnung eines Drittlandsweins im Sinne von Art. 28 VO 355/79 (= VO 2133/74) übereinstimmt bzw. nicht verwechselt werden kann (vgl. Art. 4 III dieser VO).

b) Geographische Bezeichnungen für Qualitätsweine bestimmter Anbaugebiete

Im Gegensatz zu Tafelweinen, bei denen die Verwendung von anderen geographischen Bezeichnungen als der Angabe des Herstellungslandes freigestellt ist (vgl. Art. 2 II a VO 355/79 = VO 2133/74), müssen Qualitätsweine bestimmter Anbaugebiete mindestens das bestimmte Anbaugebiet angeben (vgl. Art. 16 V VO 338/79 = Art. 12 IV VO 817/70), aus dem sie stammen[74]. Insoweit gilt der Grundsatz der Bezeichnungs-

---

[73] Vgl. Art. 21 VO 1608/76; auf Grund dieser Vorschrift gilt § 10 WeinG fort, der mit Ausnahme der bestimmten Anbaugebiete und Weinbaugebiete nur einen 75 %-Anteil für die geographische Bezeichnung fordert.

[74] Zum Schutz geographischer Weinbezeichnungen durch die VO 817/70 u. 2133/74, vgl. Marenco, dir. com. 1975, 16 ff.

wahrheit uneingeschränkt (vgl. Art. 6 I a VO 338/79 = Art. 5 I a VO 817/70)[75]. In Deutschland wird er grundsätzlich beachtet[76], was im Hinblick auf die großzügig bemessenen bestimmten Anbaugebiete auch nicht sehr schwer fällt. Da in Deutschland überwiegend Qualitätsweine bestimmter Anbaugebiete hergestellt werden[77], so daß bei einer Ernte von 7 - 10 Millionen Hektoliter jährlich die Erzeugung von Qualitätsweinen bestimmter Anbaugebiete mengenmäßig die unserer wesentlich mehr Wein produzierenden Nachbarländer Frankreich und Italien beinahe erreicht, muß es erstaunen, daß nur 11 bestimmte Anbaugebiete geschaffen wurden, während in Italien gegenwärtig ca. 180 und in Frankreich ca. 390 bestimmte Anbaugebiete existieren[78].

Ob man insoweit sagen kann, daß die Abgrenzung den Erfordernissen des Art. 3 I VO 338/79 (= Art. 2 I VO 817/70) genügt, wonach bestimmte Anbaugebiete Weine mit *besonderen* Qualitätsmerkmalen hervorbringen müssen, erscheint fraglich, wenn mehr als 90 % einer Ernte solche Weine bilden[79]. Es wird nicht angezweifelt, daß nach den geltenden Vorschriften diese Weine Qualitätsweine bestimmter Anbaugebiete sind, es kann sich jedoch im Durchschnitt nur um eine sehr geringe Qualität handeln, wenn die gesetzlichen Erfordernisse von fast allen Erzeugnissen erreicht werden, nicht jedoch um eine „besondere" im Sinne von Art. 3 I VO 338/79 (= Art. 2 I VO 817/70)[80].

Schlüsselvorschriften der VO 338/79 (= VO 817/70) zum Schutz geographischer Bezeichnungen bei Qualitätsweinen sind die Art. 16 u. 17 (= Art. 12 u. 13).

Die Schaffung der bestimmten Anbaugebiete ist die Grundvoraussetzung der gemeinsamen Qualitätspolitik auf dem Weinsektor. In diesem Punkt hat sich die französische Auffassung durchgesetzt. Für die Weine mit kontrollierter Ursprungsbezeichnung ist die genaue Abgrenzung des zur Herstellung von Weinen besonderer Qualität geeigneten Gebiets entscheidend[81]. Dabei werden die Bodenverhältnisse und

[75] Auch hiervon gibt es Ausnahmen, die sog. „traditionellen Praktiken", z. B. in Italien, da dort ein Verschnitt von Weinen verschiedener bestimmter Anbaugebiete bei einigen Weinen üblich ist.

[76] Eine Ausnahme gilt z. B. für die „Liebfrauenmilch", die aus 4 verschiedenen bestimmten Anbaugebieten verschnitten werden darf.

[77] Jahresbericht des deutschen Weinbauverbandes 1976, S. 1; kritisch Hieronimi, GRUR 1979, 80.

[78] Vgl. Ambrosi / Becker, Der deutsche Wein, München 1978, S. 220.

[79] Vgl. den Bericht des deutschen Weinbauverbandes 1976, S. 1 für den Jahrgang 1976; „Die Zeit" Nr. 43 v. 20. 10. 1978, S. 22 für den Jahrgang 1977; zur fehlenden Qualität vgl. Hieronimi, GRUR 1979, 80.

[80] Vgl. Brogsitter, GRUR 1966, 242; „Die Zeit" Nr. 37 v. 8. 9. 1978, S. 55; Nr. 43 v. 20. 10. 1978, S. 22.

[81] Vgl. Wille, S. 139.

klimatischen Gegebenheiten besonders berücksichtigt[82]. Die Privilegierung der Qualitätsweine bestimmter Anbaugebiete kommt in dem Recht und der Pflicht zum Ausdruck, den Namen des bestimmten Anbaugebiets als Bezeichnung zu verwenden, ebenso wie die gemeinschaftliche Qualitätsbezeichnung Q. b. A. als solche. Da den Mitgliedsstaaten aber bereits in Art. 4 II VO 24/62 zugesichert worden war, daß die Gemeinschaftsregelung den herkömmlichen Produktionsbedingungen Rechnung tragen werde[83], mußten daneben die traditionellen Bezeichnungen zugelassen werden. Dies hatte zur Folge, daß der EG-Begriff „Q. b. A." bis heute nicht benutzt wird[84]. Das ist im Hinblick auf die Wortschöpfung auch verständlich. Am nächsten kommt dieser Bezeichnung noch die deutsche Regelung in § 10 WeinG[85], aufgrund der in Deutschland Qualitätsweine und Qualitätsweine mit Prädikat geschaffen wurden. Diese Bezeichnungen waren vor Erlaß des Weingesetzes von 1971 unbekannt. Es ist daher merkwürdig, daß sie in der EWG-Qualitätsweinverordnung als traditionelle Bezeichnungen anerkannt wurden. Im übrigen verfehlen sie den Sinn der gemeinschaftsrechtlichen Bezeichnung Q. b. A. Was hiermit gemeint ist, ergibt sich deutlicher aus der französischen Fassung dieses Begriffs, der v.q.p.r.d. (= vin de qualité produit dans une région déterminée) lautet. Danach ist wesentlich das abgegrenzte Anbaugebiet, d. h. eine geographische Bezeichnung, nicht eine Qualitätsbezeichnung. Diese wurde im Interesse der deutschen Weinwirtschaft vom Weingesetzgeber aber in den Vordergrund gestellt. Gemeinschaftsrechtlich verhält es sich jedoch umgekehrt, da die Angabe des Anbaugebiets als unmittelbarer Hinweis auf die besondere Qualität des Erzeugnisses nur durch die gemeinschaftliche Qualitätsbezeichnung verstärkt werden soll. Daß es sich bei der Qualitätsbezeichnung nur um einen Zusatz handelt, ergibt sich aus Art. 16 IV VO 338/79 (= Art. 12 III VO 817/70), der die Verwendung des Namens eines bestimmten Anbaugebiets davon abhängig macht, daß es sich um einen Wein *besonderer* Qualität handelt, der den Voraussetzungen der VO 338/79 (= VO 817/70) entspricht. Dies entspricht der französischen Auffassung von der Ursprungsbezeichnung zumindest im Weinrecht, da diese gleichzeitig eine besondere Qualität garantiert[86].

Dennoch weisen beide Konzeptionen Unterschiede auf. Während die französische Ursprungsbezeichnung eine Qualitätsgarantie *beinhaltet,*

---

[82] Vgl. Art. 3 II VO 338/79 (= Art. 2 II VO 817/70).

[83] Der deutsche Gesetzgeber hat diese Formulierung bei der Auslegung der gemeinschaftsrechtlichen Vorschriften in hohem Maße ausgenutzt.

[84] Vgl. Art. 16 II VO 338/79 (= Art. 12 II VO 817/70), der die traditionellen Bezeichnungen aufführt; dazu auch Marenco, dir. com. 1975, 13.

[85] Zur verfassungskonformen Auslegung dieser Vorschrift vgl. BVerfG Beschluß v. 22. 5. 1979 — BvL 9/75 — BVerfGE 51, 193.

[86] s. o. Teil I 1. Kapitel III 1.

bedeutet die Angabe des bestimmten Anbaugebiets nur die qualitative Eignung (vgl. Art. 3 VO 339/79 = Art. 2 VO 817/70)[87], die Qualität wird durch die getrennte Angabe der Qualitätsbezeichnung garantiert.

Insoweit hat sich die deutsche Auffassung durchgesetzt, die an einer Trennung von Herkunft und Qualität festhält[88]. Im Unterschied zu den im deutschen Recht bekannten qualifizierten Herkunftsangaben handelt es sich jedoch um überwiegend objektive Qualitätsmerkmale (Abgrenzung des geeigneten Anbaugebiets, Rebsorten, Anbaumethoden, Mindestalkoholgehalt, Weinbereitungsmethoden, Hektarertragsbegrenzung, Weinanalyse). Lediglich die organoleptische Prüfung kann als subjektives Element bezeichnet werden, da es auf die Entscheidung des Prüfers ankommt. Das Prüfungsverfahren unterliegt jedoch genauen Regeln[89]. Ferner ergibt sich bei qualifizierten Herkunftsangaben die subjektive Qualitätsvorstellung aufgrund einer bestimmten Verkehrsauffassung. Die EG-Qualitätsbezeichnung ist jedoch ähnlich wie in Frankreich von der Erfüllung gesetzlich geregelter Voraussetzungen abhängig, deren Vorliegen von den zuständigen Weinbaubehörden geprüft werden muß.

Die Qualitätsweinbezeichnung, die sich aus der Angabe des bestimmten Anbaugebiets und einer Qualitätsbezeichnung zusammensetzt, ist ein Sonderfall, der wegen der überwiegend objektiven Kriterien der Ursprungsbezeichnung näher steht als der Herkunftsangabe[90].

Sofern man sich in Zukunft einen anderen Begriff der Ursprungsbezeichnung zu eigen machen würde, d. h. es ausreichen ließe, daß geographische Herkunft und objektive Qualitätsmerkmale (d. h. solche, die nachprüfbar sind) in getrennten Bezeichnungen, die aber beide obligatorisch sind, enthalten sind, könnte man die Qualitätsweinbezeichnung insgesamt als Ursprungsbezeichnung auffassen. Gegenwärtig erscheint dies jedoch mit der Lehre von der Ursprungsbezeichnung unvereinbar[91].

Meines Erachtens handelt es sich daher bei der Verknüpfung der Bezeichnungen eines bestimmten Anbaugebiets mit der Angabe Q.b.A. um eine geographische Bezeichnung mit Qualitätsgarantie sui generis für EG-Weine.

Andere geographische Bezeichnungen als bestimmte Anbaugebiete sind fakultativ. Sie sind im Art. 14 I VO 355/79 (= VO 2133/74) geregelt.

---

[87] Vgl. Marenco, dir. com. 1975, 16.

[88] Vgl. §§ 10 - 12 WeinG.

[89] Vgl. §§ 4, 5 WeinVO v. 15. 7. 1971 i. d. F. v. 25. 7. 1977.

[90] Vgl. Auby / Plaisant, Nr. 552, S. 280, nach dessen Auffassung es sich um besonders streng kontrollierte Ursprungsbezeichnungen handelt, die die nationalen Bestimmungen in diesem Bereich überlagern.

[91] a. A. Auby / Plaisant, S. 280.

Danach werden als kleinere geographische Einheiten als ein bestimmtes Anbaugebiet die Namen

— einer Lage oder einer Einheit die mehrere Lagen umfaßt,

— einer Gemeinde oder eines Ortsteils,

— eines Untergebiets oder des Teils eines Untergebiets

angesehen.

Insoweit gilt hinsichtlich der Bezeichnungswahrheit eine einheitliche Regelung wie bei Tafelweinen. Es genügt, wenn 85 % der Trauben usw. aus der kleineren geographischen Einheit stammen, sofern alle Bestandteile der Mischung aus demselben bestimmten Anbaugebiet herrühren. Diese Vorschrift ist als Übergangsregelung konzipiert, bisher jedoch mehrfach verlängert worden. Gegenwärtig ist ihr Ablauf zum 31. 8. 1981 vorgesehen (vgl. Art. 14 III a VO 355/79). Nach Ablauf der Übergangszeit gilt auch für kleinere geographische Einheiten der Grundsatz der Bezeichnungswahrheit uneingeschränkt (vgl. Art. 14 Abs. 2 VO 355/79 = 2133/74)[92].

c) *Geographische Bezeichnungen für Weine aus Drittländern*

Die aus Drittländern in die Gemeinschaft eingeführten Weine unterliegen grundsätzlich einer strengeren Regelung als die EG-Weine, was sich eher aus protektionistischen denn aus verbraucherfreundlichen Tendenzen erklären läßt.

Ein eingeführter Wein darf geographische Bezeichnungen nur tragen, wenn die Hauptbezeichnung in einer Liste der Europäischen Gemeinschaft aufgeführt ist[93]. Diese Angabe muß grundsätzlich ein genau abgegrenztes Weinbaugebiet bezeichnen, das kleiner als das Hoheitsgebiet des Drittlandes ist und aus dem *alle* Trauben stammen. Dieses Gebiet muß Weine mit typischen Qualitätseigenschaften hervorbringen (vgl. Art. 31 I a VO 355/79 = VO 2133/74).

Die Bezeichnung muß ferner im Ursprungsland für diesen Wein verwendet werden (vgl. Art. 31 I b) und darf nicht mit Bezeichnungen für Qualitätsweine bestimmter Anbaugebiete, Tafelweine oder andere Drittlandsweine verwechselbar sein (vgl. Art. 31 I c)[94]. Art. 31 II erwähnt besonders, daß auch keine Übereinstimmung mit geographischen Bezeichnungen von EG-Weinen bestehen darf, was sich im Hinblick auf

---

[92] Zu den Einschränkungen vgl. Art. 14 III b, der die sog. Süßreserve zuläßt.

[93] Vgl. Art. 28 I, II b VO 355/79 = VO 2133/74 in Verbindung mit Anh. II VO 1608/76.

[94] Zu den Ausnahmen vgl. Art. 31 III VO 355/79 = 2133/74.

Art. 31 I c nur auf die kleineren geographischen Einheiten beziehen kann.

d) Gemeinsame Schutzvorschriften

Wichtigster Grundsatz der Bezeichnungsvorschrift ist das Verbotsprinzip, d. h. nur in den Bezeichnungsregelungen ausdrücklich zugelassene Angaben sind erlaubt, alle übrigen verboten[95]. Dieser Grundsatz, der auch im deutschen Weinrecht seit dem Weingesetz von 1969[96] anerkannt ist, dient der Erleichterung der Kontrollen durch die Verwaltung und verhindert die Entstehung einer unübersehbaren Vielzahl von Bezeichnungen, die eine Kontrolle unmöglich machen würden.

Ferner wurde ein System von Tatbeständen geschaffen, die eine Irreführung des Verbrauchers durch die Hersteller, Händler usw. verhindern soll. Art. 43 VO 355/79 (= VO 2133/74) enthält die allgemeine Regelung, daß u. a. hinsichtlich des Ursprungs der Ware, d. h. ihrer geographischen Herkunft, der Bezeichnung und Aufmachung der Weine einschließlich jeder Art von Werbung Verwechslungen mit den Angaben der Art. 2, 12, 27, 28 und 29 dieser Verordnung ausgeschlossen sein müssen (vgl. Art. 43 I; z. B. wäre eine Verwechslung zwischen einer Rebsorte und einer geographischen Bezeichnung möglich u. ä.).

Bezüglich der Werbung für das Erzeugnis dürfen Bezeichnung und Aufmachung nicht irreführend sein, insbesondere nicht hinsichtlich der geographischen Herkunft der Erzeugnisse (vgl. Art. 43 II VO 355/79 = VO 2133/74)[97].

e) Spezialtatbestände

Neben diesen allgemeinen Verwechslungs- bzw. Irreführungstatbeständen gibt es mehrere Spezialvorschriften.

aa) Tafelwein

Für einen Tafelwein darf der Name einer kleineren geographischen Einheit als der des Mitgliedsstaats nur verwendet werden, wenn er weder mit dem Weinbaugebiet eines anderen Tafelweins, dem der Mitgliedsstaat den Begriff „Landwein" zuerkannt hat, noch mit der Gesamtheit der geographischen Bezeichnung eines Qualitätsweins bestimmter Anbaugebiete, die sich aus der Angabe des bestimmten Anbaugebiets und ggf. einer oder mehrerer kleinerer geographischen Einheiten zusammensetzt, übereinstimmt oder verwechselt werden kann.

---

[95] Vgl. Art. 3 I, 13 I, 30 I VO 355/79 = VO 2133/74.

[96] WeinG von 1969; das Gesetz wurde verabschiedet, trat aber nicht in Kraft, sondern wurde vorher durch das WeinG von 1971 aufgehoben.

[97] Zur Auslegung dieser Vorschrift im Verhältnis zu § 46 WeinG vgl. Krebs, GRUR 1978, 87; a. A. Hieronimi, GRUR 1979, 84 ff.

Dasselbe gilt im Verhältnis zu Weinen aus Drittländern (vgl. Art. 4 III VO 355/79 = 2133/74). Dieser Sonderfall behandelt das Zusammentreffen einer geographischen Bezeichnung eines Tafelweins mit der eines Qualitätsweins bestimmter Anbaugebiete oder eines Drittlandsweins, wenn sie identisch oder verwechselbar ist. Aufgrund des Wortlauts „Gesamtheit der geographischen Bezeichnungen eines Qualitätsweins bestimmter Anbaugebiete" könnte man annehmen, daß Teilidentität unschädlich ist. Diese Auslegung stünde jedoch im Widerspruch zu Art. 16 IV VO 338/79 (= Art. 12 III VO 817/70), wonach die Namen der bestimmten Anbaugebiete nur Qualitätsweinen bestimmter Anbaugebiete vorbehalten sind[98]. Im übrigen wird in der Regel eine Verwechslungsgefahr auch bei Teilidentität anzunehmen sein. Es gilt daher der Grundsatz der Bezeichnungstrennung nach Weinkategorien.

Gemäß Art. 5 I f VO 355/79 (= VO 2133/74) darf die Angabe einer Rebsorte, die nur in Verbindung mit einer geographischen Bezeichnung zulässig ist (vgl. Art. 5 I e), nicht zur Verwechslung mit dem Namen eines bestimmten Anbaugebiets oder einer geographischen Einheit führen, die für die Bezeichnung eines Qualitätsweins bestimmter Anbaugebiete oder eines eingeführten Weins verwendet wird.

bb) Qualitätswein bestimmter Anbaugebiete

Art. 15 I e VO 355/79 (= VO 2133/74) enthält eine Art. 5 f entsprechende Vorschrift, wonach der Name einer Rebsorte nicht zu Verwechslungen mit dem Namen eines bestimmten Anbaugebiets oder einer geographischen Einheit führen darf, die für einen anderen Qualitätswein bestimmter Anbaugebiete oder einen eingeführten Wein verwendet wird. Auch diese Regelung ist ein Beispiel für die Durchführung des Grundsatzes der Bezeichnungstrennung nach Weinkategorien[99].

cc) Drittlandsweine

Art. 30 VIII VO 355/79 (= VO 2133/74) verbietet mit *Gebiets*namen für Qualitätsweine bestimmter Anbaugebiete und geographischen Bezeichnungen anderer eingeführter Weine verwechslungsfähige Angaben über Namen, Firmennamen und Qualitätsbezeichnungen.

Diese Vorschrift betrifft nach ihrer Formulierung andere Angaben als geographische Bezeichnungen, die mit dem Namen bestimmter Anbaugebiete (Art. 3 VO 338/79 = Art. 2 VO 817/70) und den Namen von Weinbaugebieten in Drittländern (Art. 31 I a VO 355/79 = VO 2133/74) verwechselbar sind.

---

[98] Vgl. Marenco, dir. com. 1975, 28.

[99] Anders im deutschen Weingesetz, in dem z. B. Bereichsnamen für Tafelweine und Qualitätsweine bestimmter Anbaugebiete verwendet werden dürfen, vgl. Koch, § 10 WeinG, Anm. 5 e.

Gemäß Art. 31 I c VO 355/79 (= VO 2133/74) darf ein Wein aus Drittländern keine geographische Bezeichnung tragen, die mit einer für einen Tafelwein oder einen Qualitätswein bestimmter Anbaugebiete oder einen anderen Drittlandswein verwendeten Angabe verwechselbar ist.

Art. 31 II verbietet die Verwendung von Namen geographischer Einheiten, die für Tafelweine oder Qualitätsweine bestimmter Anbaugebiete reserviert sind und die Benutzung der Namen der bestimmten Anbaugebiete. Da in diesen Fällen immer eine Verwechslungsgefahr besteht, erscheint Art. 31 II im Verhältnis zu Art. 31 I c überflüssig.

f) Rechtsfolgen bei Verstößen

Gemäß Art. 46 I VO 355/79 (= Art. 45 I VO 2133/74) dürfen Erzeugnisse, die den Vorschriften der Verordnung nicht entsprechen, z. B. bei verwechslungsfähigen geographischen Angaben, nicht in Verkehr gebracht werden, nicht exportiert und nicht zum Verkauf vorrätig gehalten werden.

Für Qualitätsweine bestimmter Anbaugebiete gilt außerdem, daß sie ohne diese Kennzeichnung und ohne Angabe des bestimmten Anbaugebiets nicht in den Verkehr gebracht werden dürfen (vgl. Art. 16 IV 1, V II VO 338/79 = Art. 12 III 1, IV 2 VO 817/70). Im übrigen ist die Kontrolle und der Schutz der Weine mit geographischen Bezeichnungen Aufgabe der Mitgliedsstaaten (vgl. Art. 54 IV VO 337/79 = Art. 30 III a VO 816/70 für Tafelwein, Art. 17 I VO 338/79 = Art. 13 I VO 817/70 für Q.b.A.)[100].

Drittlandsweine erhalten diesen Schutz durch die Europäische Gemeinschaft nur durch eine Vereinbarung auf Gegenseitigkeit (vgl. Art. 52 VO 337/79 = Art. 28 b VO 816/70)[101] in Anwendung des Art. 17 VO 338/79 (= Art. 13 VO 817/70). Daraus wird man schließen dürfen, daß nur die den Qualitätsweinen bestimmter Anbaugebiete als gleichwertig anerkannten Drittlandsweine diesen Schutz erlangen können. Es ist eine Frage der Auslegung, was unter der Verpflichtung der Mitgliedsstaaten zur Kontrolle und zum Schutz der geographischen Bezeichnungen zu verstehen ist.

aa) Kontrolle

Unter Kontrolle versteht man die Überwachung der Einhaltung der Vorschriften durch behördliche Maßnahmen, z. B. Zurückweisen falsch etikettierter Erzeugnisse bei Grenzkontrollen, Weinkontrollen im In-

---

[100] Vgl. dazu Marenco, dir. com. 1975, 24 ff.

[101] Zu dieser Vorschrift s. u. Teil II 2. Kapitel V.

land u. ä. Diese Kontrolle[102] mag in einigen Ländern nahezu perfekt sein[103]. Bei den Irreführungstatbeständen, die eine genaue Kenntnis einer Vielzahl von Bezeichnungen voraussetzen, und bei der Beurteilung von Verwechslungsmöglichkeiten dürfte aber auch die beste Verwaltung überfordert sein. Hieraus erklärt sich die Notwendigkeit eines Schutzes. Die Kontrolle vermag die Verletzung formaler Vorschriften aufzudecken, sie muß jedoch versagen, wenn es um Beurteilungen geht, die eine Wertung erfordern (z. B. Irreführungsgefahr).

bb) Schutz

Unter dem Schutz von Herkunftsangaben und Ursprungsbezeichnungen wird herkömmlicherweise der zivile und strafrechtliche Rechtsschutz durch die Gesetzgebung und Rechtsprechung verstanden[104]. Für geographische Weinbezeichnungen innerhalb des Gemeinsamen Marktes gilt nichts anderes. Da die Harmonisierung auf Gemeinschaftsebene zwischenstaatliche Sonderregelungen auf diesem Teilbereich überlagert, kann nicht davon ausgegangen werden, daß dieser Begriff in anderer Weise verstanden werden sollte. Da der Schutz der Bezeichnungen den Mitgliedsstaaten obliegt, sind diese verpflichtet, die geographischen Bezeichnungen der Weine aus anderen EG-Staaten nach ihrem nationalen Recht umfassend zu schützen, und zwar in derselben Weise wie nationale Erzeugnisse[105]. Es entspricht den Grundprinzipien des Gemeinsamen Marktes, daß eine Differenzierung nach nationalen Kriterien in der Regel unzulässig ist. Sofern bestimmte Mitgliedsstaaten, die keine Eigenproduktion aufweisen, keine diesbezüglichen Normen kennen, sind sie zu deren Erlaß verpflichtet[106]. Andernfalls blieben die EG-Verordnungen, obwohl unmittelbar anwendbar, wirkungslos. In Deutschland muß daher zumindest eine Sanktionsmöglichkeit nach dem Ordnungswidrigkeitengesetz bestehen. Vorhandene zivilrechtliche Möglichkeiten dürfen nicht ausgeschlossen werden. Das Fehlen von Durchführungsbestimmungen hinsichtlich des Schutzes der geographischen Weinbezeichnungen läßt keineswegs den Schluß zu, daß die genannten

102 Auf der Basis von Art. 13 II VO 817/70 hat die EG-Kommission die VO 2247/73, Abl. L 230 v. 18. 8. 1973, S. 12 erlassen, die nur die Kontrolle betrifft, vgl. dazu Heine / Reichardt, Nr. 29 — VO 2247/73, Rdn. 1 ff. Gemäß Art. 21 II VO 338/79 gilt die genannte Verordnung nunmehr als DurchführungsVO zur VO 338/79.

103 Zu einem Fall in Großbritannien vgl. „Die Zeit“ Nr. 45 v. 3. 11. 1978 „Englischer Wein“.

104 Vgl. Marenco, dir. com. 1975, 25.

105 Vgl. Art. 17 I VO 338/79 = Art. 13 I VO 817/70 u. Art. 54 IV VO 337/79 = Art. 30 III a VO 816/70.

106 Vgl. Art. 64 VO 337/79 i. V. m. Art. 54 IV VO 337/79 bzw. Art. 17 VO 338/79 = Art. 39 a I VO 816/70 i. V. m. Art. 30 III a VO 816/70 bzw. Art. 13 VO 817/70. Art. 64 I VO 337/79 = Art. 39 a I VO 816/70 enthält eine Konkretisierung von Art. 5 I EWGV.

Vorschriften gegenwärtig nicht anwendbar sind. Der in Art. 17 II VO 338/79 (= Art. 13 II VO 817/70) vorgesehene Erlaß von Durchführungsbestimmungen kann sich nur auf die Kontrollmaßnahmen der Europäischen Gemeinschaft beziehen, nicht jedoch auf die Durchführung des Schutzes nach nationalem Recht. Dies ist Aufgabe der Mitgliedsstaaten, solange die Europäische Gemeinschaft keine materiellen Schutzvorschriften erlassen hat. Derartige Normen sind keine Durchführungsbestimmungen, die nur verfahrensrechtliche Bedeutung haben. Aus Art. 17 I VO 338/79 (= Art. 13 I VO 817/70) ergibt sich daher eine unmittelbare Schutzverpflichtung für die Mitgliedsstaaten. Hinsichtlich der von der Gemeinschaft zu regelnden behördlichen Weinkontrolle sind mit der VO 2247/73 die Durchführungsbestimmungen im Sinne des Art. 17 II VO 338/79 erlassen worden[107].

Dem Schutz der Qualitätsweine bestimmter Anbaugebiete kommt in diesem Zusammenhang besondere Bedeutung zu. Während für Tafelweine und Weine aus Drittländern Spezialtatbestände zum Verbot von verwechslungsfähigen Bezeichnungen erlassen wurden (vgl. Art. 4 III, 31 I c, II VO 355/79 = VO 2133/74), unterliegen Qualitätsweine bestimmter Anbaugebiete nur dem allgemeinen Verbot des Art. 43 VO 355/79 (= VO 2133/74). Die Namen der bestimmten Anbaugebiete, die allein diesen Weinen vorbehalten sind, sollen zusätzlich durch die Bestimmung der Qualitätsweinverordnung vorrangig geschützt werden[108]. Eine Verwechslungsgefahr geht insoweit immer zu Lasten der anderen Weine.

Bei Auslegung der Art. 16, 17 I VO 338/79 (= Art. 12, 13 I VO 817/70) ergibt sich ein weiteres Problem, das den Schutzumfang dieser Bezeichnungen gegenüber Verwechslungen mit ähnlichen, aber nicht weinhaltigen Produkten betrifft[109].

Mehrere Lösungsmöglichkeiten kommen in Betracht:

Der Schutzumfang bezieht sich auf

— Wein, wie er in Anhang II Nr. 8 VO 337/79 (= Anhang II Nr. 7 VO 816/70) definiert ist

— Weine im weiteren Sinne, d. h. auch Schaumweine und Likörweine

---

[107] Abl. L 230 v. 18. 8. 1973, S. 12.

[108] Vgl. Art. 16 IV VO 338/79 = Art. 12 III VO 817/70.

[109] Zu diesem Problem vgl. Bulmer v. Bollinger, 2 C.M.L.R. 625 (1977) Teil I 3. Kapitel V 2 d und einen Parallelfall zum deutsch-französischen Abkommen von 1960, BGH GRUR 1969, 611 u. 615; auch im Rahmen von Art. 54 IV VO 337/79 (= Art. 30 III a VO 816/70) stellt sich dasselbe Problem bezüglich der Namen von Weinbaugebieten für Tafelweine mit geographischer Bezeichnung. Da diese Bezeichnungen jedoch seltener und weniger wertvoll sind, ist die praktische Notwendigkeit für einen Sonderschutz geringer.

— den gesamten Weinsektor (z. B. auch Traubenmoste usw.)

— alle alkoholischen Getränke, die aus der Namensverwendung des bestimmten Anbaugebiets einen Wettbewerbsvorteil ziehen

— alle Erzeugnisse, die aus der Verwendung des Namens des bestimmten Anbaugebiets Wettbewerbsvorteile ziehen können

— alle Erzeugnisse mit derselben Bezeichnung[110].

Da die VO 338/79 (= VO 817/70) auch Qualitätsschaumweine bestimmter Anbaugebiete schützt und die Bezeichnung „Champagne" als traditionelle Bezeichnung erwähnt[111], muß eine Doppelverwendung grundsätzlich ausgeschlossen sein, da eine Verwechslungsgefahr besteht. Der Schutzumfang der Vorschrift kann sich daher nicht nur auf Weine im engeren Sinne beziehen, obwohl der Wortlaut des Art. 16 IV VO 338/79 (= Art. 12 III VO 817/70) dies nahe legt.

Da die Vorschriften einen Sonderfall des Irreführungsschutzes bilden, kann eine Erstreckung auf alle Erzeugnisse nicht gewollt sein, da bei völlig artfremden Erzeugnissen eine Verwechslung ausgeschlossen sein dürfte.

Art. 16 IV, V VO 338/79 (= Art. 12 III, IV VO 817/70) enthalten das Recht und die Pflicht, die Bezeichnung des bestimmten Anbaugebiets für Qualitätsweine bestimmter Anbaugebiete zu benutzen. Diese Bezeichnung nimmt daher eine Sonderstellung ein. Alle anderen geographischen Weinbezeichnungen sind fakultativ. Die Verpflichtung und Berechtigung erfordert einen Sonderschutz, d. h. einen weitergehenden Schutz als einen allgemeinen Irreführungsschutz, wie er in der VO 355/79 (= VO 2133/74) für die übrigen Bezeichnungen geregelt ist. Andernfalls bliebe die Vorschrift des Art. 17 I VO 338/79 (= Art. 13 I VO 817/70) ohne hinreichenden „effet utile". Diese Auslegung wird durch Art. 52 VO 337/79 (= Art. 28 b VO 816/70) bestätigt. Nach dieser Vorschrift kann Drittlandsweinen auf der Basis der Gegenseitigkeit der Schutz des Art. 17 VO 338/79 (= Art. 13 VO 817/70) im Wege eines internationalen Abkommens mit der Gemeinschaft gewährt werden. Da den Drittlandsweinen zum Schutze des Verbrauchers der allgemeine Irreführungsschutz der VO 355/79 (= VO 2133/74) zugestanden wird, muß die Schutzverpflichtung aus Art. 17 VO 338/79 (= Art. 13 VO 817/70) einen anderen, weitergehenden Umfang besitzen. Andernfalls würde für Drittstaaten kein Anreiz zum Abschluß eines derartigen Abkom-

110 Zur Prohlemstellung vgl. Marenco, dir. com. 1975, 24, der aber keinen Lösungsvorschlag angibt.

111 Vgl. Art. 16 II VO 338/79 (= Art. 12 II VO 817/70), meines Erachtens ein systematischer Fehler, da „Champagne" keine Qualitätsbezeichnung für Qualitätsschaumweine bestimmter Anbaugebiete ist, sondern das bestimmte Anbaugebiet selbst.

mens bestehen. Dies würde auch im Vergleich zu bestehenden bilateralen Abkommen zwischen Mitgliedsstaaten und Drittländern eine Verringerung des Schutzes bedeuten. Dies ist im Hinblick auf die Übernahme von Verpflichtungen der Mitgliedsstaaten durch die Europäische Gemeinschaft nicht unproblematisch.

Der unterschiedliche Schutz erklärt sich daraus, daß der Irreführungsschutz des Art. 43 VO 355/79 (= VO 2133/74) vorrangig die Verbraucher der Gemeinschaft schützen soll, während das Recht, den Namen eines bestimmten Anbaugebiets zu verwenden[112], den Erzeugern von Qualitätsweinen bestimmter Anbaugebiete als Privileg und auch als Anreiz zur Qualitätsweinerzeugung gewährt wird. Ein Sonderschutz erfordert jedoch einen Schutz gegen alle verwechslungsfähigen Bezeichnungen auch anderer Erzeugnisse, wie er in den bilateralen Abkommen seit 1960 enthalten ist. Aufgrund der gegenseitigen bilateralen Verpflichtungen zwischen den Weinbauländern Deutschland, Italien und Frankreich war dies schon bisher für viele Weinbezeichnungen der Fall[113]. Eine Schutzverringerung für die hervorgehobenen Namen der bestimmten Anbaugebiete beim Inverkehrbringen in einem anderen Land der Europäischen Gemeinschaft war nicht gewollt. Meines Erachtens sind daher die Mitgliedsstaaten aufgrund des Art. 17 I VO 338/79 (= Art. 13 I VO 817/70) verpflichtet, die Namen der bestimmten Anbaugebiete, die für Qualitätsweine bestimmter Anbaugebiete reserviert sind, gegenüber allen Erzeugnissen zu schützen, die zu diesen in Wettbewerb treten können[114].

Für den Schutzumfang der Weinbezeichnungen ist weiter das Verhältnis zu den Marken von Bedeutung. In Deutschland wird gegenwärtig die Frage der Eintragbarkeit von Lagenamen als Warenzeichen diskutiert[115]. Zu diesem Fragenkreis des nationalen Rechts kann im Rahmen dieser Arbeit nicht Stellung genommen werden.

Von gemeinschaftsrechtlicher Bedeutung ist die Frage, ob eine Marke, unabhängig davon ob es sich um ein eingetragenes Warenzeichen handelt oder nicht, benutzt werden darf, wenn sie mit einer geographischen Weinbezeichnung verwechselbar ist. Die Art. 8, 18 und 34 VO 355/79 (= VO 2133/74) enthalten für Tafelweine, Qualitätsweine bestimmter Anbaugebiete und Weine aus Drittländern gleichartige Bestimmungen,

---

112 Vgl. Art. 16 IV VO 338/79 = Art. 12 III VO 817/70.

113 Vgl. BGH GRUR 1969, 611 u. 615. Zum Schutz der geographischen Weinbezeichnungen gegenüber anderen Getränken hat die Europäische Gemeinschaft durch den Erlaß der VO 459/80 Abl. L 57/32 v. 29. 2. 1980 einen Versuch zur Lösung dieser Frage unternommen.

114 Zu diesem Problem vgl. auch Teil I 3. Kapitel V d.

115 Vgl. Krebs, GRUR 1976, 171; Prüfer, GRUR 1977, 242; Müller, GRUR 1978, 154.

die durch Art. 6 VO 1608/76 ergänzt werden. Erfaßt werden alle Marken, die den Gemeinschaftsvorschriften oder den Vorschriften des Mitgliedsstaats entsprechen, in dem das Erzeugnis in Verkehr gebracht wird. Diese Marken dürfen keine falschen oder verwechselbaren Angaben über die geographische Herkunft des Erzeugnisses enthalten. Sie dürfen ferner nicht aus Worten, Wortteilen, Zeichen oder Abbildungen bestehen, die zu Verwechslungen mit anderen Weinen führen können. Da Art. 8 und 18 VO 355/79 (= VO 2133/74) keinen Hinweis auf eingeführte Weine enthalten, während gemäß Art. 34 der genannten Verordnung eingeführte Weine keine Marken tragen dürfen, die mit der Bezeichnung eines Tafelweins, eines Qualitätsweins bestimmter Anbaugebiete oder eines eingeführten Weins verwechselbar sind, ergibt sich insoweit ein Vorrang der Marken von EG-Weinen gegenüber solchen von Weinen aus Drittländern. Dies könnte allenfalls im Rahmen eines Sonderschutzes für Drittlandsweine anders geregelt werden.

Geographische Bezeichnungen können als Bestandteile von Marken demnach nur verwendet werden, wenn der Wein zu mindestens 85 % aus der bezeichneten Einheit stammt[116]. Geographische Bezeichnungen als Marken für Weine anderer geographischer Herkunft sind unzulässig. Wegen des Vorrangs des Gemeinschaftsrechts kann das Prioritätsprinzip insoweit nicht angewendet werden, d. h. auch ältere Marken, die mit geographischen Bezeichnungen verwechselt werden können, verstoßen gegen die genannten Vorschriften. Die Markenregelung gilt nur für Weine[117], d. h. für das Zusammentreffen von Marken und geographischen Bezeichnungen für Tafelweine, Qualitätsweine bestimmter Anbaugebiete und Weine aus Drittländern. Es handelt sich um eine indirekte Rechtsvereinheitlichung noch vor Schaffung einer europäischen Marke. Dieser Umstand hat in der Literatur bisher keine besondere Beachtung gefunden, da es sich um eine auf den Weinsektor begrenzte Ausnahme handelt. Ob diese Lösung unter dem Gesichtspunkt des enteignungsgleichen Eingriffs nach nationalem Verfassungsrecht unbedenklich ist, kann an dieser Stelle nicht erörtert werden[118].

Stellungnahme

Während das allgemeine Weinbezeichnungsrecht dem herkömmlichen nationalen Weinrecht weitgehend ähnelt, hat die Gemeinschaft durch die VO 817/70 (= VO 355/79) für Qualitätsweine bestimmter Anbau-

---

116 Bei Angabe des Namens eines bestimmten Anbaugebiets sogar zu 100 %, grundsätzlich ebenso bei ausländischen Weinen mit geographischer Bezeichnung.

117 Vgl. den Wortlaut der Art. 8, 18, 34 VO 355/79 = VO 2133/74.

118 Zu weiteren Einzelheiten vgl. Hieronimi, GRUR 1969, 86 ff.; zu einem ähnlichen Problem im deutschen Weingesetz, vgl. Koch, § 10 WeinG, Anm. 4 b; vgl. auch Beschluß des BVerfG v. 22. 5. 1979 — 1 BvL 9/75 — BVerfGE 51, 193.

gebiete einen Sonderschutz für die Bezeichnungen der bestimmten Anbaugebiete geschaffen. Die Trennung von geographischer Herkunft und Qualitätsbezeichnung stellt einen Kompromiß zwischen der französischen Konzeption der Ursprungsbezeichnung und den deutschen Vorstellungen über Herkunftsangaben dar. Die Hervorhebung der Namen der bestimmten Anbaugebiete unter gleichzeitiger Verwendung von Qualitätsbezeichnungen, deren Vergabe weitgehend von objektiven Kriterien bestimmt wird, bildet eine Kombination aus Elementen der Herkunftsangabe und der Ursprungsbezeichnung. Die Ursprungsbezeichnungen des französischen und italienischen Weinrechts beinhalten selbst die Qualitätsgarantie. Dies trifft bei dem Namen der bestimmten Anbaugebiete nicht zu. Andererseits muß auch die separate Qualitätsbezeichnung immer verwendet werden. Bei qualifizierten Herkunftsangaben entscheidet die Verkehrsauffassung über die Qualität des Erzeugnisses, objektive Maßstäbe sind hierfür unmaßgeblich. Die Kombination aus obligatorischer Angabe des bestimmten Anbaugebiets und der Qualitätsbezeichnung bildet daher einen Sonderfall, der der Ursprungsbezeichnung angenähert ist. Hieraus erklärt sich auch der Sonderschutz für die Namen der bestimmten Anbaugebiete. Art. 17 I VO 388/79 (= Art. 13 I VO 817/70) verpflichtet die Mitgliedsstaaten, die Namen der bestimmten Anbaugebiete auch im Verhältnis zu anderen Erzeugnissen zu schützen, die aus der Verwendung dieser Bezeichnungen Wettbewerbsvorteile ziehen könnten. Nur bei dieser Auslegung kann die genannte Vorschrift ihren „effet utile" erzielen.

II. Die Rechtsprechung des Europäischen Gerichtshofs

Lehre und Rechtsprechung zum Schutz geographischer Herkunftsangaben und Ursprungsbezeichnungen im Verhältnis zum Gemeinschaftsrecht sind bisher nicht sehr umfangreich. Der Gerichtshof hat sich nur in wenigen Fällen mit diesem Fragenkreis befaßt.

1. Rechtssache 8/74 — „Dassonville"[119]

a) Sachverhalt

Im Jahre 1970 erwarb der Großhändler Gustave Dassonville, der in Frankreich einen Spirituosenhandel betreibt, von französischen Importeuren 84 Flaschen Scotch Whisky. Frankreich verlangte zum damaligen Zeitpunkt für die Einfuhr von Scotch Whisky kein Ursprungszeugnis[120].

[119] EuGH, Urteil vom 11. Juli 1974, Slg. 1974, 837; vgl. auch EuR 1975, 319 m. Anm. Wellinghausen (322 ff.).

[120] Vgl. aber den französisch-britischen Notenwechsel vom 31. Juli 1975 und 11. September 1975, J.O.R.F. vom 25. November 1975, Jahrgang 1975, S. 12069.

Der Sohn des Großhändlers, der eine belgische Filiale des Unternehmens leitet, importierte diese Spirituosen nach Belgien. Für den Import wurde die Etikettierung der Flaschen, die echten schottischen Whisky enthielten, mit der Aufschrift „British Customs Certificate of Origin“ versehen.

Die belgische Gesetzgebung verlangt für anerkannte ausländische Ursprungsbezeichnungen ein Dokument des Ursprungslandes, das die Echtheit des Erzeugnisses bestätigt. Da die Firma Dassonville dieses Zertifikat nicht besaß, wurde gegen Vater und Sohn ein Strafverfahren eingeleitet wegen der falschen Etikettierung und der fehlenden Begleitdokumente.

Zum besseren Verständnis sei hinzugefügt, daß ein Ursprungszeugnis nur für den Exporteur der jeweiligen Gesamtlieferung aus dem Ursprungsland ausgestellt wird. Ein Zwischenhändler, der nur einen Teil der Waren erhält, kann sich daher für die Teillieferung kein Zertifikat verschaffen, es sei denn, er würde sich unter Einschaltung der Behörden seines Landes an die Behörde des Ursprungslandes wenden. Dies dauert erfahrungsgemäß viel zu lange, um den Erfordernissen des Handels gerecht zu werden.

Im Hinblick auf das von der belgischen Gesetzgebung geforderte Ursprungszeugnis kam es zu einem Vorlagebeschluß des belgischen Gerichts, das anfragte, ob dieses Erfordernis mit den Art. 30, 31, 32, 33 und 36 des EWG-Vertrages vereinbar sei[121].

b) Entscheidungsgründe des Gerichtshofs

Der Gerichtshof entschied, daß es eine mit dem Vertrag unvereinbare[122] Maßnahme mit gleicher Wirkung wie eine mengenmäßige Beschränkung darstellt, „wenn ein Mitgliedsstaat eine Echtheitsbescheinigung verlangt, die sich der Importeur eines in einem anderen Mitgliedsstaat ordnungsgemäß im freien Verkehr befindlichen echten Erzeugnisses schwerer zu beschaffen vermag als der Importeur, der das gleiche Erzeugnis unmittelbar aus dem Ursprungsland einführt“[123].

---

121 Auf die zweite Frage, die Art. 85 EWGV betraf (vgl. EuGH Slg. 1974, 853 f. Rz. 10 ff.), wird nicht näher eingegangen, da ihre Entscheidung keine Besonderheiten für Ursprungsbezeichnungen gegenüber anderen gewerblichen Schutzrechten aufweist; vgl. dazu Tummers, Ing-Cons. 1974, 297 (305 ff.).

122 Im Verfahren nach Art. 177 EWGV kann der EuGH die Unvereinbarkeit nationalen Rechts mit Vorschriften des EWGV nicht aussprechen. Die Ausführungen sind daher als Auslegung von Art. 30 ff. EWGV im Hinblick auf die belgische Verordnung zu verstehen.

123 Vgl. EuGH 1974, 837 (853, Rz. 7/9).

In den Gründen des Urteils stellte der Gerichtshof fest, daß „jede Handelsregelung der Mitgliedsstaaten, die geeignet ist, den innergemeinschaftlichen Handel, unmittelbar oder mittelbar, tatsächlich oder potentiell zu behindern“, als Maßnahme mit gleicher Wirkung wie eine mengenmäßige Beschränkung anzusehen ist[124].

Ferner wies der Gerichtshof darauf hin, daß bis zum Erlaß einer Gemeinschaftsregelung, die dem Verbraucher die Echtheit der Ursprungsbezeichnung eines Erzeugnisses garantiert[125], die Mitgliedsstaaten unlautere Maßnahmen auf diesem Gebiet verfolgen dürfen, unter der Bedingung, „daß die getroffenen Maßnahmen sinnvoll sind und die geforderten Nachweise keine Behinderung des Handels zwischen den Mitgliedsstaaten bewirken, mithin von allen Angehörigen der Mitgliedsstaaten[126] erbracht werden können“[127].

Der Gerichtshof prüfte Art. 36 S. 2 EWGV als allgemeinen Grundsatz. Ein Verstoß gegen diesen Grundsatz ergab sich daraus, daß die geforderte Formalität für andere als Direktimporteure schwieriger zu erfüllen war. Der Gerichtshof präzisierte dabei nicht, ob die belgische Regelung eine willkürliche Diskriminierung oder eine verschleierte Handelsbeschränkung darstellte[128].

Da er Art. 36 S. 2 EWGV für anwendbar erklärte, bedurfte es für den Gerichtshof keiner Prüfung mehr, ob ein Fall des Art. 36 S. 1 vorlag, da Art. 30 in Verbindung mit Art. 36 S. 2 jegliche Importbeschränkung verbietet.

c) *Urteilsanalyse*

Das Urteil ist nicht ohne Kritik aufgenommen worden[129]. Dem EuGH wird vorgeworfen, er habe die von der Kommission mit der Richtlinie 70/50 EWG begonnene Konkretisierung der Maßnahmen gleicher Wirkung wie mengenmäßige Beschränkungen durch seine Ausführungen beeinträchtigt[130].

Die Rechtsprechung verfolgt jedoch konsequent das Ziel der Errichtung und Erhaltung des Gemeinsamen Marktes durch Abbau oder

---

124 Vgl. EuGH 1974, 852, Rz. 5.

125 Eine allgemeine Regelung dieser Art besteht bisher nicht.

126 Amtliche Übersetzung von „à tous leurs ressortissants“ mit „von allen Staatsangehörigen“ mißverständlich.

127 Vgl. EuGH 1974, 853 Rz. 6.

128 Vgl. EuGH 1974, 853 Rz. 7/9.

129 Vgl. die Urteilsanmerkungen von Wellinghausen, EuR 1975, 319; Pestel, Un invraisemblable arrêt de la Cour de Justice de la Communauté européenne, in La Journée viticole v. 30. September 1975; De Caluwé, Revue Belge des Vins et Spiritueux 1975, Nr. 5, S. 33; Joliet, 28 The Modern Law Review 1975, 200.

130 Vgl. Tummers, Ing.-Cons. 1974, 302.

Einschränkung aller Handelsbeschränkungen innerhalb der Gemeinschaft[131]. Daher ist die allgemeine Formulierung zu begrüßen, die erstmalig feststellt, daß auch potentielle Behinderungen den Art. 30 ff. EWGV unterfallen[132]. Eine konkrete Nachprüfung im Einzelfall würde den Gerichtshof vor unlösbare Ermittlungsaufgaben stellen. Besonders hervorgehoben zu werden verdient die Tatsache, daß in der Sache „Dassonville“ eine Erschwerung von Einfuhren im Vergleich zu anderen Importen verboten wurde, während herkömmlicherweise nur die Erschwerung von Einfuhren im Vergleich zu nationalen Konkurrenzprodukten Gegenstand der Rechtsprechung war[133]. Dabei setzt der Gerichtshof stillschweigend voraus, daß mit Ablauf der Übergangszeit alle vorhandenen Maßnahmen gleicher Wirkung, d. h. auch vor 1958 begründete, unmittelbar durch Art. 30 ff. EWGV verboten werden, ohne daß es einer konkreten Beseitigung durch Richtlinien der Kommission gemäß Art. 33 VII EWGV bedarf[134].

Das Urteil hat auch heftige Angriffe von seiten der Praxis erfahren, da bei Wein und Spirituosen die Verwendung von staatlichen Ursprungszeugnissen als beste Kontrolle der Echtheit eines Erzeugnisses, das eine Ursprungsbezeichnung trägt, angesehen wird[135]. Bei Wein besteht dieses Problem nicht, da ein EG-Begleitdokument existiert[136]. Da die Spirituosengesetzgebung bisher noch Aufgabe der Mitgliedsstaaten ist[137], gibt es, soweit vorhanden, nur nationale Ursprungszeugnisse. Diese in erster Linie zollrechtlichen Dokumente schützen Ursprungsbezeichnungen sehr wirksam, da Proben der Erzeugnisse chemisch analysiert werden.

Auf die Frage, ob diese Kontrolle auch auf anderem Wege erreicht werden kann, der den Handel zwischen den Mitgliedsstaaten nicht oder in geringerem Maße einschränkt, ist der Gerichtshof nicht eingegangen[138].

---

131 Vgl. Wellinghausen, EuR 1975, 323, der von „Tendenzverstärkung“ spricht.

132 Seither ständige Rechtsprechung vgl. z. B. EuGH, Rs 46/76, Urteil v. 25. Januar 1977, Slg. 1977, S. 15, Rz. 12/15; Rs 82/77, Urteil v. 24. Januar 1978, Slg. 1978, S. 39, Rz. 11/12.

133 Vgl. Mattera, RMC 1976, 500 (518).

134 Vgl. Joliet, EEC Law and Appellations of Origin: The Scotch Whisky Case, 38 The Modern Law Review (1975) S. 200 (203).

135 Vgl. Pestel in La Journée viticole vom 30. September 1975; De Caluwé, Revue Belge des Vins et Spiritueux 1975 Nr. 5 S. 33.

136 Vgl. Art. 53 I VO 337/79.

137 Vgl. aber den Entwurf einer Marktordnung für Äthylalkohol, Abl. C 309/2 vom 31. Dezember 1976, die bisher nicht erlassen wurde.

138 Vgl. aber EuGH Rs 82/77 Urteil vom 24. Januar 1978, Slg. 1978, S. 40 Rz. 20.

Dazu hatte er auch keine Veranlassung, da zum damaligen Zeitpunkt (1970), zu dem Großbritannien noch nicht Mitglied der Europäischen Gemeinschaft war, keine Vereinbarung zum Schutze von Ursprungsbezeichnungen zwischen Frankreich und Großbritannien bestand[139] und daher von Frankreich kein Ursprungszeugnis verlangt wurde. Aus diesem Unterschied zwischen der Behandlung des in das Gebiet der Europäischen Gemeinschaft rechtmäßig eingeführten und daher im Freiverkehr befindlichen (vgl. Art. 10 I EWGV) Schottischen Whisky in Frankreich und Belgien schloß der Gerichtshof auf eine ungerechtfertigte Handelsbeschränkung, zumal Alleinimporteure in beiden Ländern zu einem faktischen Ausschluß des freien Warenverkehrs in der Lage waren. Daß der freie Warenverkehr im Interesse des Verbrauchers liegt, zeigt sich daran, daß dasselbe Erzeugnis aus Frankreich importiert, billiger in Belgien verkauft werden konnte als der direkt importierte Whisky[140].

Dies ändert nichts daran, daß eine Echtheitsgarantie sinnvoll ist, da ohne chemische Analyse z. B. einfacher Whisky als Schottischer verkauft werden könnte u. ä.[141]. Ob dabei das Ursprungszeugnis das einzig sinnvolle Mittel darstellt, läßt sich nur von Experten beurteilen, die sich aber nicht einig sind. Es ist daher verständlich, daß der Gerichtshof sich nicht zu diesen Fragen geäußert, sondern vielmehr eine gemeinschaftsrechtliche Regelung angeregt hat, wie sie bei Wein bereits existiert. Man kann darüber erstaunt sein, daß die Entscheidung letztlich auf die Schutzfähigkeit von Ursprungsbezeichnungen und deren Voraussetzungen nicht eingegangen ist, sondern Art. 36 Satz 1 vollkommen ausgeklammert hat[142]. Da der importierte Schottische Whisky im konkreten Fall echt war, bestand hierzu keine Veranlassung. Der Gerichtshof konnte sich auf die Beanstandung der Formalität, ein Ursprungszeugnis vorzulegen, beschränken. Der Vorwurf der Kritiker des Urteils wendet sich daher überwiegend gegen die allgemeinen Formulierungen, nicht gegen sein Ergebnis[143].

d) Rechtssache 2/78 — „Kommission/Belgien“[144]

Die Kommission der Europäischen Gemeinschaften klagte gegen das Königreich Belgien wegen Vertragsverletzung nach Art. 169 EWGV.

---

139 Anders seit 1975, vgl. den französisch-britischen Notenwechsel vom 31. Juli und 11. September 1975, J.O.R.F. vom 25. November 1975, Jg. 1975, S. 12069.

140 Vgl. Tummers, Ing.-Cons. 1974, 300 FN 4.

141 Zu einem ähnlichen Problem bei Wein in Großbritannien, vgl. Die Zeit Nr. 45 vom 3. November 1978 „Englischer Wein“.

142 Vgl. EuGH 1974, 853, Rz. 7/9.

143 Vgl. Pestel in La Journée viticole v. 30. 9. 1975.

144 Rs 2/78, v. 16. 5. 1979, EuGH Slg. 1979, 1761.

Nach Ansicht der Kommission hatte Belgien trotz des Urteils in der Sache „Dassonville" keine geeigneten Maßnahmen ergriffen, um die ungerechtfertigte Vorzugsstellung der Direktimporteure von Scotch Whisky innerhalb des Gemeinsamen Marktes zu beseitigen.

Der Gerichtshof wies die Klage ab. Er prüfte lediglich die Frage, ob die nach dem Urteil in der Sache Dassonville vorgenommenen Änderungen des belgischen Systems der Ursprungszeugnisse ausreichten, diese Regelung nunmehr als verhältnismäßig anzusehen.

Der Gerichtshof entschied, daß ein System von Ursprungszeugnissen als solches verhältnismäßig sei, wenn es gewährleiste, daß auch andere als Direktimporteure sich ohne besondere Schwierigkeiten ein Ursprungszeugnis verschaffen können[145].

Es kam daher entgegen der Ansicht der Kommission nicht darauf an, daß derselbe Erfolg auch durch Etikettierung der Whiskyflaschen im Ursprungsland und durch das Anbringen nicht wiederverwendbarer Verschlüsse hätte erreicht werden können. Der Gerichtshof wandte sich gegen das Argument der Kommission, diese von ihr vorgeschlagene Lösung sei das Mittel, das den Handel zwischen den Mitgliedsstaaten am wenigsten beeinträchtige und daher allein verhältnismäßig. Der Gerichtshof sah die belgische Regelung gleichfalls als verhältnismäßig an, da sie nach seiner Ansicht in angemessener Weise den erstrebten Zweck, d. h. den Nachweis der Echtheit der Ursprungsbezeichnung, herbeizuführen geeignet sei[146].

Im Ergebnis ist die Entscheidung des Gerichtshofes zutreffend. Es überrascht jedoch, daß der Grundsatz der Verhältnismäßigkeit einschränkend interpretiert wird. Dasselbe Ergebnis hätte sich auch damit begründen lassen, daß die von der Kommission vorgeschlagenen Maßnahmen nur unter Zweckmäßigkeitsgesichtspunkten nachprüfbar sind. Eine solche Prüfung fällt jedoch nicht in den Zuständigkeitsbereich des Gerichtshofes.

2. Rechtssache 12/74 — „Sekt, Weinbrand"[147]

a) Sachverhalt

Die Bundesrepublik Deutschland wurde von der Kommission gemäß Art. 169 EWGV[148] wegen Verletzung des EWGV verklagt, da das deut-

---

[145] EuGH, Rs 2/78, Urteil v. 16. 5. 1979, Rz. 41 ff.

[146] EuGH, Rs 2/78, Rz. 44 ff.

[147] EuGH Urteil v. 20. Februar 1975, Slg. 1975, 181.

[148] Für Deutschland ein Novum, vgl. Marenco, dir. com. 1975, 358, der darauf hinweist, daß zu jenem Zeitpunkt gegen Italien bereits 22 Verfahren nach Art. 169 EWGV stattgefunden hatten.

sche Weingesetz von 1971 die Bezeichnung „Sekt“ und „Weinbrand“ Erzeugnissen vorbehielt, die im Inland hergestellt wurden oder in einem Land, in dem deutsch im gesamten Herstellungsland Staatssprache war. Die Sonderregelung bezüglich der Staatssprache deutsch betraf nur wenige in Österreich ansässige Hersteller. Alle übrigen ausländischen Produzenten mußten ihre Erzeugnisse „Qualitätsschaumwein“ bzw. „Qualitätsbranntwein aus Wein“ nennen.

Ferner wurde von der Kommission beanstandet, daß als „Prädikatssekt“ nur ein inländischer Qualitätsschaumwein bezeichnet werden durfte, sofern er mindestens zu 60 % aus inländischen Weintrauben hergestellt war.

Zur Vorgeschichte des Verfahrens ist erwähnenswert, daß das Weingesetz von 1930 die Benutzung des Wortes Sekt auch ausländischen Schaumweinen gestattete, die Benutzung des Wortes Weinbrand für in- und ausländische Branntweine aus Wein sogar vorschrieb.

Nach längeren Vorarbeiten wurde 1969 ein Gesetz vom Bundestag beschlossen, das erst am 20. Juli 1971 in Kraft treten sollte, um der Weinwirtschaft eine reibungslose Anpassung an die neue Rechtslage zu ermöglichen. Nachdem die Kommission Bedenken gegen bestimmte Vorschriften dieses Gesetzes geltend gemacht hatte und 1970 die seit langem erwartete Qualitätsweinverordnung[149] erlassen worden war, wurde wegen der erforderlichen Änderungen im nationalen Bereich das Gesetz von 1969 nicht abgeändert, sondern vor dessen Inkrafttreten 1971 ein neues Weingesetz erlassen, dessen Bestimmungen Gegenstand dieses Verfahrens waren.

Die Kommission behauptete eine Verletzung des Art. 30 EWGV sowie bezüglich der Bezeichnung „Sekt“ auch des Art. 12 II b der Verordnung 816/70 (Weinmarktordnung), wonach bei aus Drittländern importierten Weinen und Schaumweinen innerhalb des gemeinsamen Marktes grundsätzlich keine mengenmäßigen Beschränkungen oder Maßnahmen gleicher Art zulässig sind.

Die Bundesrepublik Deutschland verteidigte sich im wesentlichen mit der Behauptung, daß Sekt und Weinbrand als Bezeichnung für deutsche Erzeugnisse verstanden würden und daher mittelbare Herkunftsangaben seien. Art. 30 EWGV könne hierdurch nicht verletzt sein, außerdem sei die Regelung gemäß Art. 36 Satz 1 EWGV als Schutz des gewerblichen und kommerziellen Eigentums gerechtfertigt.

---

[149] VO 817/70 (EWG) v. 28. April 1970, Abl. L 99/20 v. 5. 5. 1970. Seit dem 2. 4. 1979 außer Kraft und durch VO 337/79 v. 5. März 1979, Abl. L 54/48 v. 5. 2. 1979 abgelöst.

b) *Entscheidung des Gerichtshofs*

Der Gerichtshof verurteilte die Bundesrepublik Deutschland in vollem Umfang. Er betonte, daß die Freiheit des Warenverkehrs die Grundlage des Gemeinsamen Marktes bildet[150] und verwies auf die Bedeutung der Gemeinsamen Marktorganisation für Wein, deren allgemeine Bestimmungen für alle weinhaltigen Erzeugnisse, d. h. auch Sekt, gelten.

Der Gerichtshof nahm Bezug auf Art. 2 III s der Richtlinie 70/50/EWG[151], die Maßnahmen gleicher Wirkung, wie mengenmäßige Beschränkungen, die bei Inkrafttreten des EWG-Vertrages bestanden haben, u. a. dann verbietet, wenn sie „nur den inländischen Waren Bezeichnungen vorbehalten, die weder Ursprungsbezeichnungen noch Herkunftsangaben sind". Er legte dar, welche Voraussetzungen an Herkunftsangaben im Sinne der Richtlinie zu stellen sind. Als gemeinsames Element von Ursprungsbezeichnung und Herkunftsangabe nannte der Gerichtshof insbesondere, daß sich beide Bezeichnungen auf Erzeugnisse beziehen, die aus einem bestimmten geographischen Gebiet stammen.

Für Herkunftsangaben müsse „der geographische Ursprung eines Erzeugnisses diesem eine Qualität und besondere Wesensmerkmale verleihen, die geeignet sind, es zu individualisieren"[152].

Der Gerichtshof verneinte diese Voraussetzungen bei „Sekt" und „Weinbrand". Ein durch ein sprachliches Kriterium oder nach Ausdehnung des nationalen Hoheitsgebiets begrenztes Herkunftsgebiet sei kein bestimmtes geographisches Gebiet, das geeignet sei, ein Erzeugnis zu individualisieren. Sekt und Weinbrand sind Erzeugnisse, die aus Weintrauben unbestimmter Herkunft hergestellt werden dürfen. Der Gerichtshof stellte ferner fest, daß bei Erzeugnissen des Weinbaus ein bestimmtes Herstellungsverfahren allein nicht maßgebend sei, da es auf die Qualität der verwendeten Weintrauben und damit deren Ursprung ankommt, zumal ein Herstellungsverfahren in der Regel nicht an einen bestimmten Ort gebunden ist[153]. Die Bezeichnungen „Sekt" und „Weinbrand" seien im übrigen auch wegen der für in- und ausländische Erzeugnisse im wesentlichen gleichen Qualitätsvoraussetzungen im deutschen Weingesetz nicht geeignet gewesen, ausschließlich auf deutsche Erzeugnisse hinzuweisen[154]. Die deutsche Verkehrsauffassung, auch wenn sie durch Verbraucherumfragen belegt sei, müsse

[150] EuGH 1975, 193 Rz. 5.

[151] s. Teil I 2. Kapitel I 2.

[152] EuGH 1975, 194 Rz. 7.

[153] EuGH 1975, 195, Rz. 9.

[154] EuGH 1975, 195, Rz. 9.

unberücksichtigt bleiben, da der durch die Herkunftsangaben gewährte Schutz nur anzuerkennen sei, wenn das Erzeugnis *tatsächlich* Eigenschaften besitze, die es hinsichtlich seiner geographischen Herkunft von anderen Erzeugnissen abheben können[155].

Die Bezeichnung „Prädikatssekt", die Erzeugnissen vorbehalten war, die unter Verwendung von mindestens 60 % inländischer Trauben hergestellt wurden (vgl. § 26 II WeinG), wurde deshalb als mit den Prinzipien des Gemeinsamen Marktes unvereinbar angesehen, weil der Mindestanteil ohne genauere Eingrenzung der Herkunft der verwendeten Trauben keine besondere Qualität garantiere, die einen entsprechenden Schutz dieser Bezeichnungen rechtfertigen könne[156]. Im übrigen verwies der Gerichtshof darauf, daß das Weingesetz von 1971 mit den beanstandeten Regelungen inländische Erzeugnisse begünstige, indem es ausländische Konkurrenzprodukte zwinge, auf vom Verbraucher weniger geschätzte Bezeichnungen auszuweichen. Eine Beschränkung des Handels zwischen den Mitgliedsstaaten sei hierdurch nicht auszuschließen, die Bezeichnungen seien daher mit den Prinzipien des freien Warenverkehrs nicht vereinbar[157].

Auch seien nach Art. 36 S. 2 neue Maßnahmen zum Schutze des gewerblichen und kommerziellen Eigentums willkürlich und ungerechtfertigt, wenn der Gesetzgeber Gattungsbezeichnungen den für Herkunftsangaben bestimmten Schutz zukommen ließe[158].

c) Urteilsanalyse

Die Haupterwägungen des Urteils wurden ausführlich wiedergegeben, um die Problematik dieses bisher wichtigsten Urteils zur Zulässigkeit bestimmter Herkunftsangaben im Gemeinsamen Markt zu verdeutlichen. Das Urteil ist wegen seiner allgemeinen Formulierung auf Kritik gestoßen, seine Auslegung wird teils restriktiv, teils verallgemeinernd vorgenommen. Die meisten Autoren stimmen darin überein, daß der Gerichtshof mit kürzerer und auf die Art. 30 ff. EWGV beschränkter Begründung zu dem gefundenen und zutreffenden Ergebnis hätte kommen können[159]. Die Regelung, die im Interesse der

---

155 EuGH 1975, 194, Rz. 7.

156 EuGH 1975, S. 198, Rz. 13.

157 EuGH 1975, S. 198, Rz. 14.

158 EuGH 1975, S. 199, Rz. 16.

159 Vgl. Tilmann, S. 428 ff., ders. GRUR 1976, 544 (551); Beier GRUR Int. 1977, 1 (7) = Der Deutsche Weinbau 1977, 580; Baumbach / Hefermehl I, § 3 UWG, Rdn. 185; für eine weite Auslegung des Urteils im Rahmen der Art. 30 ff. EWGV dagegen Matthies, S. 401 f.; vgl. ferner Marenco, dir. com. 1975, 358; Neville March Hunnings (gez. N.M.H.). The Journal of Business Law 1975, 171; Slot, S.E.W. 1975, 423; Wyatt, 38 Modern Law Review, S. 679 (Jg.

inländischen Sektkellereien und Weinbrennereien in das Weingesetz von 1971 aufgenommen worden war, diskriminierte in willkürlicher Weise die ausländische Konkurrenz, indem diese auf die sprachlich weniger attraktiven Bezeichnungen „Qualitätsschaumwein" und „Qualitätsbranntwein aus Wein" verwiesen wurde[160]. Auch die Tatsache, daß der Begriff „Schaumwein" in der Marktordnung für Wein definiert wird[161], und die Qualitätsweinverordnung[162] sich auch auf „Qualitätsschaumwein bestimmter Anbaugebiete" bezieht, vermag hieran nichts zu ändern, da insoweit lediglich aus dem französischen Arbeitstext der Begriff „vin mousseux", der in Frankreich für die Schaumweine verwendet wird, die nicht die Ursprungsbezeichnung „Champagne" tragen dürfen[163], wörtlich übersetzt wurde.

Die Begriffe „Weinbrand"[164] und „Sekt"[165] wurden im Deutschen nach 1923 allgemein als Gattungsbezeichnungen verwendet, da Deutschland sich im Vertrag von Versailles verpflichten mußte, die damals üblichen Bezeichnungen „Cognac" und „Champagner" den französischen Erzeugnissen vorzubehalten[166].

Das Urteil des Gerichtshofs sollte nicht überbewertet werden. Da es im Endergebnis nicht auf eine gemeinschaftsrechtliche Definition der Herkunftsangabe ankam, mußte das Urteil zwischen Herkunftsangabe und Ursprungsbezeichnung nicht genau unterscheiden. Dennoch ist es

---

1975); Deringer / Sedemund NJW 1975, 1591; Krsjak, Gazette du Palais 1976, 129 (Jurisprudence).

160 Vgl. Brogsitter, GRUR 1967, 463 (471), der von einer „Retourkutsche" für Versailles sprach, in Anspielung auf die Tatsache, daß Deutschland sich im Versailler Friedensvertrag verpflichtete, für deutsche Erzeugnisse die damals gebrauchten Gattungsbezeichnungen „Champagner" und „Cognac" nicht mehr zu verwenden.

161 Vgl. § 26 WeinG in Verbindung mit §§ 3, 8 Schaumwein-BranntweinVO bzw. §§ 40, 44 WeinG.

162 Vgl. Art. 1 III VO 817/70 = Art. 1 III VO 338/79.

163 Vgl. Geisser, S. 268; ursprünglich lautete die Formulierung des französischen Gesetzgebers „vins mousseux autres que le Champagne", um auszudrücken, daß „vin mousseux" im Französischen die allgemeine Gattungsbezeichnung darstellt.

164 In seiner heutigen Bedeutung erstmalig um die Jahrhundertwende auf einer Preisliste des Hauses Asbach & Co. erwähnt, vgl. Helmut Arntz, Weinbrenner, Stuttgart 1975, S. 248 f.

165 Die Herkunft des Wortes ist umstritten; es könnte vom italienischen vino secco (=trockener Wein) oder dem spanischen vino de saca (=Wein für den Export) stammen. Die Wandlung des Begriffs zu seiner heutigen Bedeutung soll um 1830 in Berlin erfolgt sein. Der damals sehr berühmte Schauspieler Devrient pflegte Champagner mit den Worten des Falstaff in Shakespeares Heinrich IV. zu bestellen — „a cup of sack" (vgl. Heinrich IV. 2. Akt, 4. Szene, 113 „give me a cup of sack, rogue. Is there no virtue extant?") zitiert nach Marenco, dir. com. 1975, 5 FN 26.

166 Vgl. Art. 275 des Versailler Vertrages sowie die Erläuterungen bei Ladas, § 856, S. 1597; Plaisant, S. 261 f.

befremdlich, daß der Gerichtshof für eine nach Art. 30 ff. EWGV schutzwürdige Herkunftsangabe *objektive* Kriterien aufstellte und somit nach herkömmlicher Lehre eine Ursprungsbezeichnung beschrieb. Dies ist um so erstaunlicher, da der Generalanwalt unter Berufung auf ein Gutachten von Professor Plaisant diese Unterscheidung dargelegt hatte[167]. Diese Diskrepanz läßt sich meines Erachtens nur darauf zurückführen, daß im konkreten Fall Weinbauerzeugnisse Gegenstand des Verfahrens waren. Bei diesen besteht tatsächlich eine Verknüpfung zwischen Herkunft und Qualität, was der deutsche Gesetzgeber im Weingesetz durch die strikte Trennung von Herkunftsangabe und Qualitätsbezeichnung bisher nicht anerkannt hat[168]. Man kann der Auffassung sein, daß „Herkunftsangaben" bei Wein nur dann berechtigt sind, wenn dem Erzeugnis dadurch eine besondere Qualität verliehen wird, da nicht zu bestreiten ist, daß nicht alle Gegenden innerhalb bestimmter Regionen oder gar eines Landes geeignet sind, einen hochwertigen Wein zu erzeugen.

Meines Erachtens hat das Urteil, auf Erzeugnisse des Weinbaus beschränkt[169], im Interesse des Verbrauchers seine Berechtigung und ist insbesondere mit dem Gedanken des europäischen Weinrechts vereinbar, das Qualität bei Wein als herkunftsabhängig ansieht, auch wenn zwischen geographischer Bezeichnung und Qualitätsbezeichnung in den europäischen Verordnungen unterschieden wird.

Hingegen bin ich nicht der Auffassung, daß man das Urteil dahingehend restriktiv auslegen kann, daß es nur für mittelbare Herkunftsangaben Gültigkeit hat[170]. Dafür findet sich in den Entscheidungsgründen kein Anhaltspunkt.

Bei der Prüfung, ob eine *neu* vom Gesetzgeber geschaffene Angabe den Schutz als Herkunftsangabe verdient, ist daher festzustellen, ob die Angabe

— objektiv geeignet ist, das Erzeugnis geographisch von anderen Erzeugnissen zu unterscheiden

— eine Umwandlung einer Gattungsbezeichnung in eine Herkunftsangabe vorgenommen wurde. Dies ist grundsätzlich ausgeschlossen.

---

167 Vgl. EuGH 1975, S. 210.

168 Vgl. Brogsitter, GRUR 1966, 241 ff. bezüglich des Entwurfs zum WeinG von 1969; die Ausführungen sind jedoch keineswegs überholt, sondern für das WeinG von 1971 unverändert gültig.

169 a. A. Beier, GRUR Int. 1977, S. 7 f., der eine restriktive Auslegung des Urteils aufgrund der allgemeinen Formulierungen für ausgeschlossen hält.

170 a. A. Tilmann, S. 431.

Diese Aussagen des Gerichtshofs gelten uneingeschränkt für alkoholische Getränke auf Weinbasis. Im übrigen bleibt die Beurteilung durch die Rechtsprechung des Gerichtshofs abzuwarten.

Bei der Prüfung, ob eine neue Herkunftsangabe mit Art. 30 ff. EWGV vereinbar ist, bleibt die Verkehrsauffassung unberücksichtigt. Dies ist nicht so erstaunlich, wie es einige Autoren zu glauben geneigt sind, da diese Beurteilung der deutschen Rechtsentwicklung auf dem Gebiet des Rechts des unlauteren Wettbewerbs widerspricht. Der Europäische Gerichtshof müßte bei Berücksichtigung einer Verkehrsauffassung feststellen, ob z. B. Sekt nach Auffassung der Beteiligten in *allen* Mitgliedsstaaten eine Herkunftsangabe ist, da ein Kennzeichen des Gemeinsamen Marktes die Nichtberücksichtigung der nationalen Grenzen der Mitgliedsstaaten darstellt.

Möglicherweise besteht in den meisten Mitgliedsstaaten keine Verkehrsauffassung, da der Begriff dort weiten Teilen der Konsumenten aus Sprachgründen unbekannt ist. Es ist daher nur konsequent, daß der Europäische Gerichtshof in diesem Punkt nicht der Rechtsentwicklung in Deutschland folgt, was er in anderen Fällen oft getan hat. Das Gemeinschaftsrecht kann weder durch die Übernahme des Rechtssystems eines einzelnen Mitgliedsstaates noch durch die Übernahme der Summe der jeweiligen Rechtsentwicklungen in allen Mitgliedsstaaten fortentwickelt werden. Dies ist nur mittels einer wertenden Abwägung der möglichen Lösungswege durchführbar. Die Befürchtung, daß hierdurch das komplizierte Gefüge des deutschen Wettbewerbsrechts auf einem Teilgebiet einen Rückschlag erleide[171], erscheint übertrieben. Die Ausführungen des Gerichtshofs beschränken sich auf den Fall eines Warenverkehrs zwischen verschiedenen Mitgliedsstaaten.

Im konkreten Fall hatte der Gerichtshof nur die Frage zu entscheiden, wann eine Bezeichnung als Herkunftsangabe im Gemeinschaftsrecht Anerkennung verdient. Eine zulässige Herkunftsangabe kann weiterhin nach innerstaatlichem Recht gegen unlautere Benutzung geschützt werden. Insoweit bleibt die Verkehrsauffassung für das deutsche Recht des unlauteren Wettbewerbs die entscheidende Richtschnur[172].

Im übrigen widerspricht es der deutschen Rechtstradition, eine Herkunftsangabe durch Gesetz zu schaffen, selbst wenn sich eine diesbezügliche Verkehrsauffassung gebildet hat. Die Probleme im Zusammenhang mit einer Rückumwandlung einer zur Gattungsbezeichnung gewordenen Herkunftsangabe, die die Lehre und Rechtsprechung in

---

171 Vgl. Baumbach / Hefermehl I, § 3 UWG, Rdn. 185; Beier, GRUR Int. 1977, S. 2, 11.

172 Vgl. Matthies, S. 401 f.

Deutschland seit langem beschäftigen[173], waren vom Europäischen Gerichtshof nicht zu beurteilen. Nach dem deutschen Rechtssystem ist es Aufgabe der Rechtsprechung festzustellen, ob eine Herkunftsangabe besteht und in welcher Weise sie zu schützen ist.

Bedenken gegen das Urteil bestehen meines Erachtens nur im Hinblick auf die Verallgemeinerung der fehlenden Unterscheidung zwischen Herkunftsangaben und Ursprungsbezeichnungen, nicht jedoch bezüglich der sonstigen Begründung.

3. Rechtssache 13/78 — „Qualitätsweinbrand"[174]

a) Sachverhalt

Bei der Rechtssache 13/78 handelte es sich um ein Vorabentscheidungsverfahren nach Art. 177 EWGV. Der Ausgangsrechtsstreit zwischen einem deutschen Branntweinhersteller und der Freien Hansestadt Bremen wurde geführt, weil es dem Produzenten untersagt worden war, seine Erzeugnisse „Qualitätsbranntwein aus Wein" und „Weinbrand" zu nennen. Die Klägerin hatte ausländische Weindestillate verwandt, sechs Monate im Inland in Eichenholzfässern gelagert und dann als „Qualitätsbranntwein aus Wein" bzw. „Weinbrand" zum Verkauf anbieten wollen. Die hierfür erforderliche amtliche Prüfungsnummer war ihr letztlich verweigert worden, da § 40 WeinG bestimmt, daß Erzeugnisse mit diesen Bezeichnungen zu 85 % aus im Inland gewonnenen Destillaten stammen und von dem Betrieb sechs Monate in Eichenholzfässern gelagert werden müssen, der die Destillate gewonnen und unter Umständen mit 15 % ausländischem Destillat verschnitten hat. Diese Voraussetzung konnte die Klägerin mangels einer eigenen Brennerei nicht erfüllen.

Das Verwaltungsgericht Bremen legte daher dem Europäischen Gerichtshof u. a. die Frage vor, ob § 40 I Nr. 1 u. IV WeinG im Hinblick auf die erwähnten Erfordernisse mit Art. 30, 31 EWGV und dem gemeinschaftsrechtlichen Diskriminierungsverbot und Art. 36 EWGV vereinbar sei.

Dieselbe Vorschrift war unter anderem Aspekt bereits Gegenstand des Urteils in der Rechtssache 12/74 gewesen[175].

---

173 Vgl. Beier, GRUR 1963, 181; Bußmann, GRUR 1965, 281; BGH GRUR 1965, 317.

174 Rs 13/78 — Urteil des EuGH v. 12. Oktober 1978, Slg. 1978, 1935.

175 EuGH 1975, 181.

b) Entscheidung des Gerichtshofs

Der Gerichtshof ist im Verfahren nach Art. 177 EWGV nicht befugt, die Vereinbarkeit innerstaatlichen Rechts mit dem EWG-Vertrag zu prüfen. Die nachfolgenden Ausführungen sind daher als Auslegungshilfen des Europäischen Gerichtshofs zu Art. 30 ff. EWGV unter Berücksichtigung der für § 40 WeinG entscheidenden Gesichtspunkte zu verstehen.

Der Gerichtshof stellte fest, daß „Weinbrand"[176] bzw. „Qualitätsbranntwein aus Wein" keine Ursprungsbezeichnungen oder Herkunftsangaben sind[177], sondern Qualitätsbezeichnungen. Er sah in der unterschiedlichen Behandlung der Destillate als Zwischenprodukte im Hinblick auf die Bezeichnung der fertigen Erzeugnisse eine Maßnahme gleicher Wirkung wie eine mengenmäßige Beschränkung nach Art. 30 EWGV, da sie einen deutschen Hersteller an der Verwendung ausländischer Destillate hindere[178]. Da im übrigen die Einfuhr der Destillate erlaubt sei und die Rohprodukte der deutschen Brennereien meist aus dem Ausland stammten, sei die Maßnahme auch nicht nach Art. 36 S. 1 EWGV aus Gründen des Gesundheitsschutzes zu rechtfertigen[179].

c) Urteilsanalyse

Im Hinblick auf die bereits dargestellten Entscheidungen überrascht das Urteil nicht. § 40 WeinG war in diesem Verfahren unter anderen Gesichtspunkten erneut Gegenstand der gerichtlichen Überprüfung. Nachdem der Europäische Gerichtshof bereits festgestellt hatte, daß „Weinbrand" keine Herkunftsangabe ist[180], konnte bei der weiten Definition, die der Gerichtshof in Übereinstimmung mit der Kommission den Maßnahmen gleicher Wirkung wie mengenmäßige Beschränkungen gegeben hat, eine andere Entscheidung kaum getroffen werden.

Auch in diesem Fall forderte der Gerichtshof den objektiven Nachweis der Qualitätsverbesserung, um eine Bezeichnungsregelung zu rechtfertigen, die dazu führte, daß Zwischenprodukte unterschiedlich nach ihrer nationalen Herkunft behandelt wurden[181]. Da dieser Nachweis nicht zu erbringen war, ist die Entscheidung nur folgerichtig. So müssen *nationale* Qualitätsbezeichnungen auch ausländischen Erzeugnissen, die — abgesehen vom Herkunftsland — dieselben Voraus-

---

[176] Vgl. EuGH 1975, 197 Rz. 12.

[177] Vgl. EuGH Rs 13/78, Urteil vom 12. Oktober 1978, Rz. 16.

[178] EuGH, Urteil vom 12. Oktober 1978, Rz. 26 - 28.

[179] EuGH, Urteil v. 12. Oktober 1978, Rz. 29 - 31.

[180] EuGH, 1975, 197, Rz. 12.

[181] EuGH, Urteil v. 12. Oktober 1978, Rz. 25/26.

setzungen erfüllen, zuerkannt werden. Ein System nationaler Bezeichnungsvorschriften, das ausländische Erzeugnisse gleicher Qualität benachteiligt, ist mit dem Gemeinsamen Markt unvereinbar.

4. Gesamtbetrachtung der Rechtsprechung

Als Ergebnis läßt sich festhalten, daß bei Anwendung der Art. 30 - 36 EWGV auf dem Gebiet der Herkunftsangaben und Ursprungsbezeichnungen nach der Rechtsprechung Regelungen folgenden Inhalts nicht gestattet sind:

— die Beschränkung des Handels zwischen Mitgliedsstaaten, auch nicht zum Schutz von Herkunftsangaben oder Ursprungsbezeichnungen, sofern diese unverhältnismäßig ist.

— eine Neuschöpfung von Herkunftsangaben oder Ursprungsbezeichnungen, sofern nicht *objektive* Umstände dies rechtfertigen. Ausgeschlossen ist insbesondere die Umwandlung von Gattungsbezeichnungen in Herkunftsangaben und Ursprungsbezeichnungen, um sie nationalen Erzeugnissen vorzubehalten.

— bei sonstigen Bezeichnungen darf im Gegensatz zu Ursprungsbezeichnungen und Herkunftsangaben nicht an die Herkunft des Erzeugnisses angeknüpft werden, sondern nur an objektive Merkmale, die das Erzeugnis selbst gewährleistet. Ihre Verwendung muß allen in- und ausländischen Produkten gleichermaßen gestattet sein.

3. Kapitel

Überblick über das Recht der Mitgliedsstaaten zum Schutz von Herkunftsangaben und Ursprungsbezeichnungen

Der Europäische Gerichtshof hat darauf hingewiesen, daß vorläufig das allgemeine Recht der Mitgliedsstaaten zum Schutz von Herkunftsangaben und Ursprungsbezeichnungen fortgilt, da die Gemeinschaft auf diesem Gebiet bisher nicht rechtssetzend tätig geworden ist[1]. Das bedeutet, daß neben dem durch die Europäische Gemeinschaft geregelten geographischen Weinbezeichnungsrecht das Recht des unlauteren Wettbewerbs der Mitgliedsstaaten bzw. die Sondergesetze zum Schutz von Herkunftsangaben und Ursprungsbezeichnungen mangels einer europäischen Regelung weiterhin anwendbar sind[2].

Da die geographischen Weinbezeichnungen den Hauptanwendungsfall dieses Rechtsgebiets bilden, wird im folgenden ein kurzer rechtssystematischer Überblick gegeben. Im übrigen kann auf die ausführliche Studie von Ulmer[3] verwiesen werden, die, obwohl nunmehr vor mehr als 10 Jahren erstellt, vom Grundsätzlichen her keinesfalls überholt ist. Auf die zwischenzeitlich eingetretenen Gesetzesänderungen werde ich kurz eingehen. Das Gutachten Ulmers erstreckt sich bisher nur auf das Europa der Sechs, was sich aus dem Entstehungszeitraum der Studie erklärt.

Die Rechtslage der drei neuen Mitgliedsstaaten wird im folgenden berücksichtigt. Bei den wichtigsten Weinerzeugerstaaten der Europäischen Gemeinschaft (Frankreich, Italien, Deutschland) wird auch die nationale Weingesetzgebung kurz dargestellt, soweit sie geographische Bezeichnungen betrifft.

---

1 Vgl. EuGH 1974, 853 Rz. 6.

2 Vgl. Teil I 4. Kapitel.

3 Ulmer, RuW I - V.

I. Die Rechtslage in Belgien

1. Schutz gegen irreführende Bezeichnungen

Seit 1971 gibt es in Belgien[4] das Gesetz über die Handelspraktiken[5]. Gemäß Art. 20 Nr. 1 ist jede Werbung verboten, die Angaben enthält, die geeignet sind, die Öffentlichkeit über die Herkunft des Erzeugnisses irrezuführen[6]. Ferner verbietet Art. 20 Nr. 3 jegliche Werbung, die geeignet ist, eine Verwechslungsgefahr mit anderen Erzeugnissen hervorzurufen[7].

Art. 54 enthält eine Generalklausel, die jegliche Handlung verbietet, die nicht im Einklang mit den ehrbaren Handelsbräuchen steht[8]. In allen Fällen ist eine Unterlassungsklage möglich (vgl. Art. 55 b, i)[9]. Sie kann von Wettbewerbern oder anerkannten Verbraucherverbänden erhoben werden, nicht jedoch vom einzelnen Verbraucher selbst[10]. Bei Bösgläubigkeit, die schwer nachzuweisen sein dürfte, können außerdem Geldstrafen von 1000 - 5000 FB (ca. 65,— - 325,— DM) verhängt werden (vgl. Art. 61 I). Falls eine Unterlassungsklage erhoben wurde, muß das rechtskräftige Urteil des Zivilgerichts abgewartet werden (vgl. Art. 61 II). Dieses Gesetz hat die Königliche Verordnung Nr. 55 vom 23. Dezember 1934[11] abgelöst.

2. Sonderschutz für Ursprungsbezeichnungen

Das belgische Recht kennt nur einen Sonderschutz für Ursprungsbezeichnungen, nicht jedoch für Herkunftsangaben. Dabei unterscheidet es zwischen inländischen und ausländischen Ursprungsbezeichnungen.

a) Inländische Ursprungsbezeichnungen

Mit dem Gesetz über die Handelspraktiken von 1971 wurde erstmalig die Möglichkeit der Anerkennung belgischer Ursprungsbezeichnungen geschaffen (vgl. Art. 14 - 16)[12]. Die Legaldefinition in Art. 13 übernimmt wörtlich diejenige des Lissaboner Ursprungsabkommens[13].

---

[4] Allgemein zum Schutz von Herkunftsangaben und Ursprungsbezeichnungen in Belgien, Ulmer / Schricker, RuW II 1, S. 447 ff.

[5] Loi sur les pratiques du commerce vom 14. Juli 1971, Codes Belges, 33. Aufl. Bd. II; Deutsche Fassung in GRUR Int. 1972, 202; vgl. zu diesem Gesetz die Erläuterungen von Schricker, GRUR Int. 1972, 184 ff.

[6] Zur Rechtsprechung vgl. Stuyck, GRUR Int. 1976, 520 (522).

[7] Vgl. Stuyck, S. 524 f.

[8] Zur Auslegung durch die Rechtsprechung vgl. Stuyck, S. 527 ff.

[9] Zum Verfahren vgl. Stuyck, S. 530 ff.

[10] Vgl. Tummers, Ing. Cons. 1974, 60.

[11] Vgl. hierzu Ulmer / Schricker RuW II, 1 Nr. 537 ff., S. 462 ff.; der Text der Verordnung in Übersetzung ist unter Nr. 9, S. 60 ff. abgedruckt.

Gemäß Art. 14 II sind geographische Angaben, die allgemein gebraucht werden, um die Art oder die Aufmachung eines Erzeugnisses zu bezeichnen, keine Ursprungsbezeichnungen, d. h. Gattungsbezeichnungen können nicht als Ursprungsbezeichnungen anerkannt werden[14].

Auch wird der Mißbrauch einer Ursprungsbezeichnung insbesondere nicht dadurch ausgeschlossen, daß die beanstandete Bezeichnung

— mit Zusätzen verwendet wird, wie z. B. Art, Typ, ähnlich, usw.

— als Herkunftsangabe verwendet wird

— ausländische Worte verwendet werden, die die Übersetzung einer Ursprungsbezeichnung darstellen oder mit einer Ursprungsbezeichnung verwechselbar sind.

Bisher wurde nur eine belgische Ursprungsbezeichnung anerkannt[15]. Das Gesetz wurde daher auch schon als überflüssig und als Gefälligkeitsgesetz gegenüber Frankreich kritisiert[16].

b) *Ausländische Ursprungsbezeichnungen*

Seit 1927 werden Ursprungsbezeichnungen für ausländische Weine und Spirituosen in Belgien besonders geschützt[17]. Hierfür ist die Mitteilung der interessierten Regierungen an die belgische Regierung erforderlich, daß die genannten Ursprungsbezeichnungen im Ursprungsland offiziell und endgültig anerkannt sind (vgl. Art. I des Gesetzes vom 18. April 1927 zum Schutz von Ursprungsbezeichnungen von Wein und Spirituosen).

Gegen jeden Mißbrauch, der auch bei Verwendung von Zusätzen wie „Art", „Typ" usw. möglich ist, kann ein unmittelbar oder mittelbar Geschädigter Unterlassungsklage erheben (vgl. Art. 2 III). Insbesondere enthält Art. 2 II eine Beweislastumkehr hinsichtlich des Mißbrauchs

— bei Verkauf von Weinen oder Spirituosen mit Ursprungsbezeichnungen weit unterhalb des allgemeinen Preisniveaus

---

12 Vgl. Schricker, GRUR Int. 1972, 194; Auby / Plaisant, Nr. 359 ff. S. 164 ff.

13 s. Teil I 1. Kapitel II 1, vgl. auch De Caluwé, S. 202; Schricker, GRUR Int. 1972, 194.

14 Zum Schutz von Herkunftsangaben und Ursprungsbezeichnungen durch die belgische Rechtsprechung vgl. De Caluwé, S. 392 ff.; Tribunal de commerce Gand, Urteil vom 13. Juni 1972, Ing. Cons. 1974, 263.

15 Jambon d'Ardennes (= Ardennenschinken) — A.R. v. 4. Februar 1974, abgedruckt in Ing. Cons. 1974, 66; geändert durch A.R. v. 7. April 1976, Ing. Cons. 1976, 238.

16 Vgl. Tummers, Ing. Cons. 1974, 62 f.

17 Vgl. Ulmer / Schricker, RuW II 1, Nr. 527, S. 453 ff.; De Caluwé, S. 224 ff.; Wille, S. 102 f.; Tilmann, S. 405; Auby / Plaisant, Nr. 364 ff., S. 168.

— bei Verwechslungsgefahr des Namens oder der Adresse auf dem Etikett mit einer Ursprungsbezeichnung, wenn der wirkliche Ursprung der Erzeugnisse nicht besonders hervorgehoben wird.

II. Die Rechtslage in Dänemark

1. Schutz gegen irreführende Bezeichnungen

Ein Schutz gegen unrichtige, irreführende oder mangelhafte Angaben ist in § 2 des Gesetzes Nr. 297 vom 14. Juni 1974 über Marktverhalten[18] verankert. § 11 enthält ein ausdrückliches Verbot an ausländische Hersteller, Hinweise zu verwenden, die auf ein dänisches Erzeugnis schließen lassen könnten. Verstöße gegen §§ 2 und 11 werden mit Geldstrafe geahndet (vgl. § 19 III). Das Gesetz findet auch im allgemeinen Zivilrecht Anwendung (vgl. § 13 Abs. 1) und gibt dem Verbraucherombudsman besondere Rechte (vgl. §§ 15 - 18).

2. Schutz von Herkunftsangaben

Ursprungsbezeichnungen sind dem dänischen Recht fremd. Herkunftsangaben werden nur über allgemeine Irreführungsvorschriften geschützt. Die Rechtsprechung hat jedoch bereits früher echte Herkunftsangaben anerkannt[19]. Gattungsbezeichnungen sind nicht schutzfähig[20]. Die liberale dänische Rechtsauffassung läßt jedoch die Verwendung entlokalisierender Zusätze zu[21].

III. Die Rechtslage in Deutschland

1. Schutz gegen irreführende Bezeichnungen

Grundvorschrift des Irreführungsschutzes ist § 3 UWG[22], der einen Unterlassungsanspruch gewährt, der von Konkurrenten, Verbänden zur Förderung gewerblicher Interessen und Verbraucherverbänden geltend gemacht werden kann (§ 13 UWG). Irreführende Angaben über

---

[18] Vgl. Karnov, S. 3418 mit Kommentierung; der deutsche Text ist in GRUR Int. 1976, 345 abgedruckt; vgl. auch den Bericht der Kommission der Europäischen Gemeinschaft über das dänische Wirtschaftsrecht, S. 106 f.

[19] Vgl. „Dortmunder Bier" GRUR Ausl. 1962, 399 m. Anm. Moser v. Filseck, GRUR Ausl. 1962, 381.

[20] Vgl. Moser v. Filseck, S. 382, der den damals anwendbaren § 3 I des Gesetzes Nr. 165 v. 13. August 1938 zitiert.

[21] Vgl. Moser v. Filseck, S. 382.

[22] Zum Schutz geographischer Herkunftsangaben in Deutschland vgl. die umfassende Untersuchung von Tilmann, S. 80 ff.; ferner Matthiolius, S. 30 ff., Beier, GRUR 1963, 169 ff. u. 236 ff.

den Ursprung von Waren werden von dieser Vorschrift ausdrücklich erfaßt[23].

Daneben enthält § 4 I UWG einen Straftatbestand[24], der u. a. bestimmt, daß ein Wettbewerber, der in der Absicht, den Anschein eines besonders günstigen Angebots hervorzurufen, in der Werbung wissentlich unwahre und zur Irreführung geeignete Angaben über den Ursprung der Ware macht, bestraft werden kann. Diese Vorschrift wurde jedoch kaum in Fällen der Herkunftstäuschung angewandt[25]. § 5 I UWG bestimmt ausdrücklich, daß Gattungsbezeichnungen nicht den Schutz der §§ 3, 4 UWG genießen.

Ferner kann nach § 26 I WZG bestraft werden, wer vorsätzlich oder fahrlässig Waren oder ihre Verpackung oder Umhüllung mit einer falschen Angabe über deren Ursprung versieht, die geeignet ist, einen Irrtum zu erregen. Ebenso wird das vorsätzliche Inverkehrbringen oder zum Verkaufanbieten dieser Ware sowie das Anbringen der irreführenden Angabe auf Ankündigungen, Geschäftspapieren oder dergleichen bestraft. § 26 II WZG enthält entsprechend § 5 UWG eine Bestimmung, nach welcher Gattungsbezeichnungen nicht als falsche Angabe über den Ursprung im Sinne von § 26 I WZG anzusehen sind[26]. Die Rechtsprechung hat § 26 II WZG selten angewandt[27].

2. Schutz von Herkunftsangaben und Ursprungsbezeichnungen

Das deutsche Recht kennt keine Ursprungsbezeichnungen. Von einem Sonderschutz für Herkunftsangaben läßt sich insoweit sprechen, als es eine umfassende Rechtsprechung gibt[28], die, sieht man von den „Sünden der Vergangenheit" ab[29], strenger als in anderen Ländern ist. Der Hauptgrund besteht in der starken Berücksichtigung der Verkehrsauffassung, nicht nur zur Ermittlung der Irreführung, sondern auch bei der Feststellung, ob eine Bezeichnung als Herkunftsangabe anzusehen ist oder ob es sich um eine Gattungsbezeichnung handelt. Auch ausländische Herkunftsangaben werden von der Rechtsprechung geschützt[30].

---

23 Vgl. Ulmer / Reimer RuW III, Nr. 675, S. 466; Tilmann, S. 82.

24 Vgl. Ulmer / Reimer RuW III, Nr. 676, S. 467.

25 Vgl. Tilmann, S. 82.

26 Zu § 26 WZG vgl. Ulmer / Reimer RuW III, Nr. 678, S. 468 ff.; Baumbach / Hefermehl II, § 26 WZG, Rdn. 1 ff.

27 Vgl. Tilmann, S. 88.

28 Vgl. Tilmann, S. 80 ff.; zur Rechtsprechung bei Weinbezeichnungen vgl. z. B. BGH GRUR 1971, 313 „Bocksbeutel"; BGH GRUR 1975, 658 „Sonnenhof"; BPatG GRUR 1976, 95 „Lumpenstück"; BPatG GRUR 1976, 194 „Treppchen".

29 Der Ausdruck wurde von Moser v. Filseck zuerst gebraucht, vgl. MA 1955, 192.

3. Schutz geographischer Weinbezeichnungen

§ 10 WeinG 1971[31] regelt die Verwendung geographischer Bezeichnungen für deutschen Wein und definiert die Begriffe Lage und Bereich. Außerdem werden im Weingesetz die bestimmten Anbaugebiete für Qualitätsweine bestimmter Anbaugebiete sowie die Weinbaugebiete für Tafelweine benannt.

Wie im europäischen Recht gilt das sogenannte Verbotsprinzip (§ 10 X WeinG)[32]. § 10 XII WeinG gestattet die Verwendung engerer geographischer Bezeichnungen als „deutsch" auch dann, wenn nur 75 % der verwendeten Weintrauben aus dem angegebenen Raum stammen. Diese Vorschrift gilt jedoch nicht mehr für die bestimmten Anbaugebiete (vgl. Art. 12 VO 817/70 = Art. 16 VO 338/79)[33], jedoch als Übergangsregelung[34] noch für Namen von Ortsteilen, Gemeinden, Weinbaugebieten, Untergebieten, Lagen und Bereichen. Für Beerenauslesen und Trockenbeerenauslesen genügt bereits ein Anteil von mehr als 50 % der geernteten Trauben zur Verwendung einer Lagebezeichnung (vgl. § 10 XII 2 WeinG).

Bei ausländischem Wein dürfen engere geographische Bezeichnungen als die Angabe des Herstellungslandes nur verwendet werden, wenn der Wein aus diesem Raum stammt und die Bezeichnung innerhalb des Herstellungslandes zur Bezeichnung solcher Weine zulässig und auch üblich ist (vgl. § 20 III 1 WeinG). Da somit engere geographische Bezeichnungen ausländischer Weine zu 100 % wahr sein müssen, hatte diese Vorschrift die gleiche Wirkung wie eine mengenmäßige Beschränkung gemäß Art. 30 EWGV, da die Weinerzeuger anderer EG-Länder, sofern es sich nicht um die Angabe eines bestimmten Anbaugebietes handelte, schlechter gestellt wurden als deutsche Erzeuger, für die während der Übergangszeit die „75 %-Wahrheit" galt und noch gilt. Die deutsche Vorschrift ist jedoch nicht mehr anwendbar, da insoweit das europäische Recht vorgeht, so daß einheitlich nach Ablauf der Übergangsfristen die 85 %-Klausel anwendbar ist.

---

30 BGH GRUR 1964, 136 „Schweizer" m. Anm. Beier; BGH GRUR 1969, 280 „Scotch Whisky" m. Anm. Knopp; vgl. allg. Tilmann, S. 111 ff.

31 Vgl. dazu Koch § 10 WeinG Anm. 1 ff.; zur verfassungskonformen Auslegung von § 10 WeinG vgl. Beschluß des BVerfG v. 22. 5. 1979 — 1 BvL 9/75 — BVerfGE 51, 193.

32 Vgl. Koch § 10 WeinG Anm. 10.

33 Insoweit ist der Grundsatz der Bezeichnungswahrheit vollständig durchgeführt.

34 Vgl. Art. 21 VO 2133/74 (= Art. 21 VO 355/79), die EWG-Regelung sieht im übrigen 85 % vor. Bis 31. 8. 1976 galt auch die Ausnahmeregelung des § 63 II WeinG, die auch einen Verschnitt von Weinen verschiedener bestimmter Anbaugebiete zuließ, sofern der namensgebende Teil mindestens 75 % ausmachte.

§ 46 WeinG verbietet irreführende Bezeichnungen, Aufmachungen oder Darstellungen, auch wenn es sich um zutreffende Angaben handelt, wenn sie geeignet sind, falsche Vorstellungen über die geographische Herkunft des Erzeugnisses zu erwecken (vgl. § 46 III Nr. 1 WeinG). Ferner werden Phantasiebezeichnungen verboten, die fälschlicherweise als geographische Herkunftsangaben angesehen werden können bzw. wenn sie einen geographischen Hinweis erhalten, sofern die nach dem Weingesetz erforderlichen Voraussetzungen für den Gebrauch der entsprechenden geographischen Bezeichnungen nicht erfüllt sind (vgl. § 46 Nr. 3 WeinG)[35]. Diese Vorschrift ist jedoch für Wein nicht mehr anwendbar, da insoweit Art. 43 VO 2133/74 (EWG) an ihre Stelle getreten ist[36]. Dies hat zur Folge, daß aufgrund von Art. 103 II GG der Straftatbestand des § 67 V Nr. 2 WeinG nicht mehr anwendbar ist. Verstöße gegen die EWG-Verordnung sind daher lediglich Ordnungswidrigkeiten gemäß § 69 III Nr. 2 a, b WeinG.

Dieser Fall ist ein konkretes Beispiel, wie das europäische Recht auf das nationale Nebenstrafrecht einwirken kann. Die Verdrängung des nationalen Straftatbestandes führt zu einer Änderung der strafrechtlichen Bewertung, obwohl der konkrete Verstoß unverändert geblieben ist.

Der Straftatbestand des § 17 Nr. 5 LebensmittelG in Verbindung mit § 52 Nr. 10 LebensmittelG bzw. bei fahrlässiger Begehung einer Ordnungswidrigkeit gemäß § 53 I LebensmittelG in Verbindung mit den oben genannten Vorschriften kommt daneben nicht zur Anwendung. Die Weinbezeichnungsverordnung bildet zusammen mit den Sanktionen des Weingesetzes eine umfassende und abschließende Spezialregelung, die eine Anwendung des allgemeinen Lebensmittelrechts ausschließt[37].

IV. Die Rechtslage in Frankreich

1. Schutz gegen irreführende Bezeichnungen

Das allgemeine Recht des unlauteren Wettbewerbs hat in Frankreich für den Schutz von Herkunftsangaben und Ursprungsbezeichnungen nie eine besondere Rolle gespielt. Einige Spezialgesetze bilden ein nicht sehr übersichtliches System zum Schutz gegen irreführende Bezeichnungen.

---

[35] Vgl. zu den Einzelheiten Koch, § 46 WeinG Anm. 6.

[36] Vgl. BGH NJW 1977, 1600; nunmehr Art. 43 VO 355/79.

[37] Vgl. auch Art. 20 der EG-Lebensmittelrichtlinie v. 18. Dezember 1978, Abl. L 33/10 v. 8. Februar 1979, wonach bereits vorhandene EG-Kennzeichnungsvorschriften unberührt bleiben.

a) Gesetz vom 28. Juli 1824

Bereits 1824 wurde das Anbringen des Namens eines falschen Herstellungsortes auf Verarbeitungserzeugnissen mit Strafe bedroht (vgl. Art. 1). Dieses Gesetz wurde nie aufgehoben, hat jedoch heute praktisch keine Bedeutung mehr[38].

b) Gesetz gegen den Warenbetrug vom 1. August 1905

Nach Art. 1 des Gesetzes von 1905[39] macht sich strafbar, wer den Vertragspartner über den Ursprung von Waren zu täuschen versucht, sofern diese Täuschung nach Brauch oder Übereinkunft als Hauptgrund des Kaufes anzusehen ist[40].

c) Gesetz vom 2. Juli 1963

Art. 5 des Gesetzes von 1963 verbietet die täuschende Werbung. Auch die Täuschung über die Herkunft eines Erzeugnisses wird hiervon erfaßt[41]. Verstöße werden nach Art. 1 des Gesetzes von 1905 bestraft.

d) Gesetz vom 27. Dezember 1973 (Loi Royer)

Gemäß Art. 44 Abs. 1 des Gesetzes vom 27. Dezember 1973 ist die täuschende oder irreführende Werbung verboten. Im Gegensatz zum Gesetz von 1963 genügt die Möglichkeit einer Irreführung. Diese Vorschrift ergänzt das Gesetz von 1963, dessen Anwendungsbereich sich als zu eng erwies. Insbesondere wurde nunmehr der Schutz auch ausdrücklich auf bildliche oder sonstige Darstellungen erstreckt[42].

2. Schutz von Ursprungsbezeichnungen und Herkunftsangaben

a) Herkunftsangaben

Das Gesetz vom 26. März 1930[43] bestraft die wissentliche Verwendung von Herkunftsangaben, die über den wahren Ursprung des Erzeug-

---

[38] Vgl. Ulmer / Krasser, RuW IV, Nr. 508 f., S. 367 f.; Nr. 547, S. 390 f.; der Text des Gesetzes ist auf S. 575 abgedruckt.

[39] J.O.R.F. v. 5. August 1905, zuletzt geändert durch L. no. 78 - 23 du 10. Januar 1978 (J.O.R.F. du 11. Januar 1978); zum deutschen Text des Gesetzes s. Ulmer / Krasser RuW IV, S. 577 ff.

[40] Vgl. Auby / Plaisant, Nr. 110 ff., S. 51 ff.; Ulmer / Krasser RuW IV, Nr. 548, S. 391 f.

[41] Loi de Finances no 63 - 628 du 2 juillet 1963, abgedruckt bei Ulmer / Krasser RuW IV, S. 614 ff.; vgl. die Erläuterungen bei Auby / Plaisant, Nr. 120 f., S. 55 f. sowie de Roux, S. 301 ff.

[42] Zu den Einzelheiten vgl. de Roux, S. 304 ff.

[43] Vgl. Ulmer / Krasser, RuW IV, Nr. 531 ff., S. 379 ff.; der Text des Gesetzes ist auf S. 601 f. abgedruckt.

nisses täuschen können auf Erzeugnissen jeglicher Art, d. h. auch Naturprodukten (vgl. Art. 1 I). Hinsichtlich der Strafen verweist das Gesetz auf Art. 1 des Gesetzes von 1905. Bei deutlicher Angabe des wahren Ursprungs ist Art. 1 I jedoch nicht anwendbar (vgl. Art. 1 II), sofern es sich nicht um eine regionale Ursprungsbezeichnung handelt, die durch das Gesetz vom 6. September 1919 geschützt ist. Art. 2 stellt die unzutreffende Werbung und sonstige Manipulationen unter Strafe. Art. 3 I gibt jedem Verletzten, d. h. einem Verbraucher, Händler oder Hersteller eine Klagebefugnis im Straf- und Zivilverfahren[44]. Diese wird auch bestimmten Handels- und Industrieverbänden zuerkannt (vgl. Art. 3 II).

b) Ursprungsbezeichnungen

Grundlage des Schutzes von Ursprungsbezeichnungen ist das Gesetz vom 6. Mai 1919[45]. Das französische Recht hat den Sonderschutz für Ursprungsbezeichnungen entwickelt[46], und zwar, um seine eigenen Bezeichnungen im Inneren wie gegenüber ausländischer Konkurrenz zu schützen. Der interne politische Druck der Weinbauern zu Beginn dieses Jahrhunderts war eine der Hauptursachen für diese Rechtsentwicklung[47]. Aus dem hieraus resultierenden Zuschnitt der Gesetze auf landwirtschaftliche Erzeugnisse erklärt sich, daß Ursprungsbezeichnungen bei Industrieerzeugnissen bis heute praktisch keine Bedeutung erlangt haben, obwohl das Gesetz von 1919 auf diese Erzeugnisse anwendbar ist[48].

Zur Definition der Ursprungsbezeichnungen (vgl. Art. A des Gesetzes von .1919) wurde bereits Stellung genommen[49]. Sie wurde erst durch das wichtigste Änderungsgesetz der Nachkriegszeit aus dem Jahre 1966 eingefügt[50]. Die gerichtliche Abgrenzung des Ursprungsgebietes (vgl. Art. 1 - 7) hat heute praktisch keine Bedeutung mehr[51]. Die durch das Gesetz von 1966 eingeführte Abgrenzung des Ursprungsgebiets durch ein Verwaltungsverfahren wird heute ausschließlich angewandt (vgl. Art. 7 - 1 bis 7 - 3). Dies geschieht durch Dekret des Conseil d'Etat. Diese Vorschriften finden allerdings auf französische Qualitätsweine

---

44 Vgl. Ulmer / Krasser, RuW IV, Nr. 546, S. 390.

45 Loi du 6 mai 1919 (J.O.R.F. 8 mai 1919), zuletzt geändert durch Loi no 75 - 377 du 4. 7. 1975 (J.O.R.F. du 5. 7. 1975); vgl. die Erläuterungen bei Ulmer / Krasser, RuW IV, Nr. 552 ff., S. 396 ff.; Roubier II, Nr. 309, S. 756 ff. Der deutsche Text ist bei Ulmer / Krasser, RuW IV, S. 591 ff. abgedruckt.

46 Roubier II, Nr. 308 ff., S. 753 ff.

47 Vgl. Capus, S. 11 ff.

48 Vgl. Auby / Plaisant, Nr. 169, S. 73.

49 s. o. Teil I 1. Kapitel II 1.

50 Loi du 6 juillet 1966 (J.O.R.F. du 7. 7. 1966); vgl. dazu Ulmer / Krasser, RuW IV, Vorbem. vor Nr. 552, S. 394 ff.

51 Vgl. hierzu Tilmann, S. 388.

bestimmter Anbaugebiete keine Anwendung (vgl. Art. 7 - 3 II), da für diese eine eigene Sondergesetzgebung besteht. Das Verwenden unrichtiger Ursprungsbezeichnungen ist strafbar (vgl. Art. 8). Dies gilt auch bei ausländischen Ursprungsbezeichnungen[52]. Art. 9 gibt dem Verletzten das Recht als Nebenkläger aufzutreten oder eine Zivilklage zu erheben[53].

3. Sonderschutz für geographische Weinbezeichnungen

a) Gesetz von 1919

Das Gesetz von 1919 enthält in den Art. 10 ff. Sondervorschriften zum Schutz von Ursprungsbezeichnungen bei Wein und Spirituosen[54]. Diese können insbesondere keine Gattungsbezeichnungen werden (vgl. Art. 10 I). Ferner müssen Weine, um eine regionale und lokale Ursprungsbezeichnung tragen zu dürfen, aus Rebsorten und einem abgegrenzten Erzeugungsgebiet stammen, wobei in beiden Fällen diese Praktiken aufgrund örtlicher, lauterer und ständiger Gebräuche seit alters her angewandt werden müssen.

In den Art. 16 - 21 sind Sonderbestimmungen zum Schutz von Champagner und zur Abgrenzung von den „vins mousseux" (= Schaumweine) enthalten. Art. 22 stellt Verstöße gegen Art. 17 und 19 - 21 unter Strafe.

b) A.O.C.-Weine

Mit Art. 21 des Gesetzes-Dekrets von 1935[55] wurde die sogenannte kontrollierte Ursprungsbezeichnung (appellation d'origine contrôlée = A.O.C.) für französische Weine und Spirituosen geschaffen[56]. Dabei fällt dem Institut National des Appellations d'Origine (I.N.A.O.)[57] die Hauptrolle bei der Festlegung der Produktionsbedingungen für die Anerkennung einer geographischen Weinbezeichnung als kontrollierte Ursprungsbezeichnung zu. Hierzu gehören:

— Abgrenzung der Anbaufläche

— Festlegung der typischen Rebsorten

---

52 Vgl. Ulmer / Krasser, RuW IV, Nr. 598, S. 397 f.

53 Ulmer / Krasser, Nr. 577 unter Verweis auf Nr. 158 ff., S. 122 ff.

54 Vgl. zum Sonderschutz allgemein Brogsitter, S. 80 ff., Geisser, S. 210 ff.

55 Décret-loi du 30 juillet 1935, J.O.R.F. du 31 juillet 1935, der Text ist bei Ulmer / Krasser, RuW IV, S. 602 ff. abgedruckt. Die genannte Vorschrift ist im wesentlichen bei der Kodifizierung des französischen Weinrechts in Art. 42 code du vin aufgegangen, vgl. Auby / Plaisant, Nr. 180, S. 77.

56 Vgl. Ulmer / Krasser, RuW IV, S. 415, Nr. 589 ff., S. 422 ff.; Auby / Plaisant, Nr. 180, S. 77.

57 Zu den Aufgaben des INAO vgl. Brogsitter, S. 109 ff.; Ulmer / Krasser, RuW IV, Nr. 587 ff., S. 421 ff.

— Alkoholmindestgehalt

— Hektarertragsbegrenzung

— Anbau- und Weinbereitungsmethoden

— Organoleptische Prüfung[58]

Zur organoleptischen Prüfung[59] ist anzumerken, daß diese nicht wie in Deutschland für jeden Jahrgang eines Qualitätsweins bestimmter Anbaugebiete vorgenommen werden muß, sondern vor der Verleihung der kontrollierten Ursprungsbezeichnung eine einmalige Probe verschiedener Jahrgänge erfolgt. Da hierbei ein absoluter Qualitätsmaßstab angelegt wird — bestimmte Gebiete z. B. in Südfrankreich produzieren sehr viel Wein, daher aber kaum Qualitätsweine bestimmter Anbaugebiete — ist diese Methode jedoch nicht als minderwertig im Vergleich zum deutschen Prüfungsverfahren für Qualitätsweine bestimmter Anbaugebiete anzusehen[60]. Die Verleihung der kontrollierten Ursprungsbezeichnung erfolgt durch Dekret[61]. Eine als kontrollierte Ursprungsbezeichnung anerkannte geographische Bezeichnung kann auch ohne diesen Zusatz nicht für andere Weine verwendet werden, die diesen Voraussetzungen nicht entsprechen[62].

c) V.D.Q.S.-Weine

Neben den A.O.C.-Weinen, dem wichtigsten Beispiel französischer Ursprungsbezeichnungen, gibt es auch noch die sogenannten V.D.Q.S.-Weine[63], die von der Europäischen Gemeinschaft ebenfalls als Qualitätsweine bestimmter Anbaugebiete anerkannt sind. Ihre Rechtsgrundlage findet sich in Art. 305 bis Code du Vin[64].

Die Vergabebedingungen für den „Label“, d. h. das Qualitätszeichen V.D.Q.S. werden durch Erlaß des Landwirtschaftsministers (arrêté) auf Vorschlag des INAO für jede geographische Bezeichnung festgelegt. Die Bedingungen beziehen sich auf folgende Merkmale:

---

[58] Zu den Voraussetzungen im einzelnen, vgl. Auby / Plaisant, Nr. 186 ff., S. 80 ff.; Brogsitter, S. 113 ff.

[59] d. h. im wesentlichen die Prüfung von Geruch, Farbe und Geschmack.

[60] Vgl. Brogsitter, S. 117 f.

[61] Vgl. Brogsitter, S. 118.

[62] Vgl. Ulmer / Krasser, Nr. 599, S. 427 f.

[63] = vin délimité de qualité supérieure; vgl. hierzu Ulmer / Krasser, RuW IV, Nr. 601 ff., S. 429 ff.

[64] Zum Text vgl. Auby / Plaisant, Nr. 225, S. 87 f.; die modifizierte Regelung beruht auf folgenden Vorschriften: Loi no 49 - 1603 du 18 décembre 1949, loi no 51 - 682 du 24 mai 1951, art. 2; Décret no 55 - 671 du 20 mai 1955, art. 14. Art. 305 bis II, III wurden abgeändert durch Décret no 60 - 1284 du 30 novembre 1960, ergänzt durch Décret no 64 - 280 du 26 mars 1964.

— Erzeugungsgebiet

— Rebsorten

— Alkoholmindestgehalt

— Anbau- und Weinbereitungsmethoden (nicht in jedem Fall)

Die Vergabe des „Labels“ für einen bestimmten Wein ist abhängig von einer vorherigen Analyse und einer organoleptischen Prüfung durch den jeweils zum Schutz der Bezeichnung gegründeten Verband, und zwar wie in Deutschland für jeden Wein, d. h. nicht durch einmalige Prüfung vor Vergabe der Qualitätsbezeichnung wie bei A.O.C.-Weinen. Die V.D.Q.S.-Weine sind daher den Qualitätsweinen bestimmter Anbaugebiete in den Voraussetzungen ähnlicher. Während die Weinanalyse vom Service de la Répression des Fraudes des Landwirtschaftsministeriums durchgeführt wird, ist die organoleptische Prüfung keine amtliche. Dies erklärt sich aus der Geschichte der V.D.Q.S.-Weine. Da in der Zeit nach 1945 eine strenge Preisbindung galt, die höhere Preise für Weine einer gewissen Qualität erlaubte, bestand ein Anreiz, Weine mit beliebigen Eigenschaften als Qualitätsweine zu bezeichnen[65]. Die Weinbauverbände veranlaßten daher den Gesetzgeber zur Anerkennung des Gütezeichens V.D.Q.S.[66], um dieser Tendenz entgegenzuwirken.

Auch die geographischen Bezeichnungen der V.D.Q.S.-Weine sind Ursprungsbezeichnungen und unterliegen dem allgemeinen Gesetz von 1919. In bezug auf die Qualitätsanforderungen bleiben sie hinter den A.O.C.-Weinen wegen der weniger strengen Produktionsbedingungen zurück. Diese Hierarchie der Ursprungsbezeichnungen für Weine kommt auch darin zum Ausdruck, daß eine für A.O.C.-Weine verwendete Ursprungsbezeichnung für V.D.Q.S.-Weine gesperrt ist[67]. Alle anderen Weine dürfen keine geographische Bezeichnung, die einem V.D.Q.S.-Wein zuerkannt wurde, tragen[68].

d) Vins de pays

Die französischen Landweine (= vins de pays) dürfen ebenfalls geographische Bezeichnungen tragen[69]. Nach der EG-Regelung handelt es sich um Tafelweine mit geographischer Bezeichnung. Die geographischen Bezeichnungen müssen den Namen eines Departements oder

---

[65] Vgl. Auby / Plaisant, Nr. 225, S. 86 f.

[66] Vgl. genauer zur Entstehungsgeschichte, Geisser, S. 233 f.

[67] Vgl. Geisser, S. 234.

[68] Vgl. Geisser, S. 235 FN 141.

[69] Vgl. Art. 305 A code du vin, abgedruckt bei Auby / Plaisant, Nr. 232, S. 90 f.

eines Weinbaugebiets tragen. Qualitätsvorschriften bestehen nicht. Es handelt sich somit bei den Bezeichnungen für Landweine um geographische Herkunftsangaben, nicht um Ursprungsbezeichnungen[70].

V. Die Rechtslage in Großbritannien

1. Schutz gegen irreführende Bezeichnungen

Der Schutz gegen unlauteren Wettbewerb bildet in Großbritannien kein abgegrenztes Rechtsgebiet, das nach kontinentaleuropäischen Maßstäben beurteilt werden kann[71]. Das englische Recht unterscheidet daher auch nicht zwischen Herkunftsangaben und Ursprungsbezeichnungen. Der Ausdruck „indications of origin" ist sprachlich doppeldeutig[72]. Ferner ergeben sich Besonderheiten aus dem Nebeneinander von geschriebenem und ungeschriebenem Recht. Im Common Law ist ein Schutz durch die sogenannte „passing-off"-Klage möglich[73].

a) Trade Descriptions Act 1968 and 1972

Der Trade Descriptions Act 1968 and 1972 (T.D.A.)[74], der den Merchandise Marks Act 1887 ablöste, ist ein Strafgesetz, das falsche oder irreführende Bezeichnungen von Waren, u. a. auch über den Ort der Herstellung des Erzeugnisses (vgl. Sect. 2 I (h) T.D.A.)[75] ahndet[76].

Gemäß Sect. 18 beträgt die Höchststrafe bei einem Strafbefehl (= „on summary conviction") 400 Pfund Sterling, im Strafverfahren ist Geldstrafe[77] oder Freiheitsstrafe bis zu zwei Jahren möglich, Verstöße gegen EG-Bezeichnungen, die aufgrund der Weinverordnungen ergehen, werden bisher nicht als falsche Handelsbezeichnungen im Sinne des T.D.A. angesehen[78]. Es ist daher fraglich, ob ein Irreführungsschutz für Wein nach diesem Gesetz besteht[79].

---

[70] Vgl. Auby / Plaisant, Nr. 233 ff., S. 91.

[71] Vgl. dazu Marsh, GRUR Ausl. 1964, 493.

[72] Vgl. Ladas, § 842, S. 1575.

[73] s. u. V 1 c).

[74] Text und Kommentar vgl. Halsbury's Statutes of England, 3rd ed., Vol. 37, S. 948 ff.; ergänzt durch T.D.A. 1972, vgl. Halsbury's Statutes, Vol. 42, S. 2249 ff.; die offizielle Bezeichnung dieses Gesetzes ist gem. Sect. 4 nunmehr T.D.A. 1968 and 1972.

[75] O'Keefe (I) 46 E sowie Kommentierung (I) 51/52 (m); vgl. auch den Bericht der EG-Kommission über das Wirtschaftsrecht im Vereinigten Königreich, S. 104 f.

[76] Vgl. Sect. 1 I T.D.A.; dazu O'Keefe (I) 37.

[77] Ohne Obergrenze, es entscheiden die Vermögensverhältnisse des Beschuldigten, vgl. O'Keefe T.D.A. Sect. 18, (I) S. 105.

[78] Vgl. O'Keefe (I) 53 (x).

b) Food and Drugs Act 1955[80]

Gemäß Sect. 6 des Food and Drugs Act 1955[81] ist die täuschende Etikettierung oder Werbung für Lebensmittel und Arzneimittel verboten. Verstöße werden über Sect. 106 mit bis zu 100 Pfund Sterling Geldstrafe geahndet[82].

c) Ungeschriebenes Recht

Nach dem Recht des Common Law gibt es die Möglichkeit einer Klage auf Schadensersatz, Unterlassung oder Feststellung im Falle des sogenannten „passing off"[83]. Darunter versteht man grundsätzlich den Versuch eines Wettbewerbers seine Waren oder Dienstleistungen als die eines Konkurrenten auszugeben, um dessen „Goodwill" wirtschaftlich für sich auszunutzen[84]. Die Rechtsprechung hat diese Grundsätze in einigen Entscheidungen auf das Recht des Schutzes geographischer Bezeichnungen ausgedehnt[85].

2. Schutz von Herkunftsangaben und Ursprungsbezeichnungen

Da dem angelsächsischen Recht die Unterscheidung der Begriffe Herkunftsangaben und Ursprungsbezeichnung fremd ist, kann von einem Sonderschutz nicht gesprochen werden. Lediglich bei der Eintragbarkeit von Warenzeichen ist ein mittelbarer Schutz festzustellen[86], da in der Regel geographische Namen nicht eintragbar sind. Grund hierfür ist jedoch nicht ihr besonderes Schutzbedürfnis, sondern die ihnen nach englischer Rechtsauffassung fehlende Unterscheidungskraft[87]. Mit Hilfe der Rechtsprechung zum „passing off"[88] ist jedoch ein Schutz für verschiedene Bezeichnungen erreicht worden[89].

Vier Entscheidungen sind in diesem Zusammenhang von besonderer Bedeutung:

---

79 Zum Schutz der EWG-WeinVO durch The Common Agriculture Policy (Wine) Regulations 1978, S.I. 1978/861, s. u. 5 Kap. II 3 e.

80 Halsbury's Statutes, vol. 14, S. 15 ff.

81 Halsbury's Statutes, vol. 14, S. 28.

82 Halsbury's Statutes, vol. 14, S. 101.

83 Vgl. Marsh, GRUR Ausl. 1964, 496 ff.; allg. Westerholt, Die Passing Off-Klage im englischen Recht, Köln, Berlin, Bonn, München 1976.

84 Vgl. Marsh, GRUR Ausl. 1964, 496.

85 s. u. V 2 a - d.

86 Vgl. Kerly's, S. 116 ff. u. 402 ff.

87 Vgl. GRUR-Ber. 1974, Nr. 641 zu einem Ausnahmefall.

88 Vgl. Marsh, GRUR Ausl. 1964, 496 ff.; zur britischen Rechtsprechung vgl. GRUR Int. 1978, 251 u. 253.

89 Zur rechtlichen Regelung geographischer Weinbezeichnung in Großbritannien vgl. Auby / Plaisant, Nr. 394 ff., S. 191 ff.

a) J. Bollinger v. Costa Brava Wine Co. Ltd. — „Spanish Champagne" —

Im sogenannten Spanish Champagne-Fall[90] klagten die französischen Champagner-Hersteller gegen den Importeur von Schaumweinen aus Spanien und verlangten Unterlassung der Bezeichnungen „Spanish Champagne" bzw. „Champagne" mit der Begründung, daß „Champagne" in Großbritannien nach der Auffassung des Handels und des Käuferpublikums einen Schaumwein aus der gleichnamigen französischen Landschaft bezeichne.

Das Gericht entschied, daß „Champagne" in Großbritannien zu keiner Zeit eine Gattungsbezeichnung war und den Weinen der Champagne vorbehalten bleibt. Es stützte diese Auffassung auf das Rechtsinstitut des „passing off", lehnte hingegen die Anwendung des 1960 noch gültigen Merchandise Marks Act von 1887[91] mit der Begründung ab, daß dieses Gesetz keine zivilrechtlichen Ansprüche gewähre.

b) Vine Products Ltd. v. Mackenzie & Co Ltd. — „British Sherry" —

Im sogenannten British-Sherry-Fall[92] klagten die Importeure von „British-Sherry", „South African Sherry", „Australian Sherry" und „Cyprus Sherry" gegen die Hersteller und Importeure von Sherry aus dem Gebiet von Jerez in Spanien auf Feststellung, daß die Benutzung der von ihnen verwendeten Bezeichnungen zulässig sei. Diese Klage hatte Erfolg, obwohl das Gericht die „Spanish-Champagne"-Entscheidung berücksichtigte. Grund hierfür war die Annahme der Verwirkung („laches") des Rechts der Beklagten, da diese seit über hundert Jahren gegen die Verwendung dieser Bezeichnung nichts unternommen hatten[93]. Andererseits schützte das Gericht die Bezeichnung „Sherry" ohne die angegebenen Zusätze, da diese ausschließlich den Erzeugern der Gegend von Jerez in Spanien vorbehalten sei[94].

Rechtsdogmatisch ist der Hinweis des Gerichts von Interesse, wonach der Schutz geographischer Bezeichnungen durch eine Klage des „passing off" einen Sonderfall dieses Rechtsinstituts darstellt, der sich dem allgemeinen Schutz gegen unlauteren Wettbewerb annähert[95].

---

[90] Urteil des High Court (Chancery Division) 3 W.L.R. 966 (1959) und 1 W.L.R. 277 (1961).

[91] Inzwischen abgelöst durch den T.D.A. 1968 and 1972; zur Nichtanwendung vgl. Marsh, GRUR Ausl. 1964, 495.

[92] Urteil des High Court (Chancery Division) 1 R.P.C. 1 (1969).

[93] Vgl. 1 R.P.C. 25 (1969).

[94] Vgl. 1 R.P.C. 26 (1969).

[95] Vgl. 1 R.P.C. 23 (1969).

c) *John Walker & Sons v. Henry Ost* — *„Scotch Whisky"* —

Im Scotch-Whisky-Fall[96] erhob der Kläger, der Hersteller einer bekannten Scotch-Whisky-Marke, eine „passing-off"-Klage gegen einen Scotch-Whisky-Makler und eine Herstellerfirma, für die in Großbritannien zwei Warenzeichen für Scotch Whisky eingetragen sind. Dieses Unternehmen erlaubte einer Gesellschaft in Ecuador[97], diese Warenzeichen dort zu benutzen. Der Makler lieferte den benötigten Scotch Whisky in Fässern nebst Flaschen und Originaletiketten nach Ecuador. Dort wurde der Whisky mit lokalem Zuckerrohrschnaps vermischt und dann als „Scotch Whisky" in den Originalflaschen verkauft.

Die Klägerin verlangte Unterlassung der Lieferungen und des Verkaufs von Erzeugnissen als Scotch Whisky, die den Anforderungen, die für dieses Erzeugnis vorgeschrieben sind, nicht entsprechen. Das Gericht entschied, daß die geographische Bezeichnung „Scotch Whisky" hinreichend präzise sei und die Herkunft des Erzeugnisses mitumfasse. Es handele sich daher um eine Handelsbezeichnung, deren Schutz mit der „passing-off"-Klage verfolgt werden könne[98]. Die Beklagten wurden antragsgemäß verurteilt.

d) *H. P. Bulmer Ltd. v. J. Bollinger S. A.* — *„Champagne Cider"* —

Der Champagne-Cider-Fall[99] kann als die umfangreichste Entscheidung auf dem Gebiet des Schutzes von Herkunftsangaben und Ursprungsbezeichnungen nicht unerwähnt bleiben, zumal er erst nach dem Beitritt Großbritanniens zur Europäischen Gemeinschaft entschieden wurde. Das Problem der Anwendbarkeit von Gemeinschaftsrecht rief damals große Besorgnis in der Presse hervor[100]. Die nachfolgenden Ausführungen stehen jedoch unter dem Vorbehalt, daß die Entscheidungen der 1. und 2. Instanz nicht rechtskräftig wurden, da in 3. Instanz ein Vergleich zustande kam[101]. Der Entscheidung kommt daher im englischen Recht keine Präzedenzwirkung zu. Sie ist jedoch exemplarisch für die durch das Gemeinschaftsrecht entstehenden Probleme.

---

[96] 1 W.L.R. 917 (1970).

[97] Zu der Frage der Anwendbarkeit englischen Rechts auf diesen Fall vgl. 1 W.L.R. 933 (1970).

[98] Vgl. 1 W.L.R. 928 ff. (1970) unter Berufung auf die unter a) und b) zitierten Entscheidungen.

[99] 2 C.M.L.R. 91 (1974); 2 C.M.L.R. 479 (1975); 2 C.M.L.R. 625 (1977).

[100] Vgl. „The Times" v. 6. 4. 1974, S. 8 (The Times Law Report — „Whither the law of England?") und „The Times" v. 9. 4. 1974, S. 9 (The Times Law Report v. 8. 4. 1974 — „English Courts still have full part to play in European Community").

[101] Vgl. „The Times" v. 7. 6. 1978, S. 3.

1970 beantragten die französischen Champagner-Produzenten eine einstweilige Verfügung (injunction) gegen den Gebrauch des Wortes „Champagne“ als Teil der Bezeichnungen „Champagne Cider“ und „Champagne Perry“[102]. Zur Abwehr erhoben die Hersteller von Cider und Perry Klage auf Feststellung ihres Rechts auf Benutzung der beanstandeten Bezeichnungen.

Zunächst wurde in diesem Verfahren wie in den vorangegangenen von den Beklagten geltend gemacht, daß nach „passing-off“-Grundsätzen die von den Klägern gebrauchten Bezeichnungen unzulässig seien. Im weiteren Verlauf des Prozesses — nach dem Beitritt Großbritanniens zur Europäischen Gemeinschaft am 1. Januar 1973 — wurde als Grund für die Unzulässigkeit auch ein Verstoß gegen Gemeinschaftsrecht gerügt, und zwar gegen Art. 30 VO 816/70 und Art. 6 - 8, 12 und 13 VO 817/70. Die Beklagten begehrten zur Auslegung dieser Vorschriften eine Vorlage an den Europäischen Gerichtshof gemäß Art. 177 EWGV. Der Gerichtshof sollte erläutern, ob der Gebrauch des Wortes Champagner für andere Getränke in Widerspruch zu gemeinschaftsrechtlichen Vorschriften stehe.

Der Richter der 1. Instanz lehnte eine Vorlage ab, ließ jedoch gegen diese Entscheidung ein Rechtsmittel zu. Die 2. Instanz (Court of Appeal) lehnte eine Vorlage ebenfalls ab[103], nachdem das Verhältnis von Gemeinschaftsrecht zum britischen Recht[104] und Art. 177 EWGV genauer geprüft worden war. Das Gericht hielt eine Vorlage nicht für erforderlich, solange die Beklagten nach englischem Recht allein obsiegen konnten und wies auf die Tatsache hin, daß die Vorlage gemäß Art. 177 Abs. 2 EWGV für die Gerichte der unteren Instanzen fakultativ ist. Im übrigen sei das Gemeinschaftsrecht von den Richtern selbst anzuwenden und im Sinne des Europäischen Gerichtshofs zu interpretieren.

In der Sache selbst wurde in 1. Instanz die Entscheidung nur auf einen Verstoß gegen die Grundsätze des „passing off“ gestützt[105]. Da die Beklagten bereits nach englischem Recht obsiegten, erwies sich die Auslegung des Gemeinschaftsrechts als nicht erforderlich. Nur der Hersteller von „Champagne-Perry“ legte gegen dieses Urteil Rechtsmittel ein.

---

[102] Apfel- und Birnenmost.

[103] Zu diesem Teil des Verfahrens vgl. 2 C.M.L.R. 91 (1974).

[104] Vgl. die plastische Feststellung des Master of the Rolls (Vorsitzender Richter des Court of Appeal) zum Vorrang des Gemeinschaftsrechts ... „When we come to matters with a European element, the Treaty is like an incoming tide. It flows into estuaries and up the rivers. It cannot be held back.“; 2 C.L.M.R. 111 (1974).

[105] Vgl. 2 C.M.L.R. 479 (1975).

Das Berufungsgericht lehnte einen Fall von „passing off" ab[106], da in einem Verwendungszeitraum von mehr als 20 Jahren hinsichtlich der strittigen Bezeichnungen kein nachweisbarer Schaden für Champagner eingetreten sei[107]. Auch seien die Bezeichnungen „Champagne Cider" und „Champagne Perry" nach Auffassung der Verbraucher inzwischen als Gattungsbezeichnung anzusehen.

Eine Anwendbarkeit des T.D.A. in einem Zivilverfahren wurde wegen seines ausschließlich strafrechtlichen Inhalts abgelehnt[108].

Daher war in der Berufungsinstanz die Frage, ob die Bezeichnung „Champagne" nach EG-Recht gegen die Verwendung bei anderen Getränken geschützt ist, entscheidungserheblich. In Auslegung von Art. 1, 2, 12 III VO 817/70[109] entschied das Berufungsgericht insoweit einstimmig, daß die Regelung nur für Wein gilt und daher bei anderen Getränken nicht zu berücksichtigen ist[110]. Eine Vergleichbarkeit dieses Falls mit den BGH-Entscheidungen[111] zum deutsch-französischen Abkommen über den Schutz von Herkunftsangaben und Ursprungsbezeichnungen[112] wurde abgelehnt. In jenen Entscheidungen hat der Bundesgerichtshof zur Frage des Schutzumfangs des Abkommens die Auffassung vertreten, daß er sich auch auf Konkurrenzprodukte erstrecke, da der Wortlaut des Vertrages keine Einschränkungen enthielt. Nur bei Fehlen der Verwechslungsgefahr dürfe die geschützte Bezeichnung von Dritten benutzt werden.

Meines Erachtens hat das englische Gericht den Zusammenhang zwischen Art. 12 und 13 VO 817/70 (EWG) übersehen. Das Ausschließlichkeitsrecht bestimmter Bezeichnungen, daß Art. 12 III (= Art. 16 IV VO 338/79) für Qualitätsweine bestimmter Anbaugebiete und Qualitätsschaumweine bestimmter Anbaugebiete, wie Champagner, garantiert, muß von den Mitgliedsstaaten nach Art. 13 I (= Art. 17 I VO 338/79) geschützt werden. Ein Schutz, der sich darauf beschränkt, anderen Schaumweinen den Gebrauch der Bezeichnung „Champagner" zu verwehren, ist hierfür ungenügend. Auch bei sonstigen schäumenden Ge-

---

106 Mit 2 : 1 Stimmen vgl. die abweichende Ansicht von Waller, L.J. 2 C.M.L.R. 686 (1975).

107 Vgl. 2 C.M.L.R. 625 (1977); insbesondere S. 648 f., Nr. 59/60.

108 Vgl. bereits für den M.M.A. 1887, 1 R.P.C. 34 (1960) — „Spanish Champagne".

109 s. o. Teil I 2. Kapitel I 3 d u. I 4 f bb).

110 Vgl. 2 C.M.L.R. 625 (1977), insbesondere S. 652 f., Nr. 68 - 70 u. S. 685 f., Nr. 191 - 199 u. 252.

111 BGH GRUR 1969, 611 u. 615.

112 BGBl II, S. 22 (1961) — Abkommen zwischen der Bundesrepublik Deutschland und der Französischen Republik v. 8. Mai 1960 über den Schutz von Herkunftsangaben, Ursprungsbezeichnungen und anderen geographischen Bezeichnungen.

tränken, die mit Schaumwein verwechselt werden können[113] ist ein Schutz gegen mißbräuchliche Verwendung einer geographischen Bezeichnung erforderlich.

Daher ist trotz des nach dem Wortlaut allein auf Weinerzeugnisse zugeschnittenen Verordnungen in bezug auf geographische Bezeichnungen eine erläuternde Auslegung geboten. Gemäß Art. 13 VO 817/70 haben die Mitgliedsstaaten die Verpflichtung übernommen, die Bezeichnungen der bestimmten Anbaugebiete wegen ihrer besonderen Bedeutung umfassend zu schützen. Eine Verminderung des Schutzes im Vergleich zu den zwischen verschiedenen Mitgliedsstaaten geschlossenen bilateralen Abkommen, die zahlreiche Weinbezeichnungen enthalten, war hierbei nicht beabsichtigt. Die Bezeichnung „Champagne" ist in der Verordnung 817/70 (= 338/79) ausdrücklich geschützt (vgl. Art. 12 II b = Art. 16 III b).

Da die bilateralen Abkommen zwischen den Mitgliedsstaaten, soweit sie Weinbezeichnungen regeln, wegen des Vorrangs des Gemeinschaftsrechts nicht mehr anwendbar sind[114], können im Hinblick auf die Rechtsvereinheitlichung des Schutzes geographischer Weinbezeichnungen nur bei dieser Interpretation die Vorschriften des Art. 12 III i. V. m. 13 VO 817/70[115] ihren „effet utile" erzielen, da andernfalls der Schutz der bestimmten Anbaugebiete als besonders hochwertige geographische Weinbezeichnungen weitgehend sinnentleert wäre.

Wie bereits erwähnt, wurde dieses Urteil nicht rechtskräftig, da das Verfahren durch einen Vergleich in 3. Instanz vor dem House of Lords endete. Die Klägerin verpflichtete sich, die Bezeichnung „Champagne" nicht mehr zu verwenden. Damit entfiel eine Vorlagepflicht an den Europäischen Gerichtshof, die ansonsten aufgrund des Art. 177 III EWGV bestanden hätte.

VI. Die Rechtslage in Irland

1. Schutz gegen irreführende Bezeichnungen

In Irland gilt noch heute der Merchandise Marks Act von 1887, der in Großbritannien bis 1968 in Kraft war[116]. Seit der Unabhängigkeit der Irischen Republik hat sich dieses Gesetz selbständig fortentwickelt. Die letzte und wesentliche Änderung erfuhr es durch den Consumer

---

113 Vgl. BGH GRUR 1969, 611 u. 615.

114 s. u. Teil II 1. Kapitel III; allg. hierzu z. B. EuGH Rs 6/64 — Costa ./. Enel, Urteil v. 15. Juli 1964, Slg. Bd. X, 1251, st. Rspr. vgl. z. B. Rs 106/77, Urteil v. 9. 3. 1978, Slg. 1978, 644, Rz. 17/18.

115 = Art. 16 IV i. V. m. 17 VO 338/79.

116 Vgl. O'Keefe, The Law of Trade Descriptions, M.M.A. 1887.

Information Act 1978 vom 21. Februar 1978[117]. Gemäß Sect. 3 I b M.M.A. bedeutet „trade description“ (= Handelsbezeichnung) jede Bezeichnung, Feststellung oder andere Angabe, unmittelbarer oder mittelbarer Art über u. a. den Ort, oder das Land, in dem die Erzeugnisse hergestellt wurden. Zu diesen Bezeichnungen werden ausdrücklich auch Zahlen, Worte oder Zeichen gerechnet, die in Übereinstimmung mit dem Handelsbrauch allgemein als Handelsbezeichnung angesehen werden (vgl. Sect. 3 I a. E. M.M.A.). Gemäß Sect. 3 II c erstreckt sich das Verbot irreführender Handelsbezeichnungen auch auf verwechselbare Bezeichnungen.

Sect. 8 I C.I.A. verbietet irreführende Werbung durch Verwendung falscher Handelsbezeichnungen, sofern hierdurch jemand geschädigt oder verletzt wird.

Gemäß Sect. 17 I b C.I.A. beträgt die Höchststrafe bei Verstößen gegen die M.M.A. 1887 to 1978 10 000 Irische Pfund.

Sect. 24 C.I.A. enthält eine Klausel zum Schutz der vor Inkrafttreten dieses Gesetzes zulässigen und eingetragenen Warenzeichen. Im übrigen können neue Warenzeichen als falsche Handelsbezeichnungen angesehen werden, wenn sie unter die Definition der Sect. 2 M.M.A. 1887 to 1978 fallen[118].

2. Schutz von Herkunftsangaben und Ursprungsbezeichnungen

Da auch in Irland die Grundsätze des Common Law gelten, erscheint eine „passing-off“-Klage zum Schutz geographischer Angaben als Handelsbezeichnungen vor Ausnutzung ihres guten Rufs durch Wettbewerber denkbar. Von der Rechtsprechung entschiedene Fälle sind mir jedoch nicht bekannt.

---

[117] Daher zu zitieren als Merchandise Marks Acts, 1887 to 1978, vgl. Sect. 28 II C.I.A. Die Zitate erfolgen aufgrund des Textes der Consumer Information Bill 1976, Dublin, The Stationary Office; dieses Gesetz wurde am 15. Februar 1978 von beiden Häusern des Oireachtas in Dublin als Consumer Information Act 1978 (= C.I.A.) verabschiedet und ist seit dem 21. Februar 1978 in Kraft. Angegeben wird die jeweilige Neufassung des M.M.A. 1887, soweit diese im C.I.A. bestimmt ist. Im übrigen werden die Vorschriften des C.I.A. zitiert.

[118] Vgl. im übrigen den Bericht der EG-Kommission über das irische Wirtschaftsrecht, S. 89 u. 91.

VII. Die Rechtslage in Italien

1. Schutz gegen irreführende Bezeichnungen

Gemäß Art. 2598 Codice civile[119], der den unlauteren Wettbewerb allgemein betrifft, können auch Herkunftsangaben und Ursprungsbezeichnungen geschützt werden, wenn der Gebrauch einer anderen Bezeichnung zu Verwechslungen führen kann (vgl. Art. 2598 C.C. Nr. 1) oder wenn direkt oder indirekt irgendein anderes Mittel benutzt wird, das mit der beruflichen Korrektheit nicht in Einklang steht und geeignet ist, das Unternehmen eines anderen zu schädigen (vgl. Art. 2598 C.C. Nr. 3). Es kann Unterlassung und Schadensersatz verlangt werden (vgl. Art. 2599, 2600 C.C.).

Die Anwendung dieser Vorschrift zum Schutz von Herkunftsangaben und Ursprungsbezeichnungen ist jedoch nicht einheitlich, zumal beide Begriffe im italienischen Recht nicht genau unterschieden werden[120].

2. Schutz von Herkunftsangaben und Ursprungsbezeichnungen

Ein Sondergesetz zum Schutz von Ursprungsbezeichnungen besteht nicht. Ein Entwurf liegt seit 1973 vor[121], wurde jedoch bisher nicht Gesetz. Er übernimmt in Art. 2 die Definition des LUA mit dem Unterschied, daß nur Namen von Orten, Gemeinden, Provinzen und Regionen erfaßt werden, nicht jedoch von Staaten. Art. 1 des Entwurfs enthält eine Ermächtigung zum Erlaß eines Ausführungsdekrets, dessen Inhalt in Art. 3 umrissen wird (z. B. geographische Abgrenzungen und wesentliche natürliche Faktoren).

Der Rechtsschutz für Herkunftsangaben und Ursprungsbezeichnungen durch die Rechtsprechung zu Art. 2598 C.C. ist nicht einheitlich[122]. Insgesamt muß der Schutz daher als nicht besonders intensiv gewertet werden.

3. Sonderschutz für geographische Weinbezeichnungen

Mit dem Rahmengesetz vom 3. Februar 1963[123], das nur aus zwei Artikeln besteht, wurde die Grundlage zur Schaffung von Ursprungs-

---

119 Text bei Ulmer / Schricker, Nr. 4, S. 5 f.; vgl. die Erläuterungen bei Ulmer / Schricker RuW V, Nr. 200, S. 234; Nr. 202, S. 236; Nr. 212, S. 245 f.; zur Rechtsprechung vgl. Ulmer / Schricker, Nr. 217 ff., S. 251 ff.

120 Sordelli hat versucht, diese Unterscheidung einzuführen, vgl. Sordelli, Riv. dir. ind. I, 1959, 25 ff.; ders. GRUR Ausl. 1960, 421.

121 Disegno di Legge Camera dei Deputati, Nr. 1768; vgl. dazu Iatosti, Le Scelte de consumatore No 5 - 6, Marzo 1974, S. 8.

122 Zu den Einzelheiten vgl. Ulmer / Schricker, RuW V, Nr. 217 ff., 251 ff.; Auby / Plaisant, Nr. 411 f., S. 204 f.; La Villa, Der Schutz geographischer Herkunftsangaben in Italien, GRUR Int. 1979, 398 ff.

123 Vgl. den Text des Art. 2 bei Auby / Plaisant, Nr. 418, S. 207.

bezeichnungen bei Wein nach französischem Vorbild geschaffen. Es wurden drei Kategorien gebildet:

— denominazione d'origine semplice (DOS)

— denominazione d'origine controllata (DOC)

— denominazione d'origine controllata e garantita (DOCG).

Definition und Ausführungsbestimmungen blieben einem Dekret vorbehalten. Das eigentliche Weinbezeichnungsrecht ist daher im D.P.R. No 930 vom 12. Juli 1963[124] geregelt.

Art. 1 enthält eine auf Wein bezogene Definition der Ursprungsbezeichnungen, die sich im Ergebnis von der Definition im LUA kaum unterscheidet[125]. Insbesondere wird, wenn auch mit anderen Worten, wie im französischen Gesetz von 1919[126], auf die örtlichen, lauteren und ständigen Gebräuche Bezug genommen[127]. Bei DOS-Weinen wird lediglich die geographische Herkunft garantiert (vgl. Art. 3 D.P.R. 930)[128]. Es handelt sich daher gemeinschaftsrechtlich um Tafelweine mit geogeographischer Herkunftsangabe.

Die geographischen Bezeichnungen der DOC- und DOCG-Weine sind echte Ursprungsbezeichnungen, da bei diesen auch die Qualität garantiert wird. Die unterschiedlichen Bezeichnungen bedeuten keine Qualitätsstufen. Die DOCG-Weine bieten dem Verbraucher lediglich die Garantie einer besonderen staatlichen Kontrolle (vgl. Art. 8 D.P.R. 930)[129]. Die geographische Bezeichnung einer höheren Qualitätsstufe schließt die Verwendung der geographischen Bezeichnung für andere Weine aus (vgl. Art. 8 IV)[130]. Daneben ist die Verwendung anderer geographischer Angaben als Herkunftsangaben zulässig (vgl. Art. 8 II)[131].

Bisher wurden etwa 200 DOC-Bezeichnungen vom Landwirtschaftsministerium durch Dekret anerkannt. Mit der Anerkennung von DOCG-

---

124 G.U. 15 Luglio 1963, No 188 suppl. ord.; der Text der Art. 1 - 5 u. 7 ist bei Auby / Plaisant, Nr. 419, S. 208 ff. abgedruckt; vgl. zu diesem Gesetz die Erläuterungen bei Ulmer / Schricker RuW V, Nr. 204 ff., S. 238 ff.; Ronga, Il diritto dell'economia 1967, 193; Cosmo, S. 5 ff.; Auby / Plaisant, Nr. 409 ff., S. 203 ff.; Geisser, S. 179 ff.; Angelici, Alcuni problemi giuridici sull'applicazione della normativa sulla tutela delle denominazioni di origine dei vini, Scienze Administrative 1970, Heft 3/4, S. 3 ff.

125 s. o. Teil I 1. Kapitel II 1; vgl. auch Geisser, S. 182.

126 s. o. Teil I 3. Kapitel IV 2.

127 Vgl. Geisser, S. 183 zu Art. 3 I D.P.R. 930.

128 Ähnlich wie die inzwischen nicht mehr existierende „appellation d'origine simple", vgl. dazu Auby, J.C.P. — La semaine juridique I (1973) 2516.

129 Auby / Plaisant, Nr. 420, S. 210; Geisser, S. 184.

130 Vgl. Geisser, S. 189.

131 Vgl. Geisser, S. 194.

Weinen wurde erst 1976 begonnen. Verstöße gegen diese Vorschrift werden nach Art. 27 ff. des Dekrets geahndet[132].

Einen allgemeinen Irreführungsschutz für Weinbezeichnungen enthält das Dekret vom 12. Februar 1965 (Art. 27 - 32)[133].

VIII. Die Rechtslage in Luxemburg

1. Schutz gegen irreführende Bezeichnungen

Seit 1974 hat Luxemburg eine neue Wettbewerbsverordnung[134]. Diese löste den Großherzoglichen Erlaß vom 15. Januar 1936[135], zuletzt geändert am 23. Dezember 1963, ab[136]. Gemäß Art. 2 a gilt als unlautere Wettbewerbshandlung u. a. die bösgläubig abgegebene und zur Täuschung geeignete Angabe über den Ursprung von Waren, wenn diese in der Absicht gemacht wurde, beim Publikum den Glauben an ein besonders günstiges Angebot hervorzurufen.

Art. 2 d der Wettbewerbsverordnung verbietet es, auf natürlichen oder hergestellten Waren oder deren Verpackungen bzw. Etiketten Angaben irgendwelcher Art anzubringen, die geeignet sind, über Ursprung oder Herkunft der Waren zu täuschen. Nach Art. 2 e werden jegliche Änderungen von Marken, Bezeichnungen oder Etiketten untersagt, die über Ursprung oder Herkunft der Erzeugnisse irreführen könnten. Dasselbe gilt für irreführende Werbeangaben und die Ausstellung unrichtiger Rechnungen, Ursprungs- oder Herkunftszeugnisse oder sonstiger irreführender Maßnahmen.

Die Ausfüllung der generalklauselartigen Tatbestände durch die Rechtsprechung bleibt abzuwarten. Art. 2 a dürfte wegen der erforderlichen Irreführungsabsicht und Bösgläubigkeit hinsichtlich der falschen Angaben selten anwendbar sein. Nach Art. 11 ist eine Unterlassungsklage jeder beliebigen Person, d. h. auch des einzelnen Verbrauchers sowie eines beruflichen Verbandes oder einer Verbrauchervereinigung, die bei der sogenannten Preiskommission vertreten ist, zulässig. Die Klage wird im beschleunigten Verfahren (référé, das unserer einstweiligen Verfügung ähnlich ist) durchgeführt (vgl. Art. 11 II).

---

[132] Zu den Einzelheiten vgl. Cosmo, S. 50 ff.

[133] Vgl. Auby / Plaisant, Nr. 227 f., S. 212.

[134] Règlement grand-ducal du 23 décembre 1974 concernant la concurrence déloyale, Mémorial A — No 95 du 31. 12. 1974 in der Fassung vom 17. 12. 1976 (vgl. den deutschen Text in GRUR Int. 1977, 235 ff.).

[135] Zum Text vgl. Ulmer / Wunderlich, RuW II 1, S. 779 ff. sowie die Anmerkungen zur WettbewerbsVO von 1936 Nr. 127 ff., S. 752 ff.

[136] Vgl. Art. 15 der Großherzoglichen VO v. 1974.

Art. 13 enthält Sanktionen, die jedoch nur bei Verstößen gegen rechtskräftige Entscheidungen oder im Wiederholungsfalle bei einem Wettbewerbsverstoß gleicher Art ausgesprochen werden können (vgl. Art. 13 II). Ein Sonderschutz für Herkunftsangaben und Ursprungsbezeichnungen als solche ist dem luxemburgischen Recht unbekannt.

2. Sonderschutz für geographische Weinbezeichnungen

Art. 6 des luxemburgischen Weingesetzes von 1909 verbietet den Gebrauch geographischer Bezeichnungen bei Wein zu anderen Zwecken als der Bezeichnung der Herkunft. Damit ist eine Umwandlung in eine Gattungsbezeichnung sowie die Verwendung entlokalisierender Zusätze verboten[137].

Als traditionelle Bezeichnung für Qualitätsweine bestimmter Anbaugebiete im Sinne von VO 817/70 (EWG) wurde die „Marque nationale“ bei Wein anerkannt. Der diesbezügliche Erlaß von 1935 und seine Änderungen wurden durch die Regierungsverordnung vom 15. Oktober 1971 abgelöst[138]. Dieses Gütezeichen kann luxemburgischen Qualitätsweinen bestimmter Anbaugebiete verliehen werden, wenn sie die vorgeschriebene Qualitätsprüfung bestehen. Dieses Gütesiegel wird nur Weinen mit geographischer Herkunftsangabe verliehen. Hierdurch entstehen jedoch keine Ursprungsbezeichnungen, da eine Trennung zwischen Herkunft und Qualität bestehen bleibt.

IX. Die Rechtslage in den Niederlanden

1. Schutz gegen irreführende Bezeichnungen

In den Niederlanden wird nicht deutlich zwischen Herkunftsangaben und Ursprungsbezeichnungen unterschieden. Für beide Begriffe wird der Ausdruck „herkomstaanduiding“ verwendet[139].

Ein Schutz ist möglich nach allgemeinem Deliktsrecht der Art. 1401 ff. Burgerlijk Wetboek[140] sowie nach allgemeinen Strafvorschriften zum Schutz gegen Irreführung[141]. Es gibt jedoch wenige Fälle, in denen ein

---

137 Zu weiteren Einzelheiten vgl. Wille, S. 95 f.; Ulmer / Wunderlich, RuW II 1, Nr. 132, S. 755 f.

138 Vgl. Art. 20 Règlement du Gouvernement en Conseil du 15 octobre 1971 portant création d'une marque nationale du vin, Mémorial A No 78 v. 22. 11. 1971, S. 2042.

139 Vgl. Ulmer / Baeumer, RuW II 2, Nr. 437, S. 268; Auby / Plaisant, Nr. 439, S. 218.

140 Zum Text vgl. Ulmer / Baeumer, RuW II 2, S. 408 ff.

141 Vgl. dazu Ulmer / Baeumer, RuW II 2, Nr. 442, S. 272.

Schutz von Herkunftsangaben durch die Rechtsprechung nach diesen Vorschriften gewährt wurde.

Der holländische Richter ist eher geneigt, eine Gattungsbezeichnung anzunehmen[142] oder eine Phantasiebezeichnung geographischen Inhalts für zulässig zu halten[143]. Dies erklärt sich aus dem in Holland noch heute vorherrschenden Wirtschaftsliberalismus, der auf die Selbstordnungskräfte der Wirtschaft vertraut und im Schutz von Handelsbezeichnungen für ganz bestimmte Erzeugnisse einen unnötigen oder schädlichen Protektionismus sieht.

Man kann daher auch nicht von einem umfassenden Schutz von Herkunftsangaben und Ursprungsbezeichnungen ausgehen, obwohl die Rechtsprechung bestimmte geographische Bezeichnungen geschützt hat[144].

2. Schutz für geographische Weinbezeichnungen

Da die Niederlande über keine eigene Weinerzeugung verfügen, besteht lediglich ein Sonderschutz für einige ausländische Ursprungsbezeichnungen bei Wein und einigen Spirituosen. Grundlage des Sonderschutzes, der neben Spirituosen wie Porto, Samos, Madeira, Cognac, Armagnac, Calvados zahlreiche französische A.O.C.-Weine umfaßt[145], ist Art. 1 bis Wijnbesluit[146]. Aufgrund dieser Vorschrift ist für die Einfuhr von Weinen und Spirituosen mit den genannten Bezeichnungen ein Ursprungszeugnis erforderlich, das das Recht zur Bezeichnungsführung bestätigt. Ferner ist die Einfuhr von Erzeugnissen mit ähnlichen Bezeichnungen verboten. Insgesamt erscheint dieser Schutz jedoch als sehr gering, was sich aus der liberalen Grundhaltung der Wirtschaftsverfassung der Niederlande erklärt[147]. Da inzwischen für Weine ein gemeinschaftsrechtliches Begleitdokument existiert[148], kann für Weine ein nationales Ursprungszeugnis nicht mehr verlangt werden.

---

142 Vgl. Ulmer / Baeumer, RuW II 2, Nr. 452 ff., S. 278 ff.; Auby / Plaisant, Nr. 439, S. 218.

143 Vgl. Ulmer / Baeumer, RuW II 2, Nr. 449 ff., S. 276 ff.

144 Vgl. z. B. Nederlandse Jurisprudentie 1976, 1083 f., Nr. 365 — „echte Duitse Weinbrand". Die Entscheidung wurde auf Art. 1401 B.W. gestützt.

145 Vgl. Schuurman & Jordens (Hrsg.) Warenwet 1977, Anhang S. 687 ff., der alle geschützten Bezeichnungen aufführt.

146 Schuurman & Jordens, S. 678 (679 f); zum deutschen Text vgl. Ulmer / Baeumer, RuW II 2, Nr. 444, S. 273.

147 Vgl. den Bericht der EG-Kommission über das niederländische Wirtschaftsrecht, S. 13.

148 Vgl. Art. 53 VO 337/79.

X. Vergleichende Betrachtung

Der Überblick über die Rechtslage in den Mitgliedsstaaten beim Schutz von Herkunftsangaben und Ursprungsbezeichnungen, hat zumindest gezeigt, daß sich innerhalb der Europäischen Gemeinschaft zwei Betrachtungsweisen gegenüberstehen, die trotz mehrerer neuer oder geänderten Gesetze keine wesentliche Annäherung erfahren haben.

Es gibt Länder mit einem Sonderschutz für Ursprungsbezeichnungen (Frankreich, Italien, Belgien). Diese sind dort gegen die häufigsten Mißbrauchsfälle weitgehend geschützt. Zusätze aller Art sind verboten, eine Umwandlung in Gattungsbezeichnungen ist ausgeschlossen. Eine besondere Qualitätskontrolle sichert das Renommee der meisten Ursprungsbezeichnungen. Einschränkungen ergeben sich für Italien, da ein Schutz für Ursprungsbezeichnungen nur sektoriell, speziell bei Wein vorhanden ist. Für Belgien bleibt festzuhalten, daß aufgrund des Gesetzes von 1971 über die Handelspraktiken bisher nur eine Ursprungsbezeichnung anerkannt wurde. Bedeutung hat daher der Schutz von Ursprungsbezeichnungen nur in Frankreich und Italien erlangt, und zwar im landwirtschaftlichen Bereich, speziell bei Wein und in Frankreich für berühmte Spirituosen wie Cognac[149], Armagnac und Calvados.

Ein Schutz geographischer Herkunftsangaben ist in allen Ländern der Europäischen Gemeinschaft möglich. Sondergesetze sind selten und haben im übrigen keinen anderen Inhalt als einen Irreführungsschutz nach allgemeinen Grundsätzen des unlauteren Wettbewerbs durch die Rechtsprechung.

Wie ausgeprägt dieser Irreführungsschutz gehandhabt wird, wird in allen Mitgliedsstaaten entscheidend durch die Rechtsprechung bestimmt. Für Wein spielt er in Italien und Frankreich wegen des vorhandenen Schutzes der Ursprungsbezeichnungen praktisch keine Rolle.

In den nichtweinproduzierenden Ländern kann dieser Schutz in der Regel nur zwischen importierten Konkurrenzerzeugnissen Bedeutung erlangen. Für die Britischen Inseln hat diese Frage wohl aus wirtschaftlichen Gründen bisher nur in Großbritannien Bedeutung erlangt und zu einem Schutz von Herkunftsangaben bzw. Ursprungsbezeichnungen durch die „passing-off“-Klage geführt.

Dänemark hat in den letzten Jahren seine Gesetzgebung sehr verbraucherfreundlich ausgestaltet und möglicherweise durch die Institution des Ombudsmans eine umfangreiche Urteilspraxis überflüssig gemacht.

---

[149] Vgl. die ausführliche Untersuchung von Auby / Plaisant, bes. Nr. 692 ff., S. 349 ff.

Die Niederlande haben die liberalste Gesetzgebung und bieten daher geographischen Bezeichnungen den geringsten Schutz, zumal ihre berühmtesten geographischen Bezeichnungen (z. B. Genever, Gouda, Edam) im eigenen Land als Gattungsbezeichnungen betrachtet werden, so daß ein wirtschaftliches Schutzinteresse fehlt.

Luxemburg verfügt über ein eigenes Weinbaugebiet, hat jedoch eher das deutsche als das französische Rechtssystem angenommen. Es kennt nur Herkunftsangaben und schützt diese nach den Grundsätzen des unlauteren Wettbewerbs.

Infolge einer umfangreichen Rechtsprechung verfügt Deutschland über eine vielfältige Kasuistik, die sich vom bloßen Irreführungsschutz weit entfernt hat, da sie Zusätze weitgehend unterbindet und an die Umwandlung einer geographischen Bezeichnung in eine Gattungsbezeichnung strenge Anforderungen stellt.

Alle Weinbauländer verfügen über einen zusätzlichen Schutz ihrer geographischen Weinbezeichnungen in den jeweiligen Weingesetzen. Inwieweit dieser Schutz nach Erlaß der EG-Weinverordnungen noch dem nationalen Gesetzgeber obliegt, wird noch zu erörtern sein.

Zu dem zusätzlichen Schutz, der sich aus internationalen Abkommen ergeben kann und zur Frage von deren Vereinbarkeit mit dem Gemeinschaftsrecht wird auf die Erörterungen in Teil II dieser Arbeit verwiesen.

Abschließend läßt sich feststellen, daß eine Annäherung der Begriffe Ursprungsbezeichnung und Herkunftsangabe nicht stattgefunden hat, und wegen der praktisch auf landwirtschaftliche Erzeugnisse begrenzten Verwendungsmöglichkeit auch nicht eintreten konnte.

Dem Vorschlag Ulmers, ein europäisches Sonderschutzabkommen zwischen den Mitgliedsstaaten der Europäischen Gemeinschaft zu schließen, wurde nicht gefolgt. Stattdessen wurde die Einzellösung auf dem Weinsektor angestrebt, was in Anbetracht des Übergewichts von Agrarrechtsnormen in der Rechtssetzung der Gemeinschaft nicht verwundert, aber die einheitliche Rechtsentwicklung des Rechts des unlauteren Wettbewerbs in der Europäischen Gemeinschaft erschwert.

4. Kapitel

Gemeinschaftsrecht und nationales Recht

Die Existenz einer eigenständigen Rechtsordnung der Europäischen Gemeinschaften führt zu der Frage der Vereinbarkeit von nationalem Recht und Gemeinschaftsrecht. Der Europäische Gerichtshof vertritt in ständiger Rechtsprechung den Grundsatz des Vorrangs des Gemeinschaftsrechts[1], den er dem EWG-Vertrag insgesamt entnimmt, unter Berufung auf Art. 189 II EWGV, der die unmittelbare Anwendbarkeit von Verordnungen der Gemeinschaft bestimmt. Auch die Lehre hat diesen Grundsatz anerkannt[2]. Gewisse Einschränkungen werden besonders in der nationalen Rechtsprechung bei Normen des Verfassungsrechts, insbesondere der Grundrechte, geltend gemacht[3].

Der Grundsatz des Vorrangs des Gemeinschaftsrechts bedeutet, daß verbindliche Rechtsakte der Europäischen Gemeinschaft (d. h. im Rahmen des EWG-Vertrages Verordnungen, Richtlinien und Entscheidungen), dem jeweiligen nationalen Recht vorgehen. Da die Gemeinschaft aufgrund des EWG-Vertrages in Beachtung der nationalen Souveränität der Mitgliedsstaaten nicht berechtigt ist, nationales Recht außer Kraft zu setzen bzw. abzuändern, führt eine Kollision nicht zur Nichtigkeit des nationalen Rechts, sondern zu dessen Unanwendbarkeit im konkreten Fall. Die Mitgliedsstaaten sind jedoch verpflichtet, die unanwendbaren Normen aufzuheben. Hierfür ist die Gemeinschaft nicht zuständig[4]. Dieses Zusammenspiel kennzeichnet den Vorrang des Gemeinschaftsrechts im Gegensatz zur Durchbrechung von Landesrecht durch Bundesrecht, wie in Art. 31 GG bestimmt.

---

[1] Grundlegend EuGH, Urteil v. 15. 7. 1964 — Costa ./. ENEL, Slg. Bd. X, 1251; aus jüngster Zeit vgl. z. B. Rs 106/77, Urteil v. 9. 3. 1978, Slg. 1978, 644, Rz. 17/18.

[2] Vgl. z. B. Ipsen, Anm. 10/55 ff., S. 287 ff.; Bleckmann, S. 177; Groeben / Boeckh, Art. 189, Anm. II 4, S. 332 ff.; Boulouis, S. 146 ff.

[3] Vgl. BVerfG 37, 271; Ital. VerfGH, Urteil v. 27. 12. 1973, C.D.E. 1975, 114 = EuR 1974, 255.

[4] Vgl. z. B. Bleckmann, S. 179.

I. Gesetze der Mitgliedsstaaten zum Schutz von Ursprungsbezeichnungen

Nationale Gesetze, die das Recht der Ursprungsbezeichnungen allgemein regeln, bleiben weiterhin anwendbar, da es bisher an einer gemeinschaftlichen Regelung fehlt[5]. Aus Art. 36 S. 2 EWGV ergeben sich jedoch Grenzen der nationalen Rechtssetzungsbefugnis. Willkürliche Maßnahmen sind danach zum Schutz von Ursprungsbezeichnungen verboten[6]. Nach dem „Sekt/Weinbrand"-Urteil des Europäischen Gerichtshofs vom 20. Februar 1975 wird man davon ausgehen müssen, daß *neue* Ursprungsbezeichnungen zwar geschaffen werden dürfen, nicht jedoch durch die Verwendung von Bezeichnungen, die bisher als Gattungsbezeichnungen benutzt wurden. Dies wurde nur für die Pseudo-Herkunftsangaben „Sekt" und „Weinbrand" entschieden[7], muß aber um so mehr für Ursprungsbezeichnungen gelten, da einem allgemeinen Gattungsbegriff keine für alle Erzeugnisse der Gattung gültige besondere Qualität zuerkannt werden kann. Dies schließt die besondere Qualität einzelner Erzeugnisse der Gattung nicht aus, rechtfertigt aber nicht den Schutz der Bezeichnung. Diese Beurteilung stimmt mit der Rechtslage in Frankreich überein, das auf diesem Gebiet die Rechtsentwicklung intensiv gefördert hat.

II. Schutz von Herkunftsangaben durch das Recht der Mitgliedsstaaten

Da der Schutz von Herkunftsangaben nach allgemeinen Irreführungsgrundsätzen im nationalen Recht gewährleistet wird und die Gemeinschaft das Gebiet des unlauteren Wettbewerbs bisher nicht geregelt hat[8], besteht auch insoweit keine Einschränkung bei der Anwendung nationalen Rechts. Zum Schutz von Herkunftsangaben ergibt sich die unter I genannte Einschränkung aus Art. 30 ff. EWGV. Demnach können *neue* Herkunftsangaben nicht durch Umwandlung einer Gattungsbezeichnung entstehen[9]. Damit ist nicht geklärt, unter welchen Voraussetzungen Herkunftsangaben zu Gattungsbezeichnungen werden können oder ob eine Rückumwandlung einer Gattungsbezeichnung in eine Herkunftsangabe möglich ist. Beide Sachverhalte hatte der Europäische Gerichtshof nicht zu entscheiden.

---

5 Vgl. EuGH 1974, 853, Rz. 6.

6 Vgl. EuGH 1974, 853, Rz. 7/9.

7 Vgl. EuGH 1975, 195, Rz. 8.

8 Vgl. die Ansätze hierzu im Entwurf einer Richtlinie der Kommission gegen die unlautere Werbung, GRUR Int. 1978, 246.

9 Vgl. EuGH 1975, 195.

III. Spezialgesetze für Wein

Durch die VO 816/70 (vgl. Art. 30), VO 817/70, 2133/74 und 1608/76 ist das Weinrecht der Europäischen Gemeinschaft umfassend geregelt worden, insbesondere auch das Recht der geographischen Weinbezeichnungen. Seit dem 1. April 1979 sind die Verordnungen des Rates in kodifizierter Form in Kraft[10]. Auf diesem Gebiet entfaltet der Grundsatz des Vorrangs des Gemeinschaftsrechts seine volle Wirkung. Nationale geographische Weinbezeichnungsvorschriften sind daher nicht mehr anwendbar[11], sofern sie nicht infolge einer Übergangsregelung, die in den EG-Verordnungen enthalten sein muß, befristet weitergelten. Im übrigen können einzelne nationale Vorschriften nur fortgelten, wenn man sie als Ausführungsvorschriften ansehen kann, sofern die jeweilige EG-Verordnung die Mitgliedsstaaten zum Erlaß solcher Vorschriften ausdrücklich ermächtigt hat.

Soweit die allgemeine Gesetzgebung zum Schutz von Ursprungsbezeichnungen und Herkunftsangaben auf geographische Weinbezeichnungen in der Weise einwirkt, daß ein Konflikt mit den Weinvorschriften der Europäischen Gemeinschaft entsteht, ist das nationale Recht im konkreten Fall unanwendbar. Dies ist insbesondere bei der Regelung der bestimmten Anbaugebiete denkbar. Im übrigen sind die Mitgliedsstaaten gemäß Art. 13 I VO 817/70 (= Art. 17 I VO 338/79) verpflichtet, die bestehende Gesetzgebung zum Schutze der Namen der bestimmten Anbaugebiete auf alle EG-Weine, die nach der Qualitätsweinverordnung hierzu berechtigt sind, anzuwenden. Dasselbe gilt für die Bezeichnung von Weinbaugebieten für EG-Tafelweine aufgrund von Art. 30 III a VO 816/70 (= Art. 54 IV VO 337/79), der inhaltlich mit Art. 13 I VO 817/70 (= Art. 17 I VO 338/79) übereinstimmt.

---

10 Abl. L 54/1 v. 5. März 1979.

11 Vgl. z. B. BGH NJW 1977, 1600 für § 46 WeinG im Verhältnis zu Art. 43 VO 2133/74.

5. Kapitel

Die Einführung gemeinschaftsrechtlicher Sanktionen im Weinrecht der Europäischen Gemeinschaften

I. Die Kompetenzen der Europäischen Gemeinschaft zum Erlaß von Sanktionen

1. Regelungsbedürftigkeit der Rechtsmaterie

Obwohl in allen Mitgliedsstaaten Möglichkeiten bestehen, den Schutz geographischer Bezeichnungen[1] nach den allgemeinen Gesetzen zu gewährleisten, erscheint dies auf dem unübersichtlichen Spezialgebiet des europäischen Weinrechts nicht ausreichend, da die Interessen der Mitgliedstaaten am Schutz von Weinbezeichnungen sogar zwischen den Erzeugerstaaten sehr unterschiedlich sind.

Im deutschen und europäischen Weinrecht ist daher die Frage öffentlich-rechtlicher Sanktionen[2], seien sie strafrechtlichen oder verwaltungsrechtlichen[3] Charakters[4], von besonderer Bedeutung, da die behördlichen Kontrollen[5] Voraussetzung eines effizienten Schutzes sind und ohne Sanktionen ein Schutz der Weinbezeichnungen in Anbetracht der Vielfalt der Lagen, Gemeinden, Bereiche, Anbaugebiete nicht gewährleistet werden kann.

Wie aufzuzeigen versucht wurde[6], enthalten die Weinverordnungen der Europäischen Gemeinschaft einen umfassenden Schutz gegen Irreführung, soweit es sich um die tatbestandliche Festlegung handelt.

Gemäß Art. 30 III a VO 816/70 (= Art. 54 IV VO 337/79) und Art. 13 I VO 817/70 (= Art. I VO 338/79) sind die Mitgliedsstaaten zum Schutz geographischer Bezeichnungen bei bestimmten Tafelweinen und allen Qualitätsweinen bestimmter Anbaugebiete verpflichtet. Dieser Schutz

---

1 Zum EG-Weinrecht s. o. Teil I 2. Kapitel 4 f.

2 Zum Ermessen der Mitgliedstaaten beim Erlaß von Sanktionsvorschriften vgl. EuGH, Rs 50/76, Urteil v. 2. 2. 1977, S. 150, Rz. 32.

3 Zur Einordnung dieser Sanktionen vgl. Winkler, S. 77 f.

4 Zum Theorienstreit vgl. Winkler, S. 50 ff.

5 Zur Bedeutung dieses Begriffs im EG-Weinrecht s. o. Teil I 2. Kapitel I 4 f bb).

6 s. o. Teil I 2. Kapitel I 4 c - f.

wäre in Frage gestellt, wenn die Verletzung der Vorschriften des europäischen Weinrechts ohne Sanktionen bliebe.

Bei der Umsetzung des Gemeinschaftsrechts in nationales Recht besteht grundsätzlich die Gefahr, daß Tatbestände, die der Rat oder die Kommission festgelegt haben, im nationalen Recht zumindest zeitweilig sanktionslos bleiben und damit weitgehend wirkungslos sind[7]. Auch können vorhandene Sanktionen zwischen den Mitgliedsstaaten für denselben Sachverhalt sehr weit differieren. Diese Ungleichheiten stehen im Widerspruch zur Grundidee eines Gemeinsamen Marktes und der Gleichbehandlung und Nichtdiskriminierung aller EG-Bürger. Diese Tatsache macht sich um so stärker bemerkbar, als die Tatbestandsvoraussetzungen für die jeweiligen Verstöße in allen Ländern der Europäischen Gemeinschaft identisch sind[8]. Diese Ausführungen sind nicht als Hinweis auf Art. 7 I EWGV bzw. die Spezialvorschrift des Art. 43 III 2 EWGV zu verstehen, die eine Diskriminierung aufgrund der Staatsangehörigkeit bzw. zwischen Erzeugern oder Verbrauchern verbieten. Auch bei weiter Auslegung verbietet Art. 7 I EWGV nur die Diskriminierung innerhalb desselben Mitgliedsstaats und Art. 43 III 2 EWGV setzt eine Diskriminierung durch eine gemeinsame Marktorganisation voraus. Die möglichen Ungleichheiten zwischen nationalen Regelungen lassen sich nur im Wege der Rechtsangleichung lösen. Die Frage der Rechtsgrundlage einer solchen Anpassung soll an dieser Stelle noch nicht entschieden werden.

Eine mögliche Ungleichbehandlung ließe sich vermeiden, wenn die Gemeinschaft zum Erlaß eigener Sanktionen befugt wäre bzw. es sich erreichen ließe, daß in allen Mitgliedstaaten vergleichbare Sachverhalte auch durch gleichartige Sanktionen geahndet würden.

Ob die Gemeinschaft zum Erlaß von Sanktionen befugt ist und in welchen Grenzen, ist ein Problem von allgemeiner Tragweite[9], das sich auf dem Gebiet des europäischen Weinrechts mit besonderer Schärfe stellt, da durch die erlassenen Verordnungen ein umfassendes Bezeichnungsrecht geschaffen wurde, dessen Einhaltung der Überwachung durch die nationalen Behörden bedarf und ohne entsprechende Sanktionen völlig wirkungslos bliebe[10].

---

[7] Vgl. für Frankreich Bigay, RTDE 1972, 727; für Deutschland BGH NJW 1977, 1600.

[8] Vgl. Bigay, RTDE 1972, 733.

[9] Vgl. dazu Johannes, S. 66 ff.; Winkler, S. 80 ff.; Précigout, R.M.C. 1962, 142; Bigay, RTDE 1971, 53 u. 1972, 725; Groeben, I A 63, Art. 172 EWGV Anm. I, II; Wohlfahrt, Art. 172 EWGV, Anm. 2 f.

[10] Zu den Verpflichtungen der nationalen Instanzen aus Art. 13 VO 817/70 vgl. Auby / Plaisant, Nr. 551, S. 280.

Im Hinblick darauf, daß nur vier von neun Mitgliedsstaaten (Frankreich, Italien, Deutschland, Luxemburg) Erzeugerstaaten sind, bestehen in diesem Bereich sehr unterschiedliche Vorstellungen über die Notwendigkeit eines einheitlichen und starken Schutzes. Eine Regelung durch die Gemeinschaft erscheint daher wünschenswert. Es ist jedoch umstritten, ob und inwieweit der Gemeinschaft Sanktionsbefugnisse zustehen[11].

2. In den Verträgen ausdrücklich eingeräumte Sanktionsbefugnisse

a) Europäische Gemeinschaft für Kohle und Stahl

Der EGKS-Vertrag enthält mehrere Vorschriften, deren Verletzung finanzielle Sanktionen für die beteiligten Unternehmen der Kohle- und Stahlindustrie nach sich ziehen kann.

So besteht die Möglichkeit, bei Verletzung der Auskunftspflichten des Art. 47 EGKSV Geldbußen und Zwangsgelder zu verhängen, und zwar seit der Fusion der Gemeinschaftsorgane durch die Kommission der Europäischen Gemeinschaften (vgl. Art. 47 III EGKSV, der noch die Hohe Behörde erwähnt).

Verstöße gegen das Verbot, Mittel der Europäischen Gemeinschaft für Kohle und Stahl für bestimmte Investitionsprogramme zu verwenden, werden gleichfalls mit Geldbußen geahndet (vgl. Art. 54 V, VI EGKSV).

Auch bei Nichtbeachtung bestimmter Produktionsquoten nach Art. 58 EGKSV sind Geldbußen möglich (vgl. Art. 58 § 4 EGKSV).

Ferner können Geldbußen festgesetzt werden, wenn Unternehmen sich Entscheidungen der Kommission zur Verteilung der Kohle- und Stahlerzeugung auf bestimmte Industrien im Falle einer Mangellage widersetzen (vgl. Art. 59 § 7 EGKSV). Verstöße gegen die Preisbestimmungen der Art. 60 - 63 können ebenfalls Geldbußen nach sich ziehen (vgl. Art. 64 EGKSV).

Die bedeutendsten Sanktionskompetenzen der Kommission finden sich in den wettbewerbsrechtlichen Bestimmungen des EGKSV-Vertrages. Art. 65 § 5 gestattet Geldbußen und Zwangsgelder bei Kartellverstößen, Art. 66 § 5 betrifft Zusammenschlüsse von Unternehmen. Art. 66 § 6 regelt die Höhe der Geldbußen bei Verstößen gegen die letztgenannte Vorschrift.

---

[11] Bejahend Wohlfahrt, Art. 172 EWGV, Anm. 2 f.; Winkler, S. 23 f.; Johannes, S. 105 ff.; Groeben, I A 63, Art. 172 EWGV, Anm. 2; mit Einschränkungen Bigay, RTDE 1972, 732 ff.; ablehnend Précigout, R.M.C. 1962, 144 f.

b) Europäische Atomgemeinschaft

Der Euratom-Vertrag kennt mit Art. 83 EAGV nur eine Vorschrift über Zwangsmaßnahmen bei Verletzung der Vorschriften über die Sicherheitsbestimmungen beim Umgang mit spaltbaren Stoffen (vgl. Art. 77 ff. EAGV). Die dort genannten Maßnahmen (Verwarnung, Entzug besonderer Vorteile usw.) rechtfertigen sich aus der Besonderheit der geregelten Materie. Finanzielle Sanktionen wie z. B. Geldbußen sind in Art. 83 EAGV nicht vorgesehen.

c) Europäische Wirtschaftsgemeinschaft

Der EWG-Vertrag enthält in Art. 87 I, II a eine ausdrückliche Ermächtigung an den Rat, Vorschriften bezüglich Geldbußen und Zwangsgeldern bei Verstößen gegen Art. 85 und 86 EWGV zu erlassen.

Art. 85 EWGV betrifft wettbewerbsbeschränkende Maßnahmen, Art. 86 den Mißbrauch einer marktbeherrschenden Stellung durch Unternehmen. Von dieser Ermächtigung hat der Rat durch Erlaß der Verordnung Nr. 17 vom 6. Februar 1962[12] Gebrauch gemacht. Art. 15 Nr. 2 a und 16 Nr. 1 a VO Nr. 17 gestatten die Erhebung von Geldbußen und Zwangsgeldern durch die Kommission bei Verstößen gegen Art. 85, 86 EWGV[13]. Sonstige ausdrückliche Ermächtigungen zum Erlaß von Sanktionen sind im EWG-Vertrag nicht enthalten.

d) Auslegung der ausdrücklichen Sanktionsvorschriften der Verträge

Im Hinblick darauf, daß die Existenz der Kompetenzen der Gemeinschaften bei fehlenden Sanktionen ohne jeglichen „effet utile" bliebe, könnte man erwägen, die genannten Vorschriften weit auszulegen bzw. im Wege der analogen Anwendung auf andere Bereiche der Verträge auszudehnen. Dies würde jedoch verkennen, daß die angeführten Vorschriften ausschließlich Sonderfälle betreffen, wie z. B. das Wettbewerbsrecht, eine Rechtsmaterie, in der Entscheidungen der Europäischen Gemeinschaft natürliche oder juristische Personen eines Mitgliedstaates unmittelbar betreffen, während die allgemeinen Vorschriften der Verträge in der Regel nur die Mitgliedsstaaten direkt verpflichten. In diesen Fällen besteht jedoch die Möglichkeit eines Vertragsverletzungsverfahrens (vgl. Art. 88 EGKSV, 141 EAGV, 169 EWGV). Sanktionen anderer Art sind gegenüber vertraglich verbundenen Völkerrechtsubjekten nicht angemessen. Es handelt sich daher um Aus-

---

[12] Abl. v. 21. 2. 1962, S. 204; Text bei Mestmäcker, Europäisches Wettbewerbsrecht, München 1974, S. 707 ff. (716 f.).

[13] Zu den Einzelheiten vgl. Winkler, S. 16 ff.; Mestmäcker, S. 532 ff.

nahmevorschriften, die nach allgemeinen Auslegungsgrundsätzen, die auch im Gemeinschaftsrecht anerkannt sind[14], eng ausgelegt werden. Als solche sind sie a fortiori nicht analogiefähig, was auch im Widerspruch zum Prinzip der Begrenzung der Gemeinschaftskompetenzen nach dem Enumerationsprinzip stünde (vgl. Art. 3 EGKSV, Art. 2 EAGV, Art. 3 EWGV). Es bleibt daher als vorläufiges Ergebnis festzuhalten, daß aus den genannten Vorschriften keine allgemeine Befugnis der Gemeinschaft zum Erlaß von Sanktionen hergeleitet werden kann.

3. Vertragsimmanente Sanktionsbefugnisse

Die Interpretation der Verträge beschränkt sich nicht auf die Auslegung von Einzelvorschriften. Im Hinblick darauf, daß die Verträge komplexe wirtschaftliche Sachverhalte umfassend zwischen den Mitgliedsstaaten regeln, muß auch ihre Auslegung sich am Gesamterscheinungsbild und dem Ineinandergreifen der Vertragsvorschriften orientieren[15], da die Verträge sonst ohne „effet utile" blieben, ein Grundprinzip der Auslegung des Gemeinschaftsrechts[16]. Hierzu ist zunächst der Regelungsumfang der Verträge zu bestimmen:

a) Europäische Gemeinschaft für Kohle und Stahl

Aus Art. 1 - 3 EGKSV i. V. m. Anlage 1 des Vertrages ergibt sich, daß die Mitgliedsstaaten eine umfassende Regelung hinsichtlich einer Vielzahl von Kohle- und Stahlarten getroffen haben mit dem Ziel, einen Gemeinsamen Markt zu errichten. Es handelt sich dabei um eine auf bestimmte Produkte begrenzte Gemeinschaft, zu deren Errichtung den Organen der Gemeinschaft, die in Art. 3 EGKSV aufgezählten Befugnisse zuerkannt worden sind. Hiervon ausgehend enthält der Vertrag einzelne an Personen und Unternehmen in den Mitgliedsstaaten gerichtete Vorschriften, die durch Sanktionen besonders geschützt sind.

b) Europäische Atomgemeinschaft

Aus Art. 1 - 2 EAGV ergibt sich ähnlich wie beim EGKS-Vertrag die sachlich auf die Kernenergie begrenzte, auf diesem Gebiet aber umfassende Aufgabenstellung für die Gemeinschaft, Kennzeichnend ist gleichfalls die genaue Aufgabenzuweisung an die Organe (vgl. Art. 2 i. V. m. Art. 2 I EAGV). Die einzige im Vertrag vorgesehene Sanktionsregelung gegenüber Personen und Unternehmen (Art. 83 EAGV) be-

---

[14] Vgl. z. B. EuGH, Rs 46/47, Urteil v. 25. 1. 1977, Slg. 1977, S. 15, Rz. 12/15.

[15] Vgl. EuGH Slg. 1971, 274, Rz. 15/19; Gutachten 1/75 Slg. 1975, 1360; Slg. 1976, 1309 f., Rz. 16/20.

[16] Vgl. z. B. EuGH Slg. 1978, 644, Rz. 17/18; Bleckmann, S. 106; Boulouis, S. 107.

trifft die Verletzung spezifischer Sicherheitsvorschriften, die im Zusammenhang mit der Gefährdung durch Kernenergie von besonderer Bedeutung sind.

c) *Europäische Wirtschaftsgemeinschaft*

In Art. 1 - 3 EWG-Vertrag werden die Aufgaben und Befugnisse der Europäischen Wirtschaftsgemeinschaft umrissen. Äußerlich und nach dem Wortlaut ähneln diese Vorschriften denjenigen der anderen Verträge. Auch in diesem Fall sind die Befugnisse der Gemeinschaft auf die in Art. 3 genannten Tätigkeiten beschränkt. Andererseits werden in diesem Vertrag keine Regeln für einzelne Erzeugnisse aufgestellt, sondern die Wirtschaftsbeziehungen zwischen den Mitgliedsstaaten auf eine neue und einzigartige Weise geregelt. Der in Anwendung dieser Regeln geschaffene Gemeinsame Markt ist nicht auf Produkte begrenzt, sondern gilt umfassend, soweit nicht ausnahmsweise die anderen Verträge maßgeblich sind (vgl. Art. 232 EWGV).

d) *Auslegung der Verträge*

Aufgrund der ermittelten Parallelen und Unterschiede zwischen den Verträgen, ist zu fragen, ob sie jeweils ohne „effet utile" blieben, wenn die Europäische Gemeinschaft sich auf die in den jeweiligen Verträgen ausdrücklich zuerkannten Sanktionskompetenzen beschränken muß. Dabei ist zu berücksichtigen, daß eine erweiternde Auslegung der Verträge im Hinblick auf die begrenzte Kompetenzübertragung durch die Mitgliedstaaten nur möglich ist, wenn dies in den Verträgen in irgendeiner Form Ausdruck gefunden hat. Hierbei können auch Verfahrensvorschriften herangezogen werden[17].

aa) Europäische Gemeinschaft für Kohle und Stahl

Aus dem unter I 2 a zum Regelungsumfang des EGKS-Vertrages Gesagten ergibt sich, daß die Aufgabe der Errichtung eines Gemeinsamen Marktes für Kohle und Stahl auf diese Produkte begrenzt ist (vgl. Art. 1 EGKSV).

Diese produktbezogene Aufgabenstellung bedingt eine hierzu parallele Kompetenzübertragung durch die Mitgliedsstaaten (vgl. Art. 2, 3 EGKSV), deren Grenzen sich aus der Natur der geregelten Materie ergeben und im Wege des Enumerationsprinzips durch die Mitgliedsstaaten festgelegt worden sind.

Zur Erfüllung dieser Aufgaben sieht der Vertrag *gewisse* Sanktionsbefugnisse gegenüber Unternehmen vor. Eine *umfassende* Kompetenz

---

[17] Vgl. EuGH, Slg. 1975, 1360.

zum Erlaß von Sanktionen läßt sich auch aus der Gesamtheit der vertraglichen Regelungen nicht herleiten. Für eine Auslegung ist kein Raum, da es sich um eine genau abgegrenzte Materie handelt. Dieses Ergebnis wird durch die Verfahrensvorschrift des Art. 36 II EGKSV bestätigt, in der die Nachprüfung der „nach *diesem Vertrag vorgesehenen* finanziellen Sanktionen oder Zwangsgelder" durch den Europäischen Gerichtshof vorgesehen ist.

Die Einführung von Sanktionen im Verordnungswege ist danach nicht möglich. Die Kompetenzen zum Erlaß von Sanktionen sind daher in den Spezialvorschriften des EGKS-Vertrages abschließend geregelt. Eine andere Auslegung würde den Verzicht von Souveränitätsrechten der Mitgliedstaaten bedeuten, da Sanktionen Ausdruck hoheitlichen Handelns sind. Eine derart weitreichende Konsequenz läßt sich nur rechtfertigen, wenn sie in dem Vertrag hinreichend Ausdruck gefunden hat.

bb) Europäische Atomgemeinschaft

Art. 1 EAGV macht deutlich, daß dieser Vertrag auf einen Industriezweig, nämlich die Kernergiewirtschaft ausgerichtet ist. Daraus ergibt sich, daß die Aufgabenstellung auch bei diesem Vertrag auf einen Produktbereich, die radioaktiven Stoffe, begrenzt ist. Das Gegenstück hierzu sind die aufgrund des Art. 2 EAGV[18] in diesem Vertrag aufgezählten Kompetenzen der Gemeinschaft, die gleichfalls produktbezogen sind.

Die einzige Sanktionsvorschrift des Vertrages enthält aufgrund der Besonderheiten der geregelten Materie andere Zwangsmaßnahmen als Geldbußen und Zwangsgelder (vgl. Art. 83 EAGV). Diese Vorschrift ist nicht verallgemeinerungsfähig. Aus der Gesamtheit der Vertragsvorschriften folgt kein anderes Ergebnis, da es sich um ein sachlich eng umgrenztes Gebiet handelt, auf dem die Gemeinschaft tätig wird. Diese Auslegung wird von Art. 144 EAGV unterstützt, der dem Gerichtshof die Änderung oder den Ausspruch von Zwangsmaßnahmen nur in den Fällen der Art. 12 und 83 EAGV gestattet. Andere Zwangsmaßnahmen sind somit nicht zulässig.

cc) Europäische Wirtschaftsgemeinschaft

Der EWG-Vertrag ist seit seinem Inkrafttreten der bedeutendste der drei Verträge. Dies ergibt sich bereits aus der wesentlich weiter gefaßten Aufgabenstellung (vgl. Art. 1, 2 EWGV), eine alle Wirtschaftszweige umfassende Gemeinschaft zu schaffen. Der Vertrag erstreckt sich nicht nur auf die gewerbliche Wirtschaft, sondern auch auf die Landwirt-

---

[18] Vgl. zu dieser Vorschrift auch EuGH Beschluß 1/78 v. 14. 11. 1978, Slg. 1978, 2151 ff., Rz. 12.

schaft, die seither die Gemeinschaft in besonderem Maße beschäftigt und finanziell belastet hat.

Diese auf wirtschaftliche Aufgaben begrenzte, aber innerhalb dieses Bereichs umfassende Tätigkeit der Gemeinschaft ist daher nicht auf einzelne Produkte beschränkt. Vielmehr gestatten die zahlreichen Politiken der Gemeinschaft die schrittweise Einbeziehung der verschiedenen Wirtschaftszweige.

Die Kompetenzen der Gemeinschaft sind jedoch nicht umfassend, sondern in Art. 3 EWGV einzeln aufgeführt. Betrachtet man die ihr zugewiesenen Tätigkeitsbereiche als Ganzes, ergibt sich eine umfassende Regelung von Wirtschaftsbeziehungen, deren Entwicklung bei Errichtung der Gemeinschaft für die vertragsschließenden Parteien unvorhersehbar gewesen sein dürfte. Der Vertrag konnte und kann hierfür nur ein Rahmen sein, innerhalb dessen ein kompliziertes Gefüge anderer gemeinschaftsrechtlicher Normen, des sogenannten sekundären Gemeinschaftsrechts, geschaffen werden mußte. Im Hinblick auf die weitreichende, nicht nur produktbezogene Aufgabenstellung, waren in weit höherem Maße als bei den anderen Verträgen Vorschriften erforderlich, die Auswirkungen auf die Rechte der Bürger und Unternehmen der Gemeinschaft zeigten.

Die Durchsetzung des Gemeinschaftsrechts erscheint ohne Sanktionen gefährdet, da die Beachtung dieser Vorschriften andernfalls nicht hinreichend gesichert erscheint. Grundsätzlich dürfte es aber ausreichen, wie es bisher der Regelfall war, daß die nationalen Gesetzgeber durch Erlaß von Ausführungsvorschriften zum jeweiligen Gemeinschaftsrecht nationale Sanktionsvorschriften erlassen. Dies scheint nicht auf allen Gebieten gleichermaßen der Fall zu sein, da die Interessenlage der einzelnen Mitgliedsstaaten bisweilen nicht mit derjenigen der Gemeinschaft übereinstimmt. Es könnten daher Lücken oder Ungleichbehandlungen bei Sanktionierung von Verstößen gegen das Gemeinschaftsrecht auftreten[19]. Bei einer derartigen Konstellation würde zur Erhaltung der Funktionsfähigkeit der Europäischen Wirtschaftsgemeinschaft eine eigene Kompetenz der Europäischen Gemeinschaft zum Erlaß einheitlicher Sanktionsvorschriften auf dem betreffenden Gebiet Bedeutung erlangen.

Diese Kompetenz ließe sich nicht auf Art. 87 EWGV stützen, da es sich hierbei, wie bereits dargelegt, um eine Ausnahmevorschrift handelt. Eine Betrachtung des Vertrages als Ganzem unter Berücksichtigung der umfassenden Rechtssetzungsbefugnis auf dem Gebiet des Wirtschaftsrechts könnte jedoch die Auslegung zulassen, daß auch die Möglichkeit, Sanktionen zu erlassen, hierin eingeschlossen ist.

[19] Vgl. Bigay, RTDE 1972, 727; Winkler, S. 13.

Dieser Gedanke hat auch im Vertrag Ausdruck gefunden. Die den Art. 36 EWKSV und 144 EAGV entsprechende Vorschrift des Art. 172 EWGV lautet:

> „Die vom Rat auf Grund dieses Vertrags erlassenen Verordungen können hinsichtlich der darin vorgesehenen Zwangsmaßnahmen dem Gerichtshof eine Zuständigkeit übertragen, welche die Befugnis zu unbeschränkter Ermessensnachprüfung und zur Änderung oder Verhängung solcher Maßnahmen umfaßt."

Diese Vorschrift ist, wie die bereits erwähnten, eine Verfahrensvorschrift. Sie erkennt der Gemeinschaft keine Kompetenz zu, sondern setzt sie voraus. Der Wortlaut enthält keine Beschränkung auf Bestimmungen des Vertrages, sondern verweist ausdrücklich auf Verordnungen, die aufgrund des EWG-Vertrages erlassen werden[20]. Auch läßt der Wortlaut keine Beschränkung auf Verordnungen bestimmter Sachgebiete erkennen[21].

Einschränkungen ergeben sich aus dem Wortlaut nur in zweierlei Hinsicht:

aa) Es kann sich nur um eine Verordnung handeln, Richtlinien können keine Sanktionen der Gemeinschaft vorsehen. Dies ist nur folgerichtig, da die Richtlinie den Mitgliedsstaaten nur das zu erreichende Ziel vorschreibt, die Wahl der Mittel und damit auch der evtl. Sanktionen jedoch freistellt. Da die Rechtsgrundlage für Zwangsmaßnahmen nur in Rechtsnormen enthalten sein kann, kommen Einzelakte wie Entscheidungen und Empfehlungen nicht in Betracht.

bb) Nach dem Wortlaut des Art. 172 EWGV kann nur der Rat eine Verordnung erlassen, die Sanktionen enthält. Diese Einschränkung erklärt sich daraus, daß die Rechtsgrundlage zum Erlaß von Sanktionen grundsätzlich der rechtssetzenden Gewalt vorbehalten bleibt. Nach der Konstruktion der Gemeinschaft ist dies der Ministerrat. Dieser kann jedoch seine Kompetenz auf die Kommission übertragen. Diese Einschränkung ist daher praktisch ohne Bedeutung.

---

20 Vgl. Wohlfahrt, Art. 172 EWGV, Anm. 2; Groeben, IA 63, Art. 172 EWGV, Anm. II 4 B; Johannes, S. 106 f.; Winkler, S. 23.

21 Bereits die VO Nr. 17 enthält Sanktionen für Verstöße, die nicht in Art. 87 II a EWGV ausgeführt sind. Die umfassende Regelungskompetenz folgt aus Art. 87 I EWGV, wonach der Rat zum Erlaß *„aller* zweckdienlichen Verordnungen oder Richtlinien" bezüglich Art. 85, 86 EWGV ermächtigt wird.

4. Kompetenzvorschriften zum Erlaß gemeinschaftsrechtlicher Sanktionen aufgrund des EWG-Vertrages

a) Rechtsgrundlage

Vertritt man die Auffassung, daß die Gemeinschaft zum Erlaß von Vorschriften über Sanktionen befugt ist, besagt dies nichts darüber, auf welche Norm des Vertrages diese Befugnis im Einzelfall zu stützen ist. Hierfür kommen alle Vorschriften des EWG-Vertrages in Betracht, die den Rat zum Erlaß von Verordnungen ermächtigen, soweit sie nicht den Inhalt der Verordnungen begrenzen. Insbesondere sind die Artikel des Vertrages heranzuziehen, die den Rat zum Erlaß von Verordnungen für alle zweckdienlichen bzw. erforderlichen Maßnahmen zur Ausführung bestimmter Vertragsbestimmungen ermächtigen (z. B. Art. 43 II 3, III i. V. m. 40 II, III EWGV), die unmittelbare Auswirkungen auf Personen und Unternehmen in der Gemeinschaft haben[22].

b) Inhalt der Gemeinschaftskompetenz

Der Begriff „Sanktionen" ist sehr allgemein. Er umfaßt kriminal- und verwaltungsstrafrechtliche Tatbestände, bei weiter Auslegung auch zivilrechtliche Maßnahmen. Die einschneidensten Sanktionen sind diejenigen des Strafrechts.

Nach dem Recht der Mitgliedsstaaten können Strafgesetze, zumindest soweit sie Freiheitsstrafen vorsehen, nur als förmliche Gesetze ergehen, d. h. sie müssen vom jeweiligen nationalen Parlament verabschiedet werden (vgl. z. B. Art. 104 I GG). Die Gemeinschaft verfügt zwar über eine Versammlung. Dieses europäische Parlament kann inzwischen auch unmittelbar von der EG-Bevölkerung gewählt werden. Es fehlen ihm jedoch, abgesehen vom Haushaltsrecht, gesetzgeberische Befugnisse. Diese werden vom Rat und der Kommission wahrgenommen.

Die Befugnis zum Erlaß von Sanktionen obliegt somit weiterhin dem Rat, der dieses Recht auf die Kommission übertragen kann.

Die Mitglieder beider Gemeinschaftsorgane werden nicht gewählt, sondern ernannt und gehören der Exekutive an. Es bestehen daher Bedenken, diesen Organen derart weitreichende Befugnisse zuzuerkennen. Dies würde einen gravierenden Verstoß gegen das Gewaltenteilungsprinzip unter Mißachtung der Kompetenzen der nationalen Parlamente bedeuten. Eine derart weitreichende Sanktionsbefugnis läßt sich daher auch nicht mit dem Hinweis auf eine ansonsten gefährdete Handlungsfähigkeit der Gemeinschaft rechtfertigen. Um diese wichtige Frage auszuklammern, hat die Kommission z. B. in der VO

---

[22] Zu einem Beispiel im Rahmen des Verkehrsrechts vgl. Winkler, S. 17.

Nr. 17 ausdrücklich darauf hingewiesen, daß die danach zulässigen Geldbußen keinen strafrechtlichen Charakter haben. Mit dieser verbalen Feststellung wurde nur das Fehlen einer Lösung dieses Problems zu verdecken versucht.

Gegen die begrenzte Einführung von Verwaltungsstrafsanktionen, d. h. Geldbußen und Zwangsgeldern, dürften keine Bedenken bestehen[23]. Somit bleiben die Rechtsvorschriften der Europäischen Gemeinschaft auch nicht ohne „effet utile".

Derartige Sanktionen sind in den im EGKS-Vertrag und EWG-Vertrag aufgeführten Sonderfällen vorgesehen und somit in diesen Einzelfällen von den Mitgliedsstaaten akzeptiert worden. Im Rahmen des EWG-Vertrages könnten neue Sanktionen nur eingeführt werden, soweit es sich um entkriminalisierte Verwaltungsstrafen handelt[24].

c) Grenzen der Sanktionskompetenz

Für die Grenzen der Sanktionskompetenz gilt der auch im Gemeinschaftsrecht anerkannte Grundsatz der Verhältnismäßigkeit[25]. Dies ergibt sich daraus, daß die Schaffung von Sanktionen einen schwerwiegenden Eingriff in die Rechte der Gemeinschaftsbürger und Unternehmen darstellt.

Außerdem resultiert eine Besonderheit aus der Struktur der Gemeinschaft und dem Verhältnis zu den Mitgliedsstaaten.

Abgesehen von den im Vertrag ausdrücklich vorgesehenen Ausnahmen, können die Mitgliedsstaaten bei Erlaß der Ausführungsvorschriften des Gemeinschaftsrechts Sanktionen vorsehen und haben dies auch in zahlreichen Fällen getan. Eine Pflicht hierzu kann sich aus Art. 5 EWGV ergeben[26], der den Grundsatz des gemeinschaftsfreundlichen Verhaltens beinhaltet. Dies ist zumindest dann der Fall, wenn es sich um wesentliche Vorschriften des Gemeinschaftsrechts handelt, die sanktionsmäßig gesichert werden müssen.

In dem Maße, in dem die Gemeinschaft ihre im Vertrag zuerkannte Kompetenz zunehmend ausübt, wird man diesen Grundsatz auch im umgekehrten Sinne anwenden müssen, d. h. die Gemeinschaft ist zu einem entsprechenden mitgliedsstaatsfreundlichen Verhalten verpflich-

---

[23] Vgl. Winkler, S. 80 ff., a. A. Précigout, RMC 1962, 142 ff.

[24] Vgl. Groeben I A 63, Art. 172 EWGV, Anm. II 1 B; Wohlfahrt, Art. 172 EWGV, Anm. 2.

[25] Vgl. Bleckmann, S. 82 m. w. N.

[26] Vgl. EuGH, Slg. 1977, 150, Rz. 32; Winkler S. 11 ff.; in Ausführung zu Art. 5 EWGV ist im Weinrecht Art. 39 a VO 816/70 (= Art. 64 VO 338/79) eingefügt worden, der eine ausdrückliche Verpflichtung der Mitgliedsstaaten enthält.

tet. Dies wird man insbesondere bei der Übernahme typischer Hoheitsrechte der Mitgliedsstaaten, wie der Ausübung der Sanktionsgewalt, die in die Rechte einzelner eingreifen, annehmen müssen. Daher ist die Gemeinschaft gehalten, in einem solchen Falle zu prüfen, ob die im Recht der Mitgliedsstaaten vorgeschriebenen Sanktionen nicht ausreichen. Diese Rechtspflicht läßt sich aus der Gesamtheit des EWG-Vertrages ableiten, da die Mitgliedsstaaten der Europäischen Gemeinschaft auf einem Teilgebiet, der wirtschaftlichen Zusammenarbeit, Hoheitsrechte übertragen haben. Sie läßt sich insbesondere auf Art. 2, 3 EWGV stützen, da diese Vorschriften den Souveränitätsverzicht der Mitgliedsstaaten konkretisieren.

II. Sanktionen im europäischen Weinrecht

1. Kompetenz der Gemeinschaft

Da Wein zu den landwirtschaftlichen Erzeugnissen zählt, auf die Art. 39 ff. EWGV Anwendung finden (vgl. Art. 38 III EWGV i. V. m. Anhang II, Kap. 22 Pos. 22. 05), kommt Art. 43 II 3 EWGV als Norm in Betracht, die den Rat zum Erlaß von Sanktionen auf dem Verordnungswege ermächtigen könnte, wie es Art. 172 EWGV voraussetzt.

Diese Vorschrift ist dann anwendbar, wenn die Voraussetzungen der Art. 39 ff. EWGV gegeben sind[27].

Der Rat muß zum Erlaß einer Verordnung ermächtigt sein, aufgrund welcher Verstöße gegen das europäische Recht der geographischen Bezeichnungen bei Wein mit Geldbußen geahndet werden können. Da eine gemeinsame Marktordnung für Wein besteht (vgl. VO 816/70 = VO 337/79), ist Art. 40 III i. V. m. Art. 39 EWGV zu beachten. Danach muß die Einführung von Sanktionen eine Maßnahme sein, die zur Erreichung der in Art. 39 I EWGV genannten Ziele erforderlich ist. Dabei darf sie nicht zwischen Erzeugern oder Verbrauchern innerhalb der Europäischen Gemeinschaft diskriminierend wirken.

Da Weine mit geographischen Bezeichnungen sich beim Käufer größerer Wertschätzung erfreuen als andere Weine, lassen sie sich in der Regel auch teurer verkaufen. Nach Maßgabe der EWG-Weinverordnungen werden an diese Weine höhere Qualitätsansprüche gestellt als an Weine ohne geographische Bezeichnung.

Somit wird den Zielen der Verbesserung der Qualität und der Erhöhung des landwirtschaftlichen Einkommens Rechnung getragen (vgl. Art. 39 I a, b EWGV). Es ist nicht erforderlich, daß alle Ziele, die

[27] Allg. zu Art. 39 ff. EWGV z. B. Bleckmann, S. 355 f.

Art. 39 I EWGV nennt, in gleichem Umfang oder gleichzeitig mit Maßnahmen, die auf diese Vorschrift gestützt werden, bezweckt oder erreicht werden müssen[28].

2. Erforderlichkeit einer gemeinschaftsrechtlichen Regelung

Diese Maßnahmen müssen jedoch gemäß Art. 40 III 1 EWGV erforderlich sein. Dies wird man nur annehmen können, wenn die Vorschriften zum Schutz der geographischen Weinbezeichnungen bei fehlenden Sanktionen ohne „effet utile“ bleiben.

Angesichts der Bedeutung, die geographischen Bezeichnungen bei der Aussage über die Güte eines Weins in Käuferkreisen zukommt und im Hinblick auf die zahlreichen Versuche, den Kunden über die wahre geographische Herkunft von Weinen irrezuführen[29], die mit der Berühmtheit der Lagebezeichnungen zunimmt, ist ein Schutz ohne Sanktionen nicht durchführbar.

Die Einführung gemeinschaftsrechtlicher Sanktionen kann diesen Schutz bei tatsächlicher Anwendung gewährleisten. Diese Maßnahme wäre daher geeignet, den Gemeinschaftsvorschriften ihren „effet utile“ zu sichern.

Außerdem muß sie jedoch verhältnismäßig sein[30]. Dieser Gesichtspunkt betrifft einmal die im Einzelfall auszusprechende Geldbuße, die der Schwere des Verstoßes entsprechen muß, aber er ist auch im Hinblick auf die Verpflichtung der Gemeinschaft zu mitgliedsstaatsfreundlichem Verhalten von Bedeutung. Als Vorfrage für den Erlaß einer entsprechenden Verordnung durch den Rat muß daher untersucht werden, ob es nicht genügt, wenn die Mitgliedsstaaten, wie bisher, im Hinblick auf Art. 30 III a VO 816 70 (= Art. 54 IV VO 337/79) und Art. 13 VO 817/70 (= Art. 17 VO 338/79) selbst bei Erlaß der Ausführungsbestimmungen Sanktionen des jeweiligen nationalen Rechts vorsehen bzw. für anwendbar erklären. Um dies beurteilen zu können, bedarf es eines Überblicks über die Rechtsnormen, die die Mitgliedsstaaten auf diesem Gebiet erlassen haben.

---

28 Vgl. Bleckmann, S. 357.

29 Zu einem Beispiel vgl. „Die Zeit“ Nr. 45 v. 3. 11. 1978 — „Englischer Wein“.

30 Zur Verhältnismäßigkeit als allgemeinem Rechtsgrundsatz des Gemeinschaftsrechts vgl. z. B. Bleckmann, S. 82.

3. Die gegenwärtige Rechtslage in den Mitgliedsstaaten

a) Belgien

Art. 11 des Gesetzes über Erzeugnisse der Landwirtschaft, des Gartenbaus und der Meeresfischerei vom 25. März 1975[31] erklärt die Art. 5 - 10 dieses Gesetzes für anwendbar auf Verstöße gegen EWG-Verordnungen, die diese Materie betreffen. Im Agrarbereich besteht daher in Belgien eine allgemeine Sanktionsregelung, die gemäß Art. 6 § 1 Verstöße mit Gefängnis von 15 Tagen bis 3 Monaten und Geldstrafen von 1 000 - 5 000 FB[32] oder einer dieser Strafen bedroht.

b) Dänemark

Das Gesetz No. 595 vom 22. Dezember 1972[33] enthält unter anderem Vorschriften zur Ausführung der gemeinsamen Agrarmarktordnungen und der hierzu ergangenen Durchführungsbestimmungen der Gemeinschaft (vgl. § 1). Gemäß § 16 dieses Gesetzes[34] werden fahrlässige Verstöße gegen EG-Verordnungen mit Geldstrafe geahndet, soweit sie nicht nach dem Strafgesetzbuch mit Freiheitsstrafe bedroht sind. Die Höhe der Geldstrafe steht im Ermessen des Gerichts.

c) Deutschland

Für Wein enthält das Weingesetz von 1971 in § 69 III Nr. 2 a einen ausdrücklichen Hinweis auf Art. 30 VO 816/70 und 12 VO 817/70, die die Grundnormen des geographischen Bezeichnungsrechts der EG-Weine bilden, sowie in § 69 III Nr. 2 b auf die aufgrund dieser Verordnung erlassenen Durchführungsverordnungen, d. h. die Verordungen 2133/74 und 1608/76 (EWG). Gemäß § 69 VII WeinG kann die Ordnungswidrigkeit mit einer Geldbuße bis zu 50 000,— DM bestraft werden.

In diesem Zusammenhang soll nicht unerwähnt bleiben, daß das deutsche Recht vor Erlaß der Verordnung 2133/74 (EWG) in bestimmten Fällen strenger war, da Verstöße gegen das Irreführungsverbot des § 46 WeinG gemäß § 67 V Nr. 2 mit Freiheitsstrafe bis zu einem Jahr oder mit Geldstrafe geahndet werden konnten. Wegen des Vorrangs des Gemeinschaftsrechts ist § 46 WeinG seit Inkrafttreten des Art. 43 VO 2133/74 nicht mehr anwendbar[35], so daß § 67 V Nr. 2 WeinG wegen

---

[31] M.B. v. 25. 4. 1975.

[32] ca. 65,— - 325,— DM.

[33] Vgl. Text und Kommentar bei Karnov, Bd. 1, S. 994 — Lov no. 595 af 22. 12. 1972 om administration af Det europaeiske økonomiske Faellesskabs forordninger om markedsordinger for landsburgsvarer.

[34] Vgl. Karnov, Bd. 1, S. 996.

[35] Vgl. BGH NJW 1977, 1600.

Art. 103 II GG (nulla poena sine lege) nicht angewendet werden durfte, da die Ermächtigungsgrundlage aus § 46 WeinG nicht mehr anwendbar war.

Hier zeigt sich deutlich, welche Konsequenzen sich aus dem Vorrang des Gemeinschaftsrechts für nationale Strafbestimmungen ergeben können. Mit Inkrafttreten der kodifizierten Weinverordnungen stellt sich dieses Problem in verschärfter Form. Die neuen Verordnungen enthalten jeweils eine Vorschrift, nach welcher die bisher gültigen Weinverordnungen aufgehoben werden. In Absatz 2 der jeweiligen Vorschrift ist bestimmt, daß Verweisungen auf die bisherige Verordnung als solche auf die kodifizierte Verordnung gelten[36]. Diese Formulierung bezieht sich unproblematisch auf fortgeltende EG-Verordnungen, die aufgrund der alten Verordnungen ergangen sind; z. B. die VO 1608/76 der Kommission.

Fraglich erscheint es jedoch für die Anwendungsvorschriften der Mitgliedsstaaten, soweit es sich um Sanktionen handelt. Das Grundrecht aus Art. 103 II GG, das durch das Gemeinschaftsrecht im Hinblick auf die Rechtsprechung des Bundesverfassungsgerichts gegenwärtig unantastbar sein dürfte, verlangt zumindest die genaue Bezeichnung der Rechtsnorm, die die Tatbestandsvoraussetzungen für eine Strafbarkeit enthält. Da § 69 III 2 a, b WeinG ausdrücklich auf Art. 30 VO 816/70 und Art. 12 VO 817/70 und aufgrund dieser Verordnungen ergangene Durchführungsverordnungen verweist, die neuen Verordnungen jedoch keine Durchführungsbestimmungen sind, weil sie die genannten Verordnungen aufheben, dürften die neuen EG-Weinverordnungen bis zum Erlaß einer geänderten Fassung von § 69 III 2 a, b WeinG nur nach allgemeinem Strafrecht, d. h. in extremen Fällen (z. B. bei Betrug) sanktioniert sein, fahrlässige Verstöße jedoch gegenwärtig ohne Folgen bleiben.

d) Frankreich

In Art. 1 des Dekrets Nr. 73-309 vom 21. April 1972[37] wird für Verstöße gegen die Verordnungen 816/70, 817/70 (EWG) und deren Ausführungsverordnungen das Gesetz vom 1. August 1905[38] für anwendbar erklärt. Dieses Gesetz enthält in Art. 11 und 13 ausdrücklich die Ermächtigung für die Sanktionierung von Gemeinschaftsvorschriften. Herkunftstäuschungen werden gemäß Art. 1 des Gesetzes von 1905 mit drei Monaten bis zwei Jahren Gefängnis und/oder einer Geldstrafe von 1 000 - 250 000 FF[39] bestraft.

---

[36] Vgl. Art. 70 II VO 337/79; Art. 22 II VO 338/79; Art. 48 II VO 355/79.

[37] J.O.R.F. v. 22. 4. 1972, S. 4259; geändert durch Dekret no 75 - 1289 v. 29. 12. 1975 (J.O.R.F. v. 31. 12. 1975).

[38] J.O.R.F. v. 5. 8. 1905, zuletzt geändert durch Gesetz no 78 - 23 v. 10. 1. 1978, J.O.R.F. v. 11. 1. 1978.

Bis zum Erlaß dieser Verordnung bestand eine Sanktionslücke, da das französische Weinrecht beim Inkrafttreten der Verordungen 816/70 und 817/70 im Mai 1970 nicht mehr anwendbar war, die EG-Verordnungen aber bis zum Erlaß des Dekrets vom 21. April 1972 sanktionslos waren[40]. Dies war eine Folge des auch in Frankreich anerkannten Grundsatzes „nulla poena sine lege". Während dieser Zeit bestand eine Lücke im Schutzsystem der Gemeinschaftsvorschriften in Frankreich, die der französische Gesetzgeber zu verantworten hat.

Gemäß Art. 1 IV des Dekrets findet das Gesetz von 1905 auch auf Durchführungsverordnungen zu den EG-Verordnungen Anwendung. Die Verordnungen 2133/74 und 1608/76 (EWG) werden von dieser Bestimmung erfaßt.

Da im französischen Dekret nur ein Hinweis auf die Verordnungen 816/70 und 817/70 enthalten ist, könnte seit Inkrafttreten der kodifizierten Weinverordnungen im April 1979 die Rechtslage in Frankreich ebenso unsicher sein wie in Deutschland.

e) *Großbritannien*

Auf der Grundlage des European Communities Act (Sect. 2) hat Großbritannien die Common Agricultural Policy (Wine) Regulations 1973 erlassen[41], wonach Verstöße gegen die VO 816/70 und 817/70 (EWG) mit Geldbußen bis zu 400 Pfund Sterling geahndet werden können. Hingegen ist der ansonsten bei falschen Bezeichnungen einschlägige Trade Descriptions Act auf Weinbezeichnungen nicht anwendbar[42].

Nach dem Food and Drugs Act 1955 werden Verstöße gegen die wahrheitsgemäße Kennzeichnung von Lebensmitteln mit maximal 100 Pfund Sterling bestraft.

Am 24. Juli 1978 wurde die englische Weinverordnung durch „The Common Agricultural Policy (Wine) Regulations 1978" abgelöst[43]. Gemäß Sect. 2 I 1 i. V. m. Schedule I Nr. 1, 3, 3, 16 u. 27 erfaßt diese Weinverordnung die bisherigen EWG-Vorschriften. Die alte Weinverordnung (S.I. 1973/1341) betraf nur die Weinmarktordnung und die Qualitätsweinverordnung. Es bestand daher insbesondere ab September 1976 eine Sanktionslücke hinsichtlich des Schutzes geographischer Bezeichnungen aufgrund der ab diesem Zeitpunkt anwendbaren Weinbezeich-

---

39 ca. 450,— - 115 000,— DM.

40 Vgl. Bigay, RTDE 1972, 727.

41 S.I. 1973/1341.

42 O'Keefe, T.D.A., Sect. 2, (I) S. 53, Anm. x; dieser Rechtszustand bestand zumindest bis 1978 aufgrund des S.I. 1973/1341.

43 S.I. 1978, 861.

nungsverordnungen nebst Durchführungsverordnung (VO 2133/74 u. 1608/76).

Sect. 2 I 1 beschränkt die Anwendbarkeit der Verordnung ausdrücklich auf die in Schedule 1 aufgezählten EWG-Vorschriften. Danach werden Verstöße gegen *wichtige* Artikel der EG-Weinverordnungen („relevant provisions") mit bis zu 400 Pfund Sterling Geldstrafe geahndet. Sect. 2 I 3 i. V. m. Schedule 2 erläutert, welche Vorschriften des EWG-Weinrechts als wichtig anzusehen sind. Hierzu zählen Art. 12 VO 817/70, die VO 2133/74 u. 1608/76 und Art. 30 II, III VO 816/70. Die Grundvorschriften für die geographischen Bezeichnungen bei Tafelwein sind hingegen nicht erwähnt.

f) Irland

Beim Erlaß von Durchführungsbestimmungen zu den Weinrechtsvorschriften der Europäischen Gemeinschaft hat Irland ähnliche gesetzgeberische Maßnahmen ergriffen wie Großbritannien[44]. Es wurden aufgrund des European Communities Act 1972 zwei Statutory Instruments[45] erlassen, die Verstöße gegen die EG-Weinverordnungen mit maximal 200 Irischen Pfund ahnden. Seit 1978 können somit auch die Weinbezeichnungsverordnung und die Durchführungsverordnung mittels Sanktionen durchgesetzt werden. Ab September 1976 bis zu diesem Zeitpunkt bestand insoweit jedoch eine Lücke. Im übrigen bestehen nach Erlaß der kodifizierten Weinverordnungen die gleichen Bedenken wie in Großbritannien, daß erneut Ausführungsvorschriften erlassen werden müssen, um die Anwendbarkeit der kodifizierten Weinverordnungen abzusichern.

g) Italien

In Italien wird als Ausführungsgesetz zu den EWG-Weinverordnungen das D.P.R. 930 vom 12. Juli 1963 angewandt[46]. Die Strafbestimmungen dieses Gesetzes (Art. 27 ff.) schützen die Qualitätsbezeichnungen (DOS, DOG, DOCG), nicht jedoch die geographischen Bezeichnungen als solche[47]. Der Schutz der in den EWG-Verordnungen geregelten Bezeichnungen wird hierdurch nicht gewährleistet. Es verbleibt bei den Vorschriften über unlauteren Wettbewerb[48].

Im übrigen bestehen Sanktionsmöglichkeiten aufgrund des D.P.R. 162 vom 12. Dezember 1965[49].

---

44 s. o. Teil I 5. Kapitel II 3 e.

45 S.I. 12/76 u. S.I. 154/78 (bzgl. VO 2133/74 u. 1608/76).

46 G.U. no. 188, del 15 luglio 1963, suppl. ord.

47 Vgl. Cosmo, S. 50 ff.; Ronga, Il diritto dell' economia 1967, 193 (208 f.).

48 s. o. Teil I 3. Kapitel VI 1.

49 G.U. no. 73 del 23 marzo 1965, suppl. ord.

Art. 23 b verbietet den Verkauf von Weinerzeugnissen, deren Zusammensetzung nicht den Angaben auf der Etikettierung entspricht. Gemäß Art. 84 I werden Verstöße gegen Art. 23 b pro angefangene 100 Kilogramm Warengewicht mit 35 000 Lire geahndet, mindestens jedoch 200 000 Lire.

h) Luxemburg

Auf der Grundlage des Gesetzes vom 9. August 1971[50], hat die Großherzogliche Verordnung vom 19. November 1974[51] bestimmte Verstöße gegen die VO 816/70 und 817/70 unter Strafe gestellt. Geographische Bezeichnungen wurden hiervon jedoch nicht erfaßt. Auch die Ausführungsverordnung zur VO 817/70[52] und zur VO 2133/74[53] enthält insoweit keine Bestimmungen. Da das Gesetz vom 9. August 1971 in Art. 1 nur eine Ermächtigung zum Erlaß von Kontrollverordnungen enthält und die Rechte der Kontrollbehörden regelt, sind die geographischen Weinbezeichnungen nur nach den allgemeinen strafrechtlichen und zivilrechtlichen Bestimmungen geschützt.

i) Niederlande

Gemäß Art. 13 I b Landbouwwet[54] kann der Landwirtschaftsminister bei Verstößen gegen Verordnungen der Europäischen Gemeinschaft auf dem Gebiet der gemeinsamen Agrarpolitik Geldstrafen verhängen. Art. 23 Landbouwwet ermächtigt den Minister diese Befugnis auf andere Behörden zu übertragen. Bei Wein ist die Hoofproduktschap vor Akerbouw zuständig.

Schwere Verstöße gegen die EWG-Verordnungen können nach Art. 6 Wet op de ecnomische Delikten von 1950[55] mit Geldstrafen von 25 000 Hfl, unter Umständen bis 100 000 Hfl und/oder bis zu zwei Jahren Freiheitsentzug bestraft werden, da gemäß Art. 1 II des Gesetzes Verstöße gegen das Landbouwwet als Wirtschaftsvergehen gelten.

Es muß jedoch angemerkt werden, daß die praktische Bedeutung dieser Vorschriften bei geographischen Bezeichnungen sehr gering sein dürfte, da die Niederlande kein Weinbauland sind und eigene geographische Herkunftsangaben im wesentlichen als ungeschützte Gattungsbezeichnungen ansehen.

---

[50] Mémorial A 1971, S. 1670.

[51] Mémorial A 1974, S. 1706 f.

[52] Mémorial A 1971, S. 1190.

[53] Mémorial A 1978, S. 2489.

[54] Vgl. Text und Kommentar bei Schuurmann & Jordens (Hrsg.) Nr. 110, Landbouwwet 1976.

[55] Vgl. Text und Kommentar bei Schuurmann & Jordens (Hrsg.) Nr. 123, Wet op de ecnomische Delikten 1978.

j) *Vergleichende Betrachtung*

Dieser kurze Überblick erhebt keinen Anspruch auf Vollständigkeit, da die Nachforschungen auf diesem Gebiet besonders schwierig waren. Es läßt sich jedoch sagen, daß die Regelungen sehr stark voneinander abweichen und, soweit vorhanden, die Sanktionen höchst unterschiedlicher Art sind. Durch den Vorrang des Gemeinschaftsrechts werden nationale Weingesetze verdrängt. Solange und soweit es an Sanktionsvorschriften fehlt, besteht grundsätzlich die Gefahr, daß Verordnungen der Gemeinschaft, zumindest zeitweilig ohne Ausführungsvorschriften, die zu ihrer Durchsetzbarkeit erforderlich sind, bleiben. Derartige Sanktionslücken sind bereits mehrfach aufgetreten. In Frankreich war dies insbesondere ab Inkrafttreten der VO 816/70 u. 817/70 (EWG) im Jahre 1970 bis zum Erlaß des Ausführungsdekrets im Jahre 1972 der Fall. In Großbritannien und Irland bestand eine ähnliche Rechtslage vom Herbst 1976 bis zum Sommer 1978 für die VO 2133/74 u. 1608/76 (EWG).

Durch die Aufhebung der VO 816/70, 817/70 und 2133/74 ist diese Situation nach der Kodifizierung der genannten Vorschriften zumindest in Deutschland, Frankreich, Großbritannien und Irland, die keine allgemeinen Sanktionsermächtigungen kennen, sondern Vorschriften, die sich unter exakter Verweisung auf die jeweiligen Bestimmungen des Gemeinschaftsrechts beziehen, bis zum Erlaß neuer Anwendungsvorschriften meines Erachtens erneut eingetreten.

Eine derart ungleiche Behandlung der Bürger und Unternehmen innerhalb des Gemeinsamen Marktes gebietet eine eigene Regelung durch die Gemeinschaft. Da die von den Mitgliedsstaaten erlassenen Vorschriften sehr verschieden sind, ist der Erlaß von Bestimmungen durch die Gemeinschaft nicht unverhältnismäßig.

Die zu erlassende Ratsverordnung sollte auf alle Weinvorschriften erstreckt werden und je nach Schwere der Verstöße in europäischen Währungseinheiten (ECU) ausgewiesene Sanktionsrahmen enthalten, um den Behörden der Mitgliedsstaaten einen Ermessensspielraum zu gewähren, aufgrund dessen den Umständen des Einzelfalls Rechnung getragen werden kann.

Das Verfahrensrecht sollte jedoch weiterhin den mit der Ausführung dieser Verordnung betrauten Mitgliedsstaaten überlassen bleiben. Eine derart weitreichende Kompetenz der Gemeinschaft muß auf die Fälle, in denen der EWG-Vertrag ausdrücklich zum Erlaß von Sanktionen ermächtigt, beschränkt bleiben. Meines Erachtens läßt sich eine weitergehende Kompetenzverlagerung nicht mit dem im EWG-Vertrag zum Ausdruck gekommenen Souveränitätsverzicht der Mitgliedsstaaten auf

Teilgebieten des Wirtschaftsrechts und der Wirtschaftspolitik vereinbaren. Auch dürfte nach dem Rechtsverständnis der meisten Mitgliedsstaaten z. B. ein europäisches Ordnungswidrigkeitenrecht nach deutschem Vorbild in unzulässiger Weise in die Souveränität der nationalen Parlamente eingreifen.

Ergebnisse

Die Untersuchung des Europäischen Weinrechts hat ergeben, daß das Gemeinschaftsrecht das Recht der geographischen Weinbezeichnungen sehr detailliert geregelt hat. Daneben bleibt das nationale Recht des unlauteren Wettbewerbs weiterhin anwendbar, da es an einer europäischen Regelung umfassender Art bisher fehlt. Die Durchsetzbarkeit der EWG-Verordnungen erfordert auch finanzielle Sanktionen. Diese werden bisher durch die Mitgliedsstaaten in sehr unterschiedlicher Weise gewährleistet. Da bei geographischen Weinbezeichnungen sehr große Unterschiede bei den Sanktionsmöglichkeiten der Mitgliedsstaaten bestehen, erscheint eine Rechtsvereinheitlichung durch die Europäische Gemeinschaft geboten. Dies ist jedoch unter Beachtung des Grundsatzes der Verhältnismäßigkeit in Auslegung der Verträge nur im Rahmen des EWG-Vertrages möglich und im Weinrecht auf die Festsetzung des finanziellen Rahmens der zu verhängenden Geldbußen beschränkt. Im übrigen verbleibt es bei den bestehenden Gesetzen der Mitgliedsstaaten, insbesondere auf dem Gebiet des Verfahrensrechts, da ein gewollter Souveränitätsverzicht der Mitgliedsstaaten in diesem Bereich nicht zu ermitteln ist.

Die Möglichkeit zur Vereinheitlichung des Strafrahmens besteht aufgrund der Art. 2, 3 EWGV. In Art. 172 EWGV ist der Souveränitätsverzicht der Mitgliedsstaaten auch zum Ausdruck gekommen. Diese Vorschrift kann als Verfahrensvorschrift zur Auslegung des EWG-Vertrages herangezogen werden, muß jedoch im Hinblick auf die weitreichenden Konsequenzen restriktiv ausgelegt werden. Daher bleibt es meines Erachtens Aufgabe der Mitgliedsstaaten, im europäischen Weinrecht die Verfahrensvorschriften zur Anwendung dieser Sanktionen festzulegen.

TEIL II

Der Schutz von Herkunftsangaben und Ursprungsbezeichnungen der EG-Weine durch internationale Abkommen

1. Kapitel

Das gegenwärtige Schutzsystem

Da insbesondere Herkunftsangaben, aber auch Ursprungsbezeichnungen, seit langem als exportfördernde Bezeichnungen geschützt werden, hat sich seit dem Ende des letzten Jahrhunderts ein vielschichtiges, aber unvollkommenes Schutzsystem gebildet, das aus mehreren multilateralen Abkommen besteht und von einigen Staaten durch bilaterale Abkommen ergänzt und verstärkt worden ist.

Es herrscht Einigkeit darüber, daß insbesondere der Schutz von Herkunftsangaben und Ursprungsbezeichnungen durch multilaterale Abkommen reformbedürftig ist. Art und Inhalt der Reform sind jedoch umstritten. Der von der Weltorganisation für geistiges Eigentum (WIPO) vorgelegte Entwurf eines Abkommens zum Schutz geographischer Bezeichnungen[1] hat daher noch keine endgültige Form gefunden. Die von der französischen Auffassung ausgehende strenge Bindung der Ursprungsbezeichnungen an landwirtschaftliche Gesichtspunkte, die möglicherweise die nationale Rechtsentwicklung nicht mehr zutreffend wiederspiegelt[2], steht im Widerspruch zu den Interessen der Staaten, die eher am Schutz geographischer Bezeichnungen für Industrieerzeugnisse interessiert sind, da sie besonders für mittelständische Unternehmen beim Export ihrer Waren wertvoll sind[3]. Der Schutz dieser Bezeichnungen kann bei Industrieprodukten nicht an besondere natürliche Faktoren geknüpft werden, da der Standort des Unternehmens in der Regel keinen Einfluß auf die Qualität der her-

---

[1] Vgl. WIPO-Dok. TAO II/2 v. 25. 8. 1975, S. 3.

[2] Vgl. Tilmann, S. 387.

[3] Vgl. Tilmann, S. 35.

gestellten Erzeugnisse hat. In diesen Fällen wäre lediglich eine Bindung an objektive Qualitätsmerkmale denkbar. Da dies dem herkömmlichen Verständnis von Ursprungsbezeichnungen widerspricht, kommt insoweit nur ein Schutz dieser Bezeichnungen als geographische Herkunftsangabe in Betracht. Dieser Schutz müßte dem der Ursprungsbezeichnungen gleichwertig sein, damit derartige Abkommen das Interesse der Länder finden, die vorwiegend geographische Bezeichnungen für industrielle Erzeugnisse absichern möchten. Nach der Vorstellung der herrschenden Lehre ist jedoch die Ursprungsbezeichnung die wertvollere, d. h. ein Recht[4] und nicht nur eine Bezeichnung. Daher bestehen erhebliche Widerstände gegen eine Gleichbehandlung auch im internationalen Bereich. Ferner gibt es Staaten, die kein besonderes Interesse am Schutz geographischer Bezeichnungen besitzen, da ihre eigenen geographischen Bezeichnungen als Gattungsbezeichnungen von jedermann benutzt werden dürfen (z. B. Käsebezeichnungen wie Gouda, Edamer in den Niederlanden) oder weil Einwanderer in ihren Heimatländern berühmte geographische Bezeichnungen für eigene Erzeugnisse verwenden (z. B. USA, Australien)[5].

Die internationale Entwicklung des Schutzes von Herkunftsangaben und Ursprungsbezeichnungen ist daher nicht vorhersehbar. Das gegenwärtige Schutzsystem ist sehr kompliziert, da sich verschiedene Abkommen überlagern.

I. Multilaterale Abkommen

1. Pariser Verbandsübereinkunft (PVÜ)

Das älteste Abkommen, das sich mit dem Schutz von Herkunftsangaben und Ursprungsbezeichnungen befaßt, ist die Pariser Verbandsübereinkunft zum Schutze des gewerblichen Eigentums vom 20. März 1883[6].

Gemäß Art. 1 II PVÜ unterfallen dem Schutz des gewerblichen Eigentums auch „Herkunftsangaben *oder* Ursprungsbezeichnungen", wobei in Art. 1 III PVÜ präzisiert wird, daß der Begriff „gewerbliches Eigentum" auch die Landwirtschaft umfaßt. Wein wird als Erzeugnis namentlich genannt.

---

[4] Vgl. z. B. Roubier II, Nr. 311, S. 768; De Caluwé, Nr. 129, S. 198 ff. m. w. N., der selbst anderer Ansicht ist. Er spricht von der gesetzlichen Anerkennung einer besonderen tatsächlichen Situation, vgl. De Caluwé, Nr. 129, S. 201.

[5] Vgl. „Die Zeit" Nr. 45 v. 3. 11. 1978, S. 37.

[6] Pariser Verbandsübereinkunft zum Schutze des gewerblichen Eigentums, zuletzt revidiert in Stockholm am 14. 6. 1967, Text vgl. GRUR Int. 1968, 418 ff.; gegenwärtig finden Arbeiten zur Revision der PVÜ statt, die auch Herkunftsangaben und Ursprungsbezeichnungen betreffen, vgl. dazu Bogsch, Riv. dir. ind. I 1978, 189.

Die Verwendung der Formulierung „Herkunftsangabe *oder* Ursprungsbezeichnung" läßt erkennen, daß der Unterschied zwischen den Begriffen von den Beteiligten nicht erkannt wurde, als sie 1925 diese Worte in die Haager Fassung der Pariser Verbandsübereinkunft aufnahmen[7]. Auf der Konferenz von Lissabon wurde die Änderung von „oder" in „und", die diesen Unterschied klarstellen sollte, durch die Nein-Stimme Südafrikas verhindert[8].

Gemäß Art. 2 PVÜ sichern sich die Verbandsstaaten gegenseitig für ihre Angehörigen die Inländerbehandlung zu. Diese Vorschrift verpflichtet jedoch nicht zum Erlaß neuer Schutzvorschriften[9].

Um diesen sehr schwachen Schutz zu verbessern, enthält Art. 10 I PVÜ eine Vorschrift, die Herkunftsangaben und Ursprungsbezeichnungen über Art. 2 PVÜ hinaus schützen soll. Danach muß eine Beschlagnahme oder falls nach nationalem Recht nicht zulässig, ein Einfuhrverbot für Erzeugnisse erfolgen, bei denen unmittelbar oder mittelbar eine falsche Angabe über die Herkunft verwendet wird (vgl. Art. 10 I i. V. m. 9 I, V PVÜ).

Aus dem weitgefaßten englischen Originaltext, der den Ausdruck „indication of the origin" verwendet, ergibt sich, daß hiermit sowohl Herkunftsangaben als auch Ursprungsbezeichnungen gemeint sind[10].

Die in Art. 10 bis Nr. 3 PVÜ eingefügte Schutzklausel gegen unlauteren Wettbewerb verpflichtet nicht zu einem Schutz von Herkunftsangaben und Ursprungsbezeichnungen durch Rechtsbehelfe im Rahmen der nationalen Gesetze gegen unlauteren Wettbewerb, da die zur Ergänzung von Art. 10 bis Nr. 3 PVÜ vorgeschlagene Verpflichtung, irreführende Angaben über die Herkunft zu untersagen, nicht in den Text der Übereinkunft aufgenommen wurde[11].

Andere Sanktionen als Beschlagnahme oder Einfuhrverbote sieht die PVÜ nicht vor. Da somit die Wirksamkeit des Schutzes von der Aufmerksamkeit der Zollbehörden abhängt, ausländische geographische Bezeichnungen als falsch oder irreführend zu erkennen, kann dieser Schutz nur in wenigen Fällen wirksam werden[12]. Auch besteht keine Verpflichtung der Signatarstaaten, derartige Vorschriften neu einzuführen[13].

---

7 Vgl. Ladas, § 842, S. 1575 f.

8 Vgl. Ladas, § 842, S. 1575.

9 Vgl. Tilmann, S. 409 FN 7.

10 Zur Entstehungsgeschichte von Art. 10 I PVÜ vgl. Ladas, § 843, S. 1577 ff.

11 Vgl. Ladas, § 843, S. 1579.

12 Zu den Mängeln der PVÜ vgl. Tilmann, S. 409 f.

13 Vgl. WIPO-Dok. TAO/I/2 v. 18. 6. 1974, S. 5, Nr. 18.

Die PVÜ ist der territorial umfassendste multilaterale Vertrag, der sich mit dem Schutz geographischer Bezeichnungen befaßt. Bisher sind 87 Staaten diesem Abkommen beigetreten[14].

Der Umfang des Schutzes ist jedoch sehr gering. Er erstreckt sich nur auf unwahre, nicht jedoch auf irreführende geographische Bezeichnungen (vgl. Art. 10 I PVÜ). Der Gebrauch unwahrer geographischer Bezeichnungen in einer anderen Sprache als der des Ursprungslandes und die Benutzung „klarstellender" Zusätze wie z. B. „Art", „Typ", die eine Irreführung vermeiden sollen, sind nicht geregelt. Auch enthält die PVÜ keine Bestimmung darüber, inwieweit geographische Bezeichnungen als Gattungsbezeichnungen angesehen werden können und folglich ohne Schutz bleiben. Auf die unzureichende Verpflichtung, Verstöße mit Sanktionen zu ahnden, wurde bereits hingewiesen[15].

Gegenwärtig finden im Rahmen der WIPO Arbeiten an der Reform der PVÜ auch in bezug auf geographische Bezeichnungen statt. Da unterschiedliche Entwürfe diskutiert werden[16], von denen gegenwärtig nicht bekannt ist, ob und in welcher Form sie von den Signatarstaaten der PVÜ akzeptiert werden, kann hierzu im Rahmen dieser Arbeit nicht Stellung genommen werden[17].

2. Madrider Herkunftsabkommen (MHA)

Da sich der Schutz des Art. 10 PVÜ schon sehr bald als unzureichend erwies, insbesondere um eine Umwandlung geographischer Bezeichnung in ungeschützte Gattungsbezeichnungen zu verhindern, wurde von 10 Staaten am 14. April 1891 das Madrider Abkommen über die Unterdrückung falscher oder irreführender Herkunftsangaben geschlossen[18].

In Art. 1 I MHA wird die Möglichkeit der Beschlagnahme nicht nur auf falsche, sondern auch auf irreführende Herkunftsangaben oder Ursprungsbezeichnungen ausgedehnt. Art. 1 V MHA sieht vor, daß bei

---

[14] Stand: 1. 1. 1979, vgl. GRUR Int. 1979, 260 ff.

[15] s. o.

[16] Vgl. WIPO-Dok. PR/PIC/IV/5 v. 28. 6. 1978, PR/PC/II/6 v. 14. 9. 1977 u. PR/WGAO/I/6 v. 24. 11. 1978; zu den Problemen der Reform der PVÜ vgl. Kunz-Hallstein, GRUR Int. 1976, 64 ff.; Oppenhoff, GRUR Int. 1977, 226 ff.; Kunz-Hallstein, GRUR Int. 1977, 293 ff.

[17] Zur historischen Entwicklung der PVÜ vgl. Plaisant, S. 245 ff.; Ladas, § 843 f., S. 1577 ff.

[18] Madrider Abkommen zur Unterdrückung falscher oder irreführender Herkunftsangaben v. 14. 4. 1891, zuletzt geändert in Lissabon am 31. 10. 1958. Zum Text in der amtlichen Übersetzung vgl. BGBl II, S. 293 (1961). Die am 14. 6. 1967 in Stockholm geschlossene Ergänzungsakte betrifft nur Verfahrensvorschriften anläßlich der Gründung der WIPO, vgl. Ladas, § 860, S. 1601 f.

fehlenden gesetzlichen Sanktionsvorschriften zum Schutze der genannten Bezeichnungen diejenigen der Gesetze über Marken oder Handelsnamen angewendet werden.

Art. 3 bis MHA erweitert den Irreführungsschutz auf Angaben in Begleitpapieren und in der Werbung und regt den Erlaß entsprechender Vorschriften in den Mitgliedsstaaten an. Art. 3 bis MHA ist jedoch nicht unmittelbar anwendbar in den Mitgliedsstaaten. Ohne eine entsprechende nationale Rechtsvorschrift bleibt diese Regelung daher ohne Wirkung[19].

Die bedeutendste Neuerung, die für Weinbezeichnungen besonders wichtig ist, findet sich in Art. 4 MHA. Diese Vorschrift bezweckt den Schutz von Herkunftsangaben vor einer Umwandlung in Gattungsbezeichnungen. Da hierüber die Gerichte eines jeden Landes zu entscheiden haben, ist dieser Schutz in der Praxis von geringem Wert[20]. Ausgenommen und damit vor jeglicher Umwandlung geschützt, sind lediglich die regionalen Herkunftsbezeichnungen für Weinbauerzeugnisse (vgl. Art. 4 2. Hlbs. MHA). Aber auch diese Vorschrift ist nur von sehr beschränktem praktischen Nutzen[21]. Sie schützt nur regionale Bezeichnungen, d. h. keine Gemeindenamen und Lagebezeichnungen, die für berühmte Weine kennzeichnend sind. Ferner ist ungeklärt, ob diese Vorschrift die Verwendung klarstellender Zusätze verbietet[22].

Bisher haben sich 32 Staaten dem Madrider Herkunftsabkommen angeschlossen[23]. Historisch läßt sich diese im Verhältnis zur Pariser Verbandsübereinkunft geringe Mitgliederzahl daraus erklären, daß der bei Abschluß dieses Abkommens im Verhältnis zur PVÜ wesentlich größere Schutzumfang zahlreiche Staaten von einer Teilnahme abgehalten hat. Deutschland trat diesem Abkommen 1925 unter politischem Druck bei, nachdem es gegenüber Frankreich im Versailler Friedensvertrag den Schutz der berühmten französischen Bezeichnungen „Champagne“ und „Cognac“ hatte akzeptieren müssen[24]. Dies hatte zur Folge, daß deutsche Erzeugnisse diese bis dahin in Deutschland allgemein verwendeten Bezeichnungen nicht mehr führen durften. Seither bürgerten sich die Bezeichnungen „Sekt“ und „Weinbrand“ im deutschen Sprachgebrauch als die üblichen Gattungsbezeichnungen zur Kennzeichnung der den französischen Produkten ähnlichen Erzeugnisse ein.

---

19 Vgl. Tilmann, S. 411.

20 Vgl. Tilmann, S. 411.

21 Vgl. Tilmann, S. 412.

22 Vgl. genauer Tilmann, S. 412.

23 Stand: 1. 1. 1979, vgl. GRUR Int. 1979, 260 ff.

24 Vgl. Ladas, § 856, S. 1596 ff.; Plaisant, S. 261 f.; Ulmer, RuW I, Nr. 258, S. 158.

Italien, das seine mittelständische Industrie schützen wollte, trat erst nach dem zweiten Weltkrieg auf Drängen Frankreichs diesem Abkommen bei[25].

Auch der durch das Madrider Herkunftsabkommen gewährte Schutz hat sich als mangelhaft erwiesen. Zwar umfaßt er im Gegensatz zur Pariser Verbandsübereinkunft auch das Verbot *irreführender* geographischer Bezeichnungen. Das Madrider Herkunftsabkommen enthält jedoch auch kein Verbot der Verwendung unwahrer oder irreführender geographischer Bezeichnungen in einer anderen Sprache als der des Ursprungslandes des Erzeugnisses. Auch fehlt eine Regelung über die Verwendung von Zusätzen wie „Art", „Typ" usw. Auch die Sanktionen beschränken sich auf die dargestellten Verwaltungsmaßnahmen[26].

Hervorzuheben ist lediglich der Schutz der regionalen Weinbezeichnungen gegen eine Umwandlung in Gattungsbezeichnungen mit den erwähnten Einschränkungen[27].

3. Lissaboner Ursprungsabkommen (LUA)

Die uneinheitliche Verwendung der Begriffe „Herkunft" und „Ursprung" und der praktisch geringe Schutz geographischer Bezeichnungen in der PVÜ und dem MHA führten auf Initiative Portugals zum Abschluß eines Abkommens, das sich speziell mit dem Schutz von Ursprungsbezeichnungen befaßt[28]. Dieses sogenannte Lissaboner Ursprungsabkommen[29] enthält in Art. 2 I die bereits dargestellte allgemeine Definition der Ursprungsbezeichnungen[30]. Für handwerkliche und landwirtschaftliche Erzeugnisse ist das Abkommen von großer Bedeutung. Zum Schutz von geographischen Weinbezeichnungen ist das Abkommen insbesondere von Frankreich, Italien, Algerien, Ungarn und Portugal in großem Umfang genutzt worden[31].

---

25 Vgl. Ulmer / Schricker, RuW V, Nr. 210, S. 243.

26 Vgl. Tilmann, S. 411 f.

27 Vgl. Beier, GRUR Int. 1974, 137; Geisser, S. 367 f.; Plaisant, S. 256 f., Ladas, § 852, S. 1591 ff.

28 Insoweit existiert bereits seit 1951 das Stresaer Abkommen, das jedoch nur Käsebezeichnungen schützt, wobei in der Praxis nur 3 Ursprungsbezeichnungen für Käse (Roquefort, Pecorino Romano, Gorgonzola) einen Sonderschutz erhielten. Das Abkommen hat daher international keine besondere Bedeutung erlangt. Zu den Einzelheiten vgl. WIPO-Dok. TAO/I/2 v. 28. 6. 1974, S. 8 f.

29 Lissaboner Ursprungsabkommen v. 31. 10. 1958, revidiert in Stockholm am 14. 7. 1967. In seiner neuesten Fassung ist das Abkommen seit dem 31. 10. 1973 in Kraft, vgl. WIPO-Dok. TAO/I/2, S. 9. Der Text des Abkommens ist abgedruckt in J.C.L. Comm. Ann. Fasc. M, S. 1 ff.

30 s. o. Teil I 1. Kapitel II 1.

31 Vgl. Die Jahresberichte der WIPO, Les Appellations d'origine, Heft 1 bis 12, Stand Juni 1978.

Gemäß Art. 1 II LUA können nur solche Ursprungsbezeichnungen geschützt werden, die im Ursprungsland durch einen Rechtsakt registriert sind. Nur wenn diese Voraussetzung erfüllt ist, kann eine internationale Registrierung durch die WIPO erfolgen.

Diese Regelung bildet das Haupthindernis für den Beitritt aller Länder, die nur einen Irreführungsschutz bei der Verwendung geographischer Bezeichnungen kennen, da sie über keine gesetzliche Handhabe für eine amtliche Registrierung verfügen[32]. Bisher sind dem Abkommen nur 16 Staaten beigetreten[33].

Der Ablauf des Verfahrens zur internationalen Registrierung ist in Art. 5 LUA festgelegt. Eine Einschränkung des Schutzes findet sich in Art. 5 III LUA, der die Möglichkeit gewährt, daß ein Mitgliedsstaat innerhalb eines Jahres ab Benachrichtigung von der Registrierung, die ohne Sachprüfung bei Erfüllung der formalen Antragsvoraussetzungen erfolgt, einer Bezeichnung den Schutz verweigert. Dies beeinträchtigt jedoch nicht den Schutz der Bezeichnung in den übrigen Mitgliedsstaaten.

Besonders wichtig ist Art. 6 LUA, wonach geschützte Ursprungsbezeichnungen sich solange nicht in Gattungsbezeichnungen umwandeln können, als dieser Fall nicht im Ursprungsland für die jeweilige Bezeichnung eingetreten ist. Diese Bestimmung geht auch für Weinbezeichnungen über Art. 4 2. Hlbs. MHA hinaus, da die letztgenannte Vorschrift nur regionale Weinbezeichnungen betrifft, im LUA jedoch auch Ortsnamen geschützt werden (vgl. Art. 2 I LUA). Inwieweit Lagebezeichnungen, wie sie z. B. in Deutschland bekannt sind, im Rahmen des LUA geschützt sind, ist bisher ungeklärt. Sofern eine Revision des Abkommens, wie beabsichtigt, durchgeführt wird, sollte dies klargestellt werden. Meines Erachtens kann man unter der Bezeichnung eines Orts bei weiter Auslegung nicht nur Gemeindenamen, sondern auch Lagebezeichnungen verstehen. Diese Gleichstellung erscheint auch im Hinblick auf deren besondere Werbewirkung bei Wein angesichts des eindeutigen geographischen Bezugs gerechtfertigt.

Der Schutzumfang des LUA, das nur Ursprungsbezeichnungen schützt, ist erheblich größer als der des PVÜ oder des MHA. Gemäß Art. 3 LUA ist jede Benutzung oder Nachahmung einer Ursprungsbezeichnung ver-

---

[32] Vgl. Krieger, GRUR Ausl. 1959, 97 f.; Beier, GRUR Int. 1968, 69 ff. Tilmann ist der Auffassung, daß in den meisten Staaten die Verwendung von Kollektivzeichen wie z. B. die in den angelsächsischen Ländern bekannten certification marks oder die in Deutschland bekannten Verbandszeichen, diesen Staaten einen Beitritt zum Lissaboner Ursprungsabkommen oder einem künftigen Abkommen dieser Art ermöglichen sollten, vgl. Tilmann, S. 293 ff.

[33] Stand: 1. 1. 1979, vgl. GRUR Int. 1979, 260 ff.

boten. Dies gilt auch dann, wenn der wahre Ursprung des Erzeugnisses angegeben wird. Auch die Benutzung der Übersetzung einer Ursprungsbezeichnung oder die Verwendung von Zusätzen wie „Art“, „Typ“, „Imitation“ oder ähnliches ist nicht gestattet.

Andere internationale Abkommen bleiben unberührt (vgl. Art. 4 LUA). Darunter fallen auch bilaterale Verträge.

Gemäß Art. 5 III LUA kann ein Mitgliedsstaat einer bestimmten Bezeichnung den Schutz verweigern. Hingegen sieht das LUA nicht die Anwendung des Rechts des Ursprungslandes vor, wenn festzustellen ist, ob die Voraussetzungen eines Schutzes vorliegen[34]. Eine Ausnahme besteht insoweit nur für die Umwandlung einer registrierten Ursprungsbezeichnung in eine Gattungsbezeichnung. Dies ist solange unmöglich, als die Bezeichnung im Ursprungsland keine Umwandlung erfahren hat (vgl. Art. 6 LUA). In den Ländern, die allgemein geographische Bezeichnungen nur in geringem Maße schützen, ist daher auch durch das LUA kein wesentlich verbesserter Schutz zu erreichen[35].

4. Bedeutung der multilateralen Verträge für die geographischen Weinbezeichnungen

Sämtliche multilaterale Abkommen sind auf geographische Weinbezeichnungen anwendbar. Der durch sie gewährte Schutz geographischer Bezeichnungen, seien es Herkunftsangaben oder Ursprungsbezeichnungen, erscheint aus den genannten Gründen unzureichend. Auch wenn Art. 4 2. Hlbs. MHA eine Umwandlung regionaler Weinbezeichnungen in Gattungsbezeichnungen ausschließt, fehlt es an einem ausreichenden Schutz insbesondere geographischer Weinbezeichnungen, die deshalb keine Ursprungsbezeichnungen sind, weil die Qualität des Erzeugnisses nicht mittels der geographischen Bezeichnung ausgedrückt wird, sondern durch eine zusätzliche Bezeichnung, wie z. B. Qualitätswein, die herkunftsunabhängig bei Vorliegen bestimmter Mindestvoraussetzungen benutzt werden darf. Die Werbewirksamkeit bekannter geographischer Weinbezeichnungen erfordert deren Schutz insbesondere gegen verwechselbare Bezeichnungen durch andere Rechtsbehelfe als Beschlagnahme oder Einfuhrverbote. Es wäre wünschenswert, daß zivil- und strafrechtliche Sanktionen, wie z. B. in Deutschland oder Frankreich, obligatorisch werden.

Ob und in welcher Form der von der WIPO vorgelegte Entwurf für eine Revision des LUA bzw. für ein neues Abkommen zum Schutz von

---

34 So hingegen Art. 13 I des Einheitsgesetzes der Entwicklungsländer, vgl. Propriété Industrielle 1970, 394 — zitiert nach WIPO-Dok. TAO/I/2, S. 14.

35 Zu den Mängeln des LUA und entsprechenden Reformvorschlägen vgl. Tilmann, S. 437 ff.

Herkunftsangaben und Ursprungsbezeichnungen[36] verabschiedet wird, bleibt abzuwarten[37].

II. Bilaterale Abkommen

In der Erkenntnis der Unzulänglichkeiten des Schutzes geographischer Bezeichnungen durch die multilateralen Abkommen, wurden ab 1960, d. h. unter dem Eindruck des fehlenden Interesses vieler Staaten, sich am LUA zu beteiligen, in verstärktem Maße bilaterale Verträge geschlossen. Dies erschien insbesondere den Staaten notwendig, die aus rechtssystematischen Gründen dem LUA nicht beigetreten waren, wie z. B. Deutschland[38].

Bereits zu Beginn des 20. Jahrhunderts waren zahlreiche Handelsabkommen geschlossen worden, die Schutzklauseln zugunsten von Ursprungsbezeichnungen und Herkunftsangaben enthielten. Frankreich nahm in fast alle seine Handelsverträge eine Schutzklausel zugunsten seiner Ursprungsbezeichnungen für Weinerzeugnisse auf[39].

Mit Abschluß des deutsch-französischen Abkommens über den Schutz von Herkunftsangaben, Ursprungsbezeichnungen und anderen geographischen Bezeichnungen am 8. März 1960[40] wurde jedoch eine Neuentwicklung eingeleitet. Dieses Abkommen sah erstmalig die Anwendung des Rechts des Ursprungslandes auf die im Anhang aufgeführten geographischen Bezeichnungen vor (vgl. Art. 2, 3 des deutsch-französischen Vertrages).

Unter Beteiligung von Mitgliedsstaaten der Europäischen Gemeinschaft wurden seit 1960 folgende Abkommen geschlossen, die geographische Weinbezeichnungen schützen:

— Abkommen zwischen der Bundesrepublik Deutschland und der Französischen Republik über den Schutz von Herkunftsangaben, Ursprungsbezeichnungen und anderen geographischen Bezeichnungen vom 8. 3. 1960[41]

---

36 Vgl. WIPO-Dok. TAO/II/2 v. 25. 8. 1975 u. TAO/II/6 v. 12. 12. 1975.

37 Allg. zum LUA vgl. Ronga, Il diritto dell'economia I, 1966, 581; Tilmann, S. 412 ff.

38 Vgl. Krieger, GRUR Ausl. 1959, 97 f.; Beier, GRUR Int. 1968, 69 ff.

39 Vgl. z. B. Plaisant, S. 262 ff. m. w. N., der die wesentlichen Bestimmungen des französisch-ungarischen Abkommens v. 13. 10. 1925 in der Fassung v. 21. 12. 1929 zitiert.

40 BGBl II, 23 (1961), vgl. dazu Krieger, GRUR Ausl. 1960, 400.

41 BGBl II, 23 (1961) und Änderungen der Anlagen, vgl. BGBl II, 856 (1969); vgl. die Erläuterungen zu diesem Abkommen bei Krieger, GRUR Ausl. 1960, 400 u. 1964, 499.

— Abkommen zwischen der Bundesrepublik Deutschland und der Italienischen Republik über den Schutz von Herkunftsangaben, Ursprungsbezeichnungen und anderen geographischen Bezeichnungen vom 23. 7. 1963[42]

— Abkommen zwischen der Bundesrepublik Deutschland und dem Königreich Griechenland über den Schutz von Herkunftsangaben, Ursprungsbezeichnungen und anderen geographischen Bezeichnungen vom 16. 4. 1964[43].

— Convention entre la République Française et la République Italienne sur la protection des appellations d'origine, des indications de provenance et des dénominations de certains produits du 28. 4. 1964[44]

— Vertrag zwischen der Bundesrepublik Deutschland und der Schweizerischen Eidgenossenschaft über den Schutz von Herkunftsangaben und anderen geographischen Bezeichnungen vom 7. 3. 1967[45]

— Vertrag zwischen der Bundesrepublik Deutschland und dem Spanischen Staat über den Schutz von Herkunftsangaben, Ursprungsbezeichnungen und anderen geographischen Bezeichnungen vom 11. 9. 1970[46]

— Convention entre la République Française et L'Etat Espagnol sur la protection des appellations d'origine, des indications de provenance et des dénominations de certains produits du 27. 6. 1973[47]

— Accord entre la République Française et la République d'Autriche sur la protection des appellations d'origine, des indications de provenance et des dénominations de produits agricoles et industriels (ensemble un protocole) du 10. 5. 1974 und Convention du 24. 6. 1975[48]

— Traité entre la République Française et la Confédération Suisse sur la protection des indications de provenance, des appellations d'origine et d'autres dénominations géographiques du 14. 5. 1974[49].

---

[42] BGBl II, 157 (1965); vgl. dazu Krieger, GRUR Ausl. 1964, 499.

[43] BGBl II, 177 (1965).

[44] J.O.R.F. 1969, S. 4240.

[45] BGBl II, 139 (1969) = GRUR Int. 1967, 347; zu diesem Abkommen vgl. Krieger, GRUR Int. 1967, 334.

[46] BGBl II, 109 (1972).

[47] J.O.R.F. 1975, S. 4011.

[48] J.O.R.F. 1975, S. 11356.

[49] J.O.R.F. 1975, S. 11575.

Die Struktur der genannten Abkommen stimmt in den wesentlichen Punkten überein. Geschützt werden die im Anhang des jeweiligen Abkommens in einer Liste aufgeführten geographischen Bezeichnungen, und zwar zum Teil auch solche, die keine Ursprungsbezeichnungen oder Herkunftsangaben sind[50]. Diese Listen stellen gewissermaßen das bilaterale Gegenstück zur internationalen Registrierung im Rahmen des LUA dar.

Die Besonderheit dieser Abkommen besteht darin, daß die Vertragspartner verpflichtet sind, auf die in den Listen genannten Erzeugnisse hinsichtlich der Schutzvoraussetzungen das Recht des Ursprungslandes anzuwenden[51]. Außerdem werden die geschützten Bezeichnungen ausschließlich den Erzeugnissen des Partnerlandes vorbehalten (vgl. z. B. Art. 2 und 3 des deutsch-französischen Abkommens). Dies erleichtert die Rechtsverfolgung beträchtlich, da die Verwendung der Bezeichnungen für Erzeugnisse aus allen anderen Ländern hierdurch per se unzulässig ist[52]. Hinsichtlich der Rechtsfolgen sind alle im jeweiligen Land existenten Maßnahmen zivil-, straf- und verwaltungsrechtlicher Art anwendbar (vgl. z. B. Art. 4 des deutsch-französischen Abkommens).

Das jeweilige Abkommen entfaltet unmittelbare Schutzwirkungen (vgl. z. B. Art. 6 I des deutsch-französischen Vertrages). Der Schutz erstreckt sich auf alle falschen und irreführenden Angaben über die Herkunft und den Ursprung der Waren. Dies gilt für Benutzungen jeglicher Art, d. h. auch auf Rechnungen, Geschäftspapieren und in der Werbung. Mittelbare Hinweise, wie z. B. Abbildungen, und entlokalisierende oder klarstellende Zusätze sind verboten (vgl. z. B. Art. 4 II und 5 des deutsch-französischen Abkommens)[53]. Es handelt sich daher um einen umfassenden Irreführungsschutz.

Der Bundesgerichtshof mußte anhand des deutsch-französischen Vertrages entscheiden, ob der Schutz dieses Abkommens absolut wirkt, d. h. ob eine geschützte Bezeichnung für andere Erzeugnisse verwendet werden darf, wenn die Bezeichnung auf ein ganz bestimmtes Produkt hinweist[54].

Dieses Problem wurde bereits im Zusammenhang mit Art. 16, 17 VO 338/79 (= Art. 12, 13 VO 817/70) für das Gemeinschaftsrecht erörtert[55]. Der Bundesgerichtshof hat in seiner Entscheidung sich grund-

---

50 z. B. die Bezeichnung „Kölnisch Wasser“ im deutsch-schweizerischen Abkommen v. 7. 3. 1967, vgl. GRUR Int. 1967, S. 352.

51 Vgl. die Erläuterungen von Krieger, GRUR Ausl. 1960, 400 (405) ff.

52 Vgl. Tilmann, S. 420 f.

53 Vgl. Krieger, GRUR Ausl. 1960, 411.

54 BGH GRUR 1969, 611 — „Champagner-Weizenbier“ u. BGH GRUR 1969, 615 — „Champi-Krone“.

sätzlich für eine umfassende Schutzwirkung gegen konkurrierende Erzeugnisse ausgesprochen, hingegen den Schutz für den Fall versagt, daß eine Verwechslungsgefahr vollkommen ausgeschlossen ist[56].

Die Frage, ob ähnlich wie im Warenzeichenrecht, eine berühmte Herkunftsangabe auch in diesen Fällen gegen die sonst bestehende Verwässerungsgefahr schutzbedürftig ist, mußte der Bundesgerichtshof nicht entscheiden. Wenn man berücksichtigt, daß Marken und geographische Angaben Herkunftszeichen im weiteren Sinne sind, sollte man eine derartige Lösung erwägen.

Der zitierten Rechtsprechung wurde im deutsch-schweizerischen Abkommen Rechnung getragen (vgl. Art. 2 II, 3 II des deutsch-schweizerischen Vertrages), insbesondere die berühmten Herkunftsangaben wurden besonders geschützt (vgl. Art. 2 II Nr. 2, 3 II Nr. 2 deutsch-schweizerischer Vertrag). Für die in Art. 2 II, 3 II genannten Bezeichnungen besteht aufgrund des Art. 1 des deutsch-schweizerischen Vertrages ein absoluter Schutz[57]. Für die übrigen Bezeichnungen gelten die allgemeinen Regeln des unlauteren Wettbewerbs.

Neben dem allgemeinen Irreführungsverbot (vgl. Art. 5 I) enthält der deutsch-schweizerische Vertrag in Art. 5 II eine Vermutung dafür, daß die Verwendung mittelbarer Herkunftsangaben für andere Erzeugnisse als die des Ursprungslandes als falsche oder irreführende Angabe über die Herkunft gilt, sofern es sich nicht um eine Beschaffenheitsangabe oder eine Phantasiebezeichnung handelt.

Auf bestimmte Besonderheiten des deutsch-schweizerischen Vertrages, die aus der Gleichnamigkeit bestimmter geographischer Bezeichnungen in beiden Ländern resultieren, kann im Rahmen dieser Arbeit nicht näher eingegangen werden[58].

Während die bilateralen Abkommen zunächst als Verträge „neuen Typs“ einhellig begrüßt wurden[59], sind inzwischen Zweifel an deren Wert laut geworden[60]. Diese Bedenken bestehen besonders dann, wenn ein Land mit einer Sondergesetzgebung zum Schutz von Herkunftsangaben und Ursprungsbezeichnungen Partner eines Landes ist, dessen Schutz von Herkunftsangaben nach allgemeinen Vorschriften gegen

---

[55] s. o. Teil I 2. Kapitel I 4 f bb).

[56] BGH GRUR 1969, 614 u. 616; vgl. auch Kühn, GRUR Int. 1967, 268.

[57] Vgl. Krieger, GRUR Int. 1967, 334; Tilmann, S. 421; allgemein auch Kühn, GRUR Int. 1967, 268.

[58] Krieger, GRUR Int. 1967, 337 ff.

[59] Vgl. Krieger, GRUR Ausl. 1960, 400; Beier, GRUR 1963, 167 u. GRUR Int. 1974, 137; Ulmer / Reimer (Bearbeiter: Beier), RuW III, Nr. 790 ff., S. 558 ff.

[60] Vgl. Tilmann, S. 426, 436 f.

die Irreführung der beteiligten Verkehrskreise erfolgt. Die Übernahme des Rechts des Ursprungslandes für die Schutzvoraussetzungen bedeutet in diesen Fällen einen großen Vorteil für ein Land mit Sondergesetzgebung (z. B. Frankreich), während die Ermittlungen der Verkehrsauffassung (z. B. nach deutschem Recht) zur Feststellung der Irreführung den verschiedensten Erwägungen zugänglich ist[61]. So ist zu bedenken, ob der ausländische Richter die Verkehrsauffassung des Ursprungs- oder des Einfuhrlandes ermitteln soll und kann. Dies erklärt, warum auch der Schutz geographischer Bezeichnungen im Rahmen bilateraler Abkommen zwar über die multilateralen Abkommen hinausgeht, aber im übrigen nicht ganz befriedigen kann[62].

Diese meines Erachtens zutreffende Kritik zeigt, daß die im deutschen Rechtssystem konsequente Berücksichtigung der Verkehrsauffassung außerhalb der nationalen Grenzen ungeeignet ist, um Herkunftsangaben wirksam zu schützen. Die Entscheidung des Europäischen Gerichtshofes, sich im europäischen Recht nicht an eine bestimmte Verkehrsauffassung bei der Prüfung binden zu wollen, ob eine Herkunftsangabe oder Ursprungsbezeichnung nach Art. 30, 36 EWGV zulässigerweise verwendet werden darf, ist nur folgerichtig. Eine einheitliche europäische Verkehrsauffassung dürfte kaum je bestehen. Müßte der Europäische Gerichtshof dennoch eine Verkehrsauffassung ermitteln, ist es problematisch, ob er dabei diejenige des Einfuhr- oder des Ursprungslandes seiner Entscheidung zugrunde legen soll. Beide Lösungen erscheinen unbefriedigend. Die Berücksichtigung der Verkehrsauffassung ist für den freien Warenverkehr im Gemeinsamen Markt zwischen verschiedenen Staaten mit unterschiedlichen Rechtssystemen kein geeignetes Abgrenzungskriterium zwischen schutzwürdigen Herkunftsangaben und sonstigen Bezeichnungen[63].

III. Die rechtliche Behandlung bestehender bilateraler Abkommen zwischen den Mitgliedsstaaten

Auch nach der Gründung der Europäischen Wirtschaftsgemeinschaft haben die Mitgliedsstaaten untereinander mehrere Abkommen geschlossen, die den Schutz geographischer Bezeichnungen zum Gegenstand haben. Die Weinbezeichnungen bilden dabei traditionsgemäß den Hauptanteil der geschützten Bezeichnungen.

---

[61] Vgl. Tilmann, 426, 436 f.

[62] Vgl. Tilmann, S. 426.

[63] a. A. Beier, GRUR 1977, 7.

Es handelt sich um folgende Abkommen:

— Abkommen vom 8. 3. 1960 zwischen der Bundesrepublik Deutschland und der Französischen Republik über den Schutz von Herkunftsangaben und Ursprungsbezeichnungen und anderen geographischen Bezeichnungen[64]

— Abkommen vom 23. 6. 1963 zwischen der Bundesrepublik Deutschland und der Italienischen Republik über den Schutz von Herkunftsangaben, Ursprungsbezeichnungen und anderen geographischen Bezeichnungen[65]

— Konvention vom 28. 4. 1964 zwischen der Französischen Republik und der Italienischen Republik über den Schutz von Ursprungsbezeichnungen, Herkunftsangaben und Bezeichnungen bestimmter Erzeugnisse[66].

1. Vorrang des Gemeinschaftsrechts

Der EWG-Vertrag enthält zur Frage der Fortgeltung von Abkommen zwischen den Mitgliedsstaaten keine Regelung. Art. 234 EWGV, die einzige Vorschrift, die das Verhältnis des EWG-Vertrages zu anderen Abkommen regelt, ist nicht anwendbar. Diese Vorschrift betrifft nur Altabkommen, d. h. die vor dem 1. 1. 1958 zwischen Mitgliedsstaaten und Drittländern geschlossenen Verträge.

Es gelten daher die allgemeinen Grundsätze des Gemeinschaftsrechts, d. h. die allgemeine Kollisionsregel des Vorrangs des Gemeinschaftsrechts[67], die auch gegenüber anderen internationalen Abkommen gilt[68].

Die Gemeinschaft hat die interne Zuständigkeit für die gemeinsame Agrarpolitik (vgl. Art. 39 EWGV). Die Mitgliedsstaaten sind zum Erlaß von Durchführungsbestimmungen befugt und ermächtigt, soweit dies durch Gemeinschaftsrecht ausdrücklich vorgesehen ist. Diese Regel findet eine besonders strikte Anwendung bei Bestehen einer Marktordnung[69]. Die Weinmarktordnung wurde 1970 geschaffen[70].

Die genannten bilateralen Abkommen wurden vor diesem Zeitpunkt unterzeichnet. Ihr Abschluß stellt somit auch soweit sie bestimmte Weinbezeichnungen schützen, keinen Verstoß gegen das Gemeinschaftsrecht

---

64 BGBl II, 22 (1961), ÄnderungsVO v. 23. 4. 1969, BGBl II, 546 (1969).

65 BGBl II, 157 (1965).

66 J.O.R.F. 1969, S. 4240.

67 Vgl. z. B. EuGH, Rs 10/61, Bd. VIII, S. 23; Rs 106/77, Slg. 1978, S. 644.

68 EuGH, Gutachten 1/76, Slg. 1977, S. 761, Rz. 18.

69 Vgl. EuGH, Rs 65/75, Urteil v. 26. 2. 1976, Slg. 1976, S. 306, Rz 5; Rs 88 bis 90/75, Urteil v. 26. 2. 1976, Slg. 1976, S. 336, Rz 6.

70 Abl. L 99 v. 5. 5. 1970, S. 1.

dar. Fraglich ist jedoch ihr Fortbestand. Die VO 817/70 (EWG) trat am 8. 5. 1970 in Kraft, die VO 2133/74 (EWG) am 20. 8. 1974. Die Anwendbarkeit der zuletzt genannten Verordnung wurde bis zum 1. 9. 1976 aufgeschoben. Spätestens seit diesem Zeitpunkt besteht ein umfassender Schutz geographischer Weinbezeichnungen durch das Gemeinschaftsrecht. Da die bilateralen Abkommen zahlreiche Weinbezeichnungen schützen, führt der Vorrang des Gemeinschaftsrechts dazu, daß diese Abkommen für solche Bezeichnungen nicht mehr angewendet werden können, soweit das Gemeinschaftsrecht eine Regelung getroffen hat. Dies ist nicht der Fall hinsichtlich der Anwendbarkeit des allgemeinen Rechts des unlauteren Wettbewerbs, da es bisher an einer Gemeinschaftsregelung fehlt. Auch hinsichtlich der verfahrensrechtlichen Voraussetzungen für Zivilklagen enthält das EWG-Weinrecht keine Vorschriften. Vielmehr ergibt sich eine Verpflichtung der Mitgliedsstaaten aus Art. 54 IV i. V. m. Art. 64 VO 337/79 (= Art. 30 III a i. V. m. Art. 39 a VO 816/70) bzw. Art. 17 VO 338/79 (= Art. 13 VO 817/70), die Anwendbarkeit des allgemeinen nationalen Rechts zu gewährleisten. Dagegen werden Irreführungsvorschriften der nationalen Weingesetze bzw. des allgemeinen Lebensmittelrechts der Mitgliedsstaaten vollständig verdrängt[71]. Ihre Anwendung ist daher auch im Rahmen bilateraler Abkommen nicht mehr zulässig. Da jedoch in allen Mitgliedsstaaten das Gemeinschaftsrecht einheitlich gilt, entstehen hierdurch keine Konflikte zwischen europäischem Recht und bilateralen Abkommen, da diese nur zur Anwendung des jeweils gültigen nationalen Rechts verpflichten[72].

2. Vereinbarkeit mit den Art. 30 ff. EWGV

Die bilateralen Verträge schützen neben Weinbezeichnungen auch geographische Bezeichnungen zahlreicher anderer Produkte. Auch insoweit bleibt das Gemeinschaftsrecht nicht ohne Einfluß auf die Fortgeltung dieser Abkommen. Für Erzeugnisse, die bisher keiner spezifischen Regelung des Gemeinschaftsrechts unterliegen, gelten die Bestimmungen des EWG-Vertrages. Die hieraus entstehenden Probleme, sollen an zwei Beispielen erläutert werden, auch wenn es sich in den genannten Fällen nicht um Weinbezeichnungen handelt.

a) „Kölnisch Wasser“

In Anlage A des deutsch-französischen und des deutsch-italienischen Vertrages ist die Bezeichnung „Kölnisch Wasser“ geschützt, nicht jedoch die Übersetzung „Eau de Cologne“ bzw. „Aqua di Colonia“, da diese

---

71 Vgl. z. B. BGH NJW 1977, 1600.

72 Vgl. z. B. Art. 2 u. 3 des deutsch-französischen Abkommens, BGBl II, 23 f. (1961).

Bezeichnungen in Frankreich bzw. Italien Gattungsbezeichnungen sind. Dies gilt nach deutscher Rechtsprechung auch für die Bezeichnung „Kölnisch Wasser" in Deutschland[73].

Nach der Rechtsprechung des Europäischen Gerichtshofes ist eine Gattungsbezeichnung innerhalb des Gemeinsamen Marktes nicht schutzfähig. Ein bestehender Schutz verstößt gegen Art. 30 EWGV, sofern hierin eine Maßnahme gleicher Wirkung wie eine mengenmäßige Beschränkung zu sehen ist[74].

Die in den Abkommen enthaltene Staatenreservierung verbietet es italienischen und französischen Herstellern ihr „Eau de Cologne" in Deutschland als „Kölnisch Wasser" zu verkaufen. Hierin liegt eine Maßnahme gleicher Wirkung wie eine mengenmäßige Beschränkung zur Beschränkung des zwischenstaatlichen Handels im Sinne von Art. 30 EWGV. Da es sich bei der Bezeichnung „Kölnisch Wasser" in Deutschland um eine Gattungsbezeichnung handelt, kann Art. 36 S. 1 EWGV nicht zur Anwendung kommen, da nur Herkunftsangaben und Ursprungsbezeichnungen als geographische Bezeichnungen eine Handelsbeschränkung zulässig erscheinen lassen[75].

Davon zu unterscheiden sind zwei ganz andere Fragen, die hier nicht behandelt werden können, ob es den Kölner Herstellern von Kölnisch Wasser nicht weiterhin gestattet sein muß, den Zusatz „echt" zu verwenden und ob die Verwendung des Ausdrucks „Kölnisch Wasser" von französischen bzw. italienischen Herstellern auf ihren *einheimischen Märkten* keinen unlauteren Wettbewerb darstellt, da der Verbraucher in jenen Ländern an eine Herkunft aus Deutschland glauben könnte.

b) Der französisch-britische Briefwechsel vom 31. 7. und 11. 9. 1975

Wahrscheinlich als Folge der Entscheidung des Europäischen Gerichtshofs in der Rs 8/74 (Dassonville)[76] haben Frankreich und Großbritannien in einem Briefwechsel vom 31. 7. und 11. 9. 1975[77] sich gegenseitig die Bezeichnungen Armagnac, Cognac, Calvados und Scotch Whisky geschützt. Neben der Verpflichtung diese Bezeichnungen auch gegen eine Verwendung mit entlokalisierenden oder klarstellenden Zusätzen zu schützen, was in Ermangelung einer gemeinschaftsrechtlichen Regelung

[73] Vgl. BGH GRUR 1965, 317 m. Anm. Bußmann, GRUR 1965, 281.

[74] Vgl. EuGH 1975, 199, Rz. 16.

[75] Vgl. EuGH 1975, 199, Rz. 16; a. A. Tilmann, S. 432, der das Urteil des Europäischen Gerichtshofs nur für mittelbare Herkunftsangaben gelten lassen will.

[76] EuGH 1974, S. 837.

[77] J.O.R.F. 1975, S. 12069.

für Spirituosen zulässig ist, wird jeweils für den Import dieser Erzeugnisse ein offizielles Begleitdokument verlangt. Der Briefwechsel enthält einen gemeinschaftsrechtlichen Vorbehalt. Dies ändert meines Erachtens jedoch nichts daran, daß die Einfuhr eines Produktes des Gemeinsamen Marktes von der Vorlage eines *nationalen* Begleitdokuments abhängig und damit erschwert ist. Hierdurch werden Alleinimporteure bevorzugt und ein Import aus anderen Staaten der Europäischen Gemeinschaft zumindest eingeschränkt[78]. Dies wäre anders, wenn die Vorlage des Begleitdokuments lediglich beinhalten würde, daß Importe bei Vorlage dieses Papiers nicht zurückgewiesen werden dürfen, andere Importe desselben Erzeugnisses jedoch auch zulässig sind. Die genannte Vereinbarung verstößt daher gegen Art. 30 EWGV, da diese Maßnahme zur Kontrolle der Echtheit des Erzeugnisses unverhältnismäßig und daher nicht sinnvoll im Sinne der Rechtsprechung des Europäischen Gerichtshofes ist. Art. 36 S. 1 EWGV ist daher nicht anwendbar, da die Voraussetzungen der Art. 30, 36 S. 2 EWGV erfüllt sind[79].

Die partielle Fortgeltung der bilateralen Abkommen im Gemeinschaftsrecht trägt keineswegs zur Übersichtlichkeit dieses Rechtsgebiets bei. Es bleibt zu hoffen, daß die Gemeinschaft den Schutz geographischer Bezeichnungen in absehbarer Zeit nicht nur bei Wein, sondern insgesamt regelt, um der bestehenden Rechtsunsicherheit entgegenzuwirken[80].

---

78 Vgl. dazu EuGH 1974, S. 853, Rz. 7/9.

79 Vgl. aber EuGH, Rs 2/78, Urteil v. 16. 5. 1979, Slg. 1979, 1761 Rz. 41 ff.

80 Vgl. hierzu die Vorschläge bei Ulmer, RuW I, Nr. 429 ff., S. 261 ff.

2. Kapitel

Schutz der geographischen Bezeichnungen für EG-Weine in Drittländern

I. Problemstellung

Die Gemeinschaft ist bisher an keinem der multilateralen Abkommen beteiligt, die den Schutz von Herkunftsangaben und Ursprungsbezeichnungen zum Gegenstand haben. Dies erklärt sich daraus, daß ihre Einbeziehung als eine internationale Organisation mit Sondercharakter nicht unproblematisch ist. Die Schwierigkeiten sind nicht nur rechtlicher, sondern auch politischer Natur. So wird die Gemeinschaft beispielsweise von den meisten Ostblockstaaten bisher nicht als Rechtspersönlichkeit anerkannt.

Weitere rechtliche Schwierigkeiten ergeben sich dadurch, daß auf dem Gebiet der Herkunftsangaben und Ursprungsbezeichnungen allgemein, d. h. für alle Erzeugnisse, die Gemeinschaft bisher keine Kompetenz ausgeübt hat[1]. Auch fehlt in den meisten Fällen eine interne Gemeinschaftsregelung. Bisher hat die Gemeinschaft in diesem Bereich nur das Weinrecht umfassend geregelt und dabei einen bezeichnungsrechtlichen Irreführungsschutz und einen absoluten Schutz der Bezeichnungen der bestimmten Anbaugebiete geschaffen. In der Weinmarktordnung wurde auch der Handel mit Drittländern geregelt. Es fehlt jedoch ein Schutz der geographischen Bezeichnungen der EG-Weine in Drittländern[2]. Dieser wurde bisher durch bilaterale und multilaterale Abkommen der Mitgliedsstaaten gewährleistet, mit den erwähnten Schwächen, die das gegenwärtige System der internationalen Abkommen aufweist[3].

Angesichts der Bedeutung bekannter Herkunftsangaben und Ursprungsbezeichnungen als werbewirksame und exportfördernde Kennzeichen und im Hinblick auf die traditionell geringe Neigung klassischer

---

[1] Vgl. Matthies, S. 405, der von einer umfassenden Gemeinschaftskompetenz auf diesem Gebiet aus Art. 113 EWGV ausgeht.

[2] Vgl. jedoch Dok. KOM (78) 657 endg. v. 30. 11. 1978, ergänzt durch Dok. KOM (79) 25 endg. v. 5. 2. 1979, das erstmalig einen Vorschlag der Kommission an den Rat für ein Verhandlungsmandat über ein bilaterales Abkommen mit Österreich zum Schutz geographischer Weinbezeichnungen enthält.

[3] s. o. Teil II 1. Kapitel I.

Abnehmerländer[4], diese Bezeichnungen zu schützen, ist die Möglichkeit des Tätigwerdens der Gemeinschaft besonders wichtig, da die Durchsetzbarkeit bestimmter Schutzmaßnahmen sowie das Zustandekommen eines Abkommens als solchem vom politischen Gewicht des Vertragspartners abhängt. Im Bereich des Weinbaus kann diese Position durch den zu erwartenden Beitritt der Weinbauländer Spanien, Portugal und Griechenland nur gestärkt werden.

Das Gemeinschaftsinteresse deckt sich keineswegs mit dem Interesse aller Mitgliedsstaaten, da der Weinbau in nennenswertem Umfang gegenwärtig nur von Frankreich, Italien, Deutschland und Luxemburg betrieben wird. Ein gleichgerichtetes Tätigwerden aller Mitgliedsstaaten ist daher auch in Zukunft nur im Rahmen einer gemeinsamen EG-Weinpolitik denkbar. Dies ist auch deshalb von großer Bedeutung, weil nicht alle Mitgliedsstaaten an den einschlägigen multilateralen Abkommen beteiligt sind. Dies ist lediglich bei der Pariser Verbandsübereinkunft der Fall. Fünf Mitgliedsstaaten (Deutschland, Frankreich, Großbritannien, Irland und Italien) haben das Madrider Herkunftsabkommen unterzeichnet und nur zwei (Frankreich, Italien) sind dem Lissaboner Ursprungsabkommen beigetreten. Um einen Schutz der exportwichtigen Weinbezeichnungen zu gewährleisten, ist somit ein Tätigwerden der Gemeinschaft notwendig, um die Einheitlichkeit des Vorgehens der Mitgliedsstaaten zu sichern.

II. Voraussetzungen für ein Tätigwerden der Gemeinschaft

Nach der Systematik des EWG-Vertrages bedarf die Gemeinschaft zu ihrem Tätigwerden einer Kompetenzzuweisung, die sich entweder ausdrücklich aus einer Bestimmung des EWG-Vertrages oder aus der Gesamtheit der Normen des Vertrages und des von ihm abgeleiteten Rechts ergeben muß[5].

Die Ermittlung einer Kompetenz der Gemeinschaft auf dem Gebiet der Außenbeziehungen ist im Hinblick auf die ungeklärte Rechtsstellung der Europäischen Gemeinschaft im internationalen Bereich und angesichts der anhaltenden Bestrebungen der Mitgliedsstaaten mittels Einwirkung über ihr Vertretungsorgan, den Rat, die externe Zuständigkeit der Gemeinschaft möglichst einzuschränken[6], im Hinblick auf

---

[4] USA, Australien, Kanada, Neuseeland, Schweden, Norwegen, Finnland vgl. Tilmann, S. 379.

[5] EuGH, st. Rspr., Rs 22/70, Urteil v. 31. 3. 1971; Slg. 1971, 274, Rz 15/19; Gutachten 1/75 v. 11. 11. 1975, Slg. 1975, 1355 (1360); Rs 3, 4 u. 6/76, Urteil v. 14. 7. 1976, Slg. 1976, 1310, Rz 19/20; Gutachten 1/76 v. 26. 4. 1977, 755, Rz 3; Beschluß 1/78 v. 14. 11. 1978, Slg. 1978, 2178, Rz. 31 ff.

[6] Vgl. die Argumente des Rates im AETR-Fall, EuGH Slg. 1971, 271.

das politische Durchsetzungsvermögen der Gemeinschaft mit vielen Unbekannten behaftet. Die Erörterungen im Rahmen dieser Arbeit beschränken sich auf das Weinrecht der Europäischen Gemeinschaft. Die rechtlichen Überlegungen haben andererseits insofern exemplarischen Charakter, als es sich um einen der wenigen umfassend geregelten Teilbereiche des Gemeinschaftsrechts handelt.

III. Kompetenznormen und ihr Rangverhältnis zueinander

1. Kompetenznormen

Bei der Ermittlung der möglichen Kompetenznormen ist zu berücksichtigen, daß Wein im Anhang II des Vertrages[7] als landwirtschaftliches Erzeugnis aufgeführt ist, das den Bestimmungen der Art. 38 ff. EWGV unterfällt. Insbesondere kann die vorhandene Weinmarktordnung gemäß Art. 40 III 1 EWGV alle zur Durchführung der gemeinsamen Agrarpolitik (vgl. Art. 39 EWGV) erforderlichen Maßnahmen einschließen, wobei die Formulierung „insbesondere" des 2. Hlbs. des Art. 40 III 1 EWGV erkennen läßt, daß die dort gegebene Aufzählung nicht abschließend zu verstehen ist[8]. Die Kompetenz der Gemeinschaft zum Erlaß der erforderlichen Maßnahmen folgt aus Art. 43 II 3 EWGV.

Andererseits läßt sich der Schutz geographischer Weinbezeichnungen durch internationale Abkommen im Hinblick auf ihre Exportbedeutung als Teil der Handelsbeziehungen auffassen, so daß die Art. 110 ff. und insbesondere Art. 113 EWGV ebenfalls in Betracht zu ziehen sind. Auf Grund von Art. 113 III EWGV kann der Rat die Kommission ermächtigen, Verhandlungen mit Drittländern zu führen. Art. 114 EWGV weist dem Rat die Kompetenz zum Abschluß derartiger Abkommen zu.

Schließlich ist noch denkbar, Art. 235 EWGV heranzuziehen, der auch auf die Außenbeziehungen der Europäischen Gemeinschaft anwendbar ist[9], sofern man annimmt, daß das Recht der geographischen Bezeichnungen als Teilgebiet des Rechts des unlauteren Wettbewerbs auch bei der Frage der Außenkompetenz weder dem Agrarrecht noch der Handelspolitik zugerechnet werden kann.

---

[7] Vgl. Tarifnummer 22.05; siehe auch Abl. L 54, S. 42 v. 5. 3. 1979.

[8] Zur allgemeinen Bedeutung dieser Vorschrift vgl. Groeben / Boeckh, Art. 40 EWGV, Anm. 8.

[9] Vgl. EuGH, Slg. 1971, 282, Rz. 95.

2. Rangverhältnis der Kompetenznormen

a) Art. 235 EWGV

Art. 235 EWGV kommt nur zur Anwendung, wenn im Vertrag die zur Verwirklichung eines Ziels des Gemeinsamen Marktes erforderlichen Befugnisse fehlen oder unzureichend sind. Auf die Streitfragen der Auslegung dieser Vorschrift einzugehen, ist an dieser Stelle nicht erforderlich[10], da sich aus dem Gesagten eindeutig ergibt, daß Art. 235 EWGV im Verhältnis zu anderen Kompetenzvorschriften des EWG-Vertrages subsidiär ist. Da in diesem Zusammenhang lediglich das Rangverhältnis der Normen ermittelt werden soll, steht hiermit fest, daß Art. 235 EWGV nur dann als Kompetenznorm in Betracht zu ziehen ist, wenn keine andere Vorschrift der Gemeinschaft eine Befugnis zum Abschluß von Abkommen mit Drittstaaten zum Schutze geographischer Weinbezeichnungen verleiht[11].

b) Art. 43 EWGV

Art. 43 II 3 EWGV enthält eine allgemeine Kompetenz des Rates zum Erlaß von Verordnungen, Richtlinien und Entscheidungen im Rahmen der gemeinsamen Agrarpolitik. Da die Vorschrift den Abschluß internationaler Abkommen nicht ausdrücklich erwähnt, ließe sich daraus der Schluß ziehen, Art. 43 EWGV enthalte keine entsprechende Ermächtigung. Andererseits können auf Grund des Art. 40 III 1 EWGV alle *erforderlichen* Maßnahmen zur Errichtung einer gemeinsamen Marktorganisation getroffen werden. Da der Ex- und Import von Weinen im Rahmen der Weinmarktordnung einer Regelung bedarf und auch geregelt worden ist (vgl. Art. 16 ff. VO 337/79 = Art. 8 ff. VO 816/70), erscheint diese Betrachtungsweise zu formal[12].

Auch würde man der Entwicklung der Gemeinschaft, besonders auf dem Agrarsektor nicht gerecht, wenn man das vorhandene sekundäre Gemeinschaftsrecht nicht in diese Betrachtung miteinbeziehen wollte. Im Hinblick auf das im ersten Teil dargestellte Weinbezeichnungsrecht wird man die Existenz einer umfassenden Gemeinschaftsregelung nicht leugnen können. Sie bestimmt auch, welche geographische Bezeichnungen für Weine aus Drittländern, die in die Gemeinschaft importiert werden[13], verwendet werden dürfen.

---

[10] Zur Auslegungsproblematik vgl. z. B. Groeben / Boeckh, Art. 235, Anm. 3, S. 766 ff., Marenco, RMC 1970, 147 ff.; Peeters, RMC 1973, 141; Lesguillons, A.F.D.I. 1974, 886 ff.

[11] Vgl. Matthies, S. 406.

[12] Zur bisherigen Entwicklung des Art. 43 vgl. Groeben / Boeckh, Art. 43, Anm. 1, S. 388 ff.

[13] Vgl. Art. 28 VO 355/79 (= VO 2133/74).

Angesichts der weitreichenden Kompetenz innerhalb des Gemeinsamen Marktes, die durch den Grundsatz des Vorrangs des Gemeinschaftsrechts gegenüber den nationalen Rechtsnormen abgesichert ist, bliebe das Gemeinschaftsrecht nach außen ohne „effet utile", wenn der Schutz der Weinbezeichnungen gegenüber Drittländern noch Aufgabe der jeweils interessierten Mitgliedsstaaten bliebe. Der Europäische Gerichtshof hat daher auch bei Fehlen einer ausdrücklichen Außenkompetenz diese unter Auslegung des Vertrages und des sekundären Gemeinschaftsrechts aus einer umfassenden internen Kompetenz abgeleitet[14]. Art. 43 in Verbindung mit Art. 40 Abs. 3 ist daher geeignet, der Gemeinschaft eine Außenkompetenz zu verleihen.

c) *Art. 113, 114 EWGV*

Art. 43 EWGV als allgemeine Agrarermächtigung kommt jedoch nur dann als Kompetenzvorschrift zur Anwendung, wenn der EWG-Vertrag keine speziellere Norm enthält. Unterstellt man zur Ermittlung des Rangverhältnisses der Kompetenznormen, daß das Weinbezeichnungsrecht der Handelspolitik unterfällt, würde dies bedeuten, daß aufgrund von Art. 113 III EWGV und 114 EWGV eine ausdrückliche Verhandlungs- und Abschlußkompetenz der Kommission bzw. des Rates der Europäischen Gemeinschaften bestünde.

Da die Handelspolitik einen Sonderfall, und zwar den für die Europäische Gemeinschaft als Wirtschaftszusammenschluß wichtigsten Bestandteil der Außenbeziehungen bildet und aufgrund dieser Tatsache der Vertrag eine ausdrückliche Außenkompetenz enthält, gilt im Verhältnis zu allgemeinen Vertragsvorschriften, aus denen ebenfalls Außenkompetenzen abgeleitet werden, der Grundsatz der Spezialität. Eine Kompetenz aus Art. 113 EWGV ginge daher einer solchen aus Art. 43 EWGV vor[15].

Hiergegen könnte man einwenden, daß die Weinverordnungen ausdrückliche Vorschriften enthalten, wonach die Ziele der Art. 39 und 110 EWGV gleichermaßen zu berücksichtigen sind (vgl. z. B. Art. 69 VO 337/79). Dies bedeutet jedoch nicht, daß die entsprechenden Kompetenznormen kumulativ auf denselben Regelungsgegenstand Anwendung finden. Der genannte Passus wurde deshalb aufgenommen, weil die Weinverordnungen die Ein- und Ausfuhr von Weinerzeugnissen regeln und für diesen Bereich die Art. 110 ff. EWGV einschlägig sind. Es muß vermieden werden, daß die Zielvorstellungen beider Vorschriften in Konflikt miteinander geraten. Die Ermächtigung zum Erlaß z. B. der VO

---

14 Vgl. EuGH, Slg. 1976, 1310, Rz. 21/25.

15 a. A. Krück, S. 52; zur Frage, ob Agrarerzeugnisse überhaupt der gemeinsamen Handelspolitik unterliegen können, vgl. Wurzbacher, S. 51.

337/79 folgt jedoch nur aus Art. 42, 43 EWGV[16]. Es ist auch durchaus möglich, daß dieselbe Verordnung mehrere Ermächtigungen nennt, weil sie Vorschriften mit verschiedenen Regelungsmaterien enthält. Hingegen ist es nicht zulässig, auf ein und dieselbe Vorschrift innerhalb einer Verordnung mehrere Kompetenznormen anzuwenden, da in diesem Fall bei unterschiedlichen Verfahrensvoraussetzungen eine willkürliche Handhabung möglich wäre.

Als Ergebnis läßt sich daher festhalten, daß als Kompetenznorm die Art. 113, 114 EWGV vorrangig zu prüfen sind und nur im Falle ihrer Unanwendbarkeit ein Rückgriff auf Art. 43 oder 235 EWGV[17] erforderlich ist.

IV. Die Kompetenz der Europäischen Gemeinschaft aus Art. 113, 114 EWGV zum Abschluß internationaler Abkommen zum Schutz geographischer Weinbezeichnungen

Art. 113 I lautet:

> „Nach Ablauf der Übergangszeit wird die gemeinsame Handelspolitik nach einheitlichen Grundsätzen gestaltet; dies gilt insbesondere für die Änderung von Zollsätzen, den Abschluß von Zoll- und Handelsabkommen, die Vereinheitlichung der Liberalisierungsmaßnahmen, die Ausfuhrpolitik und die handelspolitischen Schutzmaßnahmen, z. B. im Falle von Dumping und Subventionen."

Art. 113 EWGV ist seit dem 1. Januar 1970 uneingeschränkt anwendbar, da die Übergangszeit am 31. Dezember 1969 (vgl. Art. 8 I, VII EWGV) endete. Für die neuen Mitgliedsstaaten endete die Übergangszeit spätestens am 31. Dezember 1977 (vgl. Art. 9 II der Beitrittsakte), so daß Art. 113 seither uneingeschränkt gilt.

Grundfrage bei der Ermittlung einer Gemeinschaftskompetenz zur Verhandlung und zum Abschluß eines Abkommens mit Drittländern zum Schutz der geographischen Bezeichnungen der Weine der Europäischen Gemeinschaft ist der Inhalt des Begriffs „gemeinsame Handelspolitik nach einheitlichen Grundsätzen" in Art. 113 I EWGV.

Bei der Auslegung dieses Teils der Vorschrift werden sehr unterschiedliche Auffassungen vertreten. Aus der Formulierung „einheitliche Grundsätze" wurde geschlossen, die Gemeinschaft könne lediglich Rahmenvorschriften erlassen und dürfe im übrigen nur die speziell in Art. 113 EWGV genannten Gebiete auf dem Verhandlungswege regeln[18].

---

16 Vgl. Abl. L 54 v. 5. 3. 1979, S. 1.

17 Inwieweit dies bei Art. 235 EWGV möglich ist, ist umstritten, vgl. Marenco, RMC 1970, 151 ff.

Der Abschluß klassischer Handelsverträge sei ihr nicht gestattet, sondern ihr Inhalt beschränke sich auf den Warenverkehr[19]. Der Dienstleistungs- und Zahlungsverkehr seien nicht von Art. 113 EWGV erfaßt[20]. Außerdem wird auf die unglückliche Formulierung der Vorschrift hingewiesen und ihre Auslegung am Gemeinschaftsinteresse orientiert, wobei den Gemeinschaftsorganen ein mehr oder minder großer Ermessensspielraum zugebilligt wird[21].

Der Gerichtshof vertritt zur Auslegung von Art. 113 EWGV die Ansicht, daß diese Vorschrift weit auszulegen ist[22]. In seinem Gutachten 1/75[23] hat der Gerichtshof ausgeführt:

> „... Handelspolitik (ist) ein Begriff, der den gleichen Inhalt hat, ob er nun auf die internationale Betätigung eines Staates oder der Gemeinschaft angewendet wird"[24].

Auch der Gerichtshof erwähnt in diesem Gutachten mehrfach, daß die Gemeinschaft für die einheitlichen Grundsätze der Handelspolitik verantwortlich sei und daher auch Rahmenabkommen schließen dürfe[25].

Aus dieser Formulierung wird man im Hinblick auf die weitere Auslegung der Außenkompetenzen der Europäischen Gemeinschaft aufgrund interner Befugnisse durch den Gerichtshof nicht schließen können, daß er Art. 113 EWGV künftig restriktiv auslegen wird. Da es sich im konkreten Fall um ein Rahmenabkommen mit der OECD handelte, konnte sich der Gerichtshof auf den Wortlaut des Art. 113 EWGV beschränken.

Gegen eine restriktive Auslegung spricht die Tatsache, daß Art. 3 EWGV, der den Tätigkeitskatalog für die Gemeinschaft enthält, unter b) die gemeinsame Handelspolitik uneingeschränkt erwähnt. Auch verpflichtet Art. 111 Nr. 1 EWGV die Mitgliedsstaaten bis zum Ende

---

18 Vgl. Wohlfahrt, Art. 113 EWGV, Anm. 3; Bleckmann, EuR 1977, 116, der allerdings den Zahlungsverkehr bezüglich der gelieferten Waren mit einschließt; a. A. Groeben / Boeckh, Vorbem. 2 vor Art. 110 EWGV, der für eine weite Auslegung der Vorschrift eintritt; Ipsen, S. 819 (Nr. 46/6).

19 Everling, S. 205.

20 Wohlfahrt, Art. 113 EWGV, Anm. 3; a. A. Lörcher, S. 128.

21 Vgl. z. B. Wurzbacher, S. 52 für einen weiten Ermessensspielraum; ebenso Krück, S. 59.

22 Vgl. EuGH, Rs 8/73, Urteil v. 12. 7. 1973, Slg. 1973, S. 897 (907), Rz. 4 ohne Begründung: Gutachten 1/78 v. 4. 10. 1979, Slg. 1979, 2871, 2914 f., Rz. 49; vgl. auch Meier, Zur Kompetenz der EG-Mitgliedstaaten zur Durchführung von Sanktionsbeschlüssen des Sicherheitsrats der Vereinten Nationen, RIW/AWD 1979, 248.

23 EuGH Gutachten 1/75, Slg. 1975, 1355.

24 Vgl. EuGH 1975, 1362.

25 Vgl. EuGH 1975, 1363.

der Übergangszeit, die Voraussetzungen zur Durchführung der gemeinsamen Handelspolitik zu schaffen. Aus dem Gesagten ergibt sich, daß die Gemeinschaft nicht nur die einheitlichen Grundsätze, sondern insgesamt die Handelspolitik bestimmen kann[26].

Der Inhalt dieses Begriffs bleibt weiterhin ungeklärt. Gesichert erscheint lediglich, daß unter Handelspolitik diejenigen Maßnahmen fallen, die mit dem Warenverkehr unmittelbar zusammenhängen. Ob dies im konkreten Fall des Schutzes geographischer Bezeichnungen bei Wein anzunehmen ist, wird in der Literatur bisher wenig erörtert[27].

Der Schutz geographischer Bezeichnungen bei Wein ist innerhalb des Gemeinsamen Marktes als umfassender Schutz gegen Irreführung ausgestaltet, verbunden mit dem Hinweis auf die besondere Berücksichtigung der Verbraucherinteressen[28]. Es ist nicht zu verkennen, daß es sich hierbei um ein Teilgebiet des Rechts des unlauteren Wettbewerbs handelt. Man kann daran zweifeln, ob diese Materie mit der Handelspolitik zusammenhängt und außerdem darauf verweisen, daß innerhalb der Gemeinschaft bisher keine Rechtsangleichung des Rechts des unlauteren Wettbewerbs stattgefunden hat.

Andererseits hat Tilmann überzeugend nachgewiesen, daß geographische Herkunftsangaben nicht ohne Exportbedeutung sind und daß das Hauptproblem ihres Schutzes darin besteht, diese Bezeichnungen „exportfähig" zu machen[29]. Die Existenz zahlreicher bilateraler Abkommen, die lediglich Ursprungsbezeichnungen, Herkunftsangaben und andere geographische Bezeichnungen zum Gegenstand haben und die sich im innerstaatlichen Recht unmittelbar auf das Recht des unlauteren Wettbewerbs auswirken, nimmt ihnen nicht den Charakter von Handelsverträgen. Vielmehr dienen die getroffenen Vereinbarungen dazu, den Export bestimmter Waren mit werbewirksamen Bezeichnungen zu privilegieren. Den Hauptanteil der geschützten Bezeichnungen stellen traditionell die Weinbauerzeugnisse[30]. Diese Abkommen sind daher Bestandteil der jeweiligen nationalen Handelspolitik.

---

26 Vgl. Bleckmann, S. 368; Ipsen, S. 822 (Nr. 46/7), für den die gemeinsame Gestaltung der Handelspolitik „letztlich das Ende der Handelsautonomie der Mitgliedstaaten" bedeutet.

27 Bejahend für geographische Weinbezeichnungen, aber ohne Begründung, Tilmann, S. 426; allgemein zu Herkunftsangaben und Ursprungsbezeichnungen bejahend Matthies, S. 405, allgemein ablehnend Beier, GRUR Int. 1977, 2 ohne Begründung.

28 Vgl. die amtliche Begründung der VO 355/79, Abl. L 54 v. 5. 3. 1979, S. 99.

29 Vgl. Tilmann, S. 383 f.; zur „trade promotion" als Teilaspekt der Handelspolitik vgl. Groeben / Boeckh, Art. 113 II 4 c, S. 1450.

30 Vgl. z. B. Anlage A u. B zum deutsch-französischen Abkommen v. 8. 3. 1960, BGBl II, 856 (1969).

In dem Maße, in dem der Umfang der Außenhandelsaktivitäten der Gemeinschaft wächst, erhält der gemeinschaftsrechtliche Begriff „Handelspolitik“ einen außerhalb des Kernbereichs veränderlichen Inhalt. Die Bezeichnung „-politik“ bringt deutlich zum Ausdruck, daß es sich nicht um einen statischen Begriff handelt. Die Vorschrift des Art. 113 I EWGV bliebe ohne einen hinreichenden „effet utile“, wenn jede neue Tätigkeit der Gemeinschaft auf dem Gebiet des Außenhandels von Art. 113 I EWGV ausgeschlossen bliebe. Dies ergibt sich auch aus dem Wortlaut, da der Ausdruck „insbesondere“ bedeutet, daß die gegebenen Beispiele nicht abschließend zu verstehen sind. Auch ist die Gemeinschaft gegründet worden, um den Binnen- und Außenhandel zu erweitern. Die Grenze dieses dynamischen Konzepts ist daher dann erreicht, wenn die Tätigkeit der Gemeinschaft zur Entwicklung des Handels keine unmittelbare Beziehung hat (z. B. Kulturabkommen). Dies ist jedoch im konkreten Fall anders, da der Handel mit Weinen aus Ländern der Europäischen Gemeinschaft und deren Wettbewerbsfähigkeit verbessert werden sollen. Ich bin daher der Ansicht, daß man den externen Schutz der geographischen Bezeichnungen von Weinen der Europäischen Gemeinschaft als eine Maßnahme der gemeinsamen Handelspolitik im Sinne von Art. 113 I EWGV ansehen kann.

Diejenigen Autoren die sich dieser Auffassung nicht anschließen können, müssen jedoch, soweit sie mit der Rechtsprechung des Europäischen Gerichtshofs eine Außenkompetenz aus der Gesamtheit des Vertrages und der aufgrund des Vertrages erlassenen Vorschriften bejahen, angesichts der umfassenden Regelung des EG-Weinrechts zu einer Außenkompetenz der Gemeinschaft aus Art. 43 EWGV in Verbindung mit Art. 40 Abs. 3 EWGV gelangen. Da der Gesichtspunkt der Exportförderung im Vordergrund steht, ist meines Erachtens jedoch Art. 113 Abs. 1 EWGV die zutreffende Vorschrift, so daß das Problem der ungeschriebenen Vertragskompetenzen der Gemeinschaft in diesem Bereich nicht besteht[31].

[31] Zu dieser Frage vgl. EuGH, Rs 22/70, Urteil v. 31. 3. 1971, Slg. 1971, 274, Rz. 13 ff.; Rs 3, 4 u. 6/76, Urteil v. 14. 7. 1976, Slg. 1976, 1310 f., Rz. 21 ff.; Gutachten 1/76 v. 26. 4. 1977, Slg. 1977, 755, Rz. 3 ff.; Groux, C.D.E. 1978, 3 ff.

V. Das Verhältnis von Art. 113 EWGV zu Art. 52 VO 337/79 (= Art. 28 b VO 816/70)

Art. 52 VO 337/79 (= Art. 28 b VO 816/70)[32] lautet:

„(1) Eingeführtem, zum unmittelbaren menschlichen Verbrauch bestimmtem Wein, der mit einer geographischen Angabe bezeichnet ist, kann für seine Vermarktung in der Gemeinschaft unter der Voraussetzung der Gegenseitigkeit Kontrolle und Schutz, wie in Art. 17 der Verordnung (EWG) Nr. 338/79[33] für Qualitätswein b.A. vorgesehen, zugestanden werden.

(2) Die Bestimmungen des Absatzes 1 werden durch Übereinkünfte mit den interessierten Drittländern, die nach dem in Art. 113 des Vertrages vorgesehenen Verfahren ausgehandelt und beschlossen werden, in Kraft gesetzt.

(3) Die Durchführungsbestimmungen zu diesem Artikel werden nach dem Verfahren des Art. 67[34] festgelegt ...“

Diese Vorschrift wurde erst 1976 in die Weinmarktordnung aufgenommen. Sie behandelt konkret die Problematik des Sonderschutzes von Weinen aus Drittländern, die eine geographische Bezeichnung tragen und den Qualitätsweinen bestimmter Anbaugebiete gleichwertig sind. Diesen Weinen kann der Sonderschutz nach Art. 16 und 17 VO 338/79 (= Art. 12 und 13 VO 817/70) gewährt werden. Diese Vorschrift wurde zur Klarstellung einer Gemeinschaftskompetenz in diesem Bereich aufgenommen. Der insoweit deklaratorische Charakter dieser Vorschrift ergibt sich daraus, daß es an einer Ermächtigungsgrundlage fehlen würde, wenn man der Auffassung ist, daß die Gemeinschaft in diesem Bereich keine Außenkompetenz hat. Eine solche Kompetenz muß sich zumindest aus dem Normengefüge des EWG-Vertrages selbst herleiten lassen. Der Erlaß einer Verordnung oder einer anderen Norm des sekundären Gemeinschaftsrechts ist hierfür unzureichend.

Im Unterschied zu Art. 113 EWGV enthält die Vorschrift eine konkrete Einschränkung der Schutzgewährung, da diese nur auf Gegenseitigkeit gewährt werden darf. Aufgrund des Art. 113 EWGV könnte man auch andere Vorteile als ausreichende Gegenleistung erachten[35]. Da es sich um eine Beschränkung von Art. 113 EWGV handelt, die sich

---

[32] Diese Vorschrift wurde durch die VO 1160/76 (EWG), Abl. L 135 v. 24. 5. 1976 in die VO 816/70 eingefügt.

[33] = Art. 13 VO (EWG) 817/70.

[34] = Art. 7 VO 2461.

[35] Zum Recht der Gemeinschaft, sich von dritten Ländern Leistungen versprechen zu lassen, der sog. Stipulationskompetenz vgl. Krück, S. 25; Bleckmann, EuR 1977, 115 ff.

der Rat selbst auferlegt hat, bestehen gegen die Vereinbarkeit dieser Vorschrift mit dem EWG-Vertrag keine Bedenken. Sie betrifft nur den Sonderschutz der bestimmten Anbaugebiete, nicht jedoch die geographischen Bezeichnungen kleinerer Einheiten, die zulässigerweise verwendet werden dürfen. Für sie verbleibt es bei der Kompetenz aus Art. 113 EWGV. Auch im Hinblick auf das Verfahren wird auf Art. 113 EWGV Bezug genommen, so daß sich hieraus keine Besonderheiten ergeben. Die Kommission hat inzwischen den Rat zum ersten Mal um ein Verhandlungsmandat auf der Grundlage von Art. 113 EWGV in Verbindung mit Art. 28 b VO 816/70 (= Art. 52 VO 337/79) gebeten[36]. Zu Art. 52 III VO 337/79 (= Art. 28 b III VO 816/70) sind bisher keine Durchführungsbestimmungen ergangen. Hierdurch wird die Anwendbarkeit der Vorschrift nicht berührt.

---

[36] Vgl. Dok. KOM (78) 657 endg. v. 30. 11. 1978 u. Dok. KOM (79) 25 endg. v. 5. 2. 1979.

3. Kapitel

Kompetenzverteilung zwischen der Europäischen Gemeinschaft und den Mitgliedsstaaten

I. Art und Entstehung der Gemeinschaftskompetenz

Nachdem der Gemeinschaft eine Verhandlungs- und Abschlußkompetenz aus Art. 113, 114 EWGV für Abkommen zum Schutz geographischer Bezeichnungen zusteht, bleibt zu klären, wie diese sich im Verhältnis zu Kompetenzen der Mitgliedsstaaten auswirkt. Dabei ist insbesondere zu berücksichtigen, welcher Art die Gemeinschaftskompetenz ist und ab welchem Zeitpunkt sie wirksam wird.

Der Wortlaut des Art. 113, 114 und 111 I EWGV, die ab dem Ende der Übergangszeit eine gemeinsame Handelspolitik voraussetzen, legen die Annahme einer ausschließlichen Kompetenz der Gemeinschaft nahe. Die Übergangszeit endete am 31. 12. 1969. Zu diesem Zeitpunkt hatte die Gemeinschaft das Weinbezeichnungsrecht noch nicht geregelt, so daß die Frage der ausschließlichen Kompetenzen nicht allein aus Art. 113 EWGV beantwortet werden kann. Da es damals an einer internen Zuständigkeit der Gemeinschaft fehlte, besaß sie in diesem Bereich auch keine Außenkompetenz. Der Europäische Gerichtshof hat entschieden, daß es der Gemeinschaft freistehe, eine vorhandene Kompetenz nach außen auch dann auszuüben, wenn internes Recht noch nicht gesetzt worden sei[1]. Wenn jedoch, wie im konkreten Fall, der Inhalt einer Kompetenz, sei es auch einer ausdrücklichen Außenkompetenz, erst unter Berücksichtigung internen Rechts ermittelt werden muß, kann diese Aussage für das Weinrecht nicht übernommen werden.

Der EWG-Vertrag ist ein durch das sekundäre Gemeinschaftsrecht ausfüllungsbedürftiger Rahmenvertrag. Sämtliche Kompetenzen müssen sich aus dem Vertrag selbst herleiten lassen. Andernfalls würde der im Vertrag zum Ausdruck gekommene Grundsatz der Kompetenzbegrenzung durch Einzelermächtigungen[2] nicht nur erweiternd ausgelegt, sondern in sein Gegenteil verkehrt.

---

1 Vgl. EuGH, Gutachten 1/76, Slg. 1977, 756, Rz. 4; Krück, S. 41 f.

2 Vgl. z. B. Krück, S. 22; Schwarze, NJW 1979, 458.

Inhalt und Umfang der jeweiligen Kompetenz der Gemeinschaft sind vom Bestand und der Entwicklung des sekundären Gemeinschaftsrechts abhängig. In bestimmten Teilbereichen, z. B. im Kernbereich der gemeinsamen Handelspolitik (Zollpräferenzen u. ä.) ergibt sich der Inhalt der Kompetenz unmittelbar aus dem Vertrag. In einem solchen Fall kann die Gemeinschaft wählen, ob sie zunächst ein Abkommen mit einem Drittstaat eingehen oder eine interne Regelung treffen will. Dies kann jedoch nicht gelten für die immer zahlreicheren Fälle, in denen eine an der Entwicklung des sekundären Gemeinschaftsrechts orientierte Auslegung der Außenkompetenzen der Gemeinschaft zu einer Konkretisierung oder Erweiterung ihres Anwendungsbereichs führt[3]. Ohne einen durch die interne Rechtssetzung gesicherten Inhalt einer von der Gemeinschaft beanspruchten Außenkompetenz würde es angesichts der Dynamik des Gemeinschaftsrechts zu einer dauernden Rechtsunsicherheit kommen. Es ließe sich zu keinem Zeitpunkt feststellen, ob die Mitgliedsstaaten oder die Gemeinschaft mit Drittländern auf einem bestimmten Gebiet Verhandlungen führen dürfen. Dies wird nicht hinreichend berücksichtigt, wenn unter Berufung auf den uneingeschränkten Wortlaut des Art. 113 EWGV eine ausschließliche Kompetenz der Gemeinschaft seit dem 1. 1. 1970 postuliert wird[4]. Die Gemeinschaft ist kein Bundesstaat, dessen politische Existenz ausschließliche Kompetenzen erfordert. Die Gemeinschaft war 1970 nicht in der Lage, die damals bestehenden Abkommen der Mitgliedsstaaten zu übernehmen, die lediglich allgemeine Zollpräferenzen betrafen, obwohl diese zum Kernbereich des Art. 113 EWGV zählen[5]. Wenn man eine ausschließliche Kompetenz annimmt, entstehen daher zwangsläufig Lücken im System der Handelspolitik, die unter Umständen jahrelang nicht geschlossen werden können, wenn die Gemeinschaft selbst nicht tätig werden kann, die Mitgliedsstaaten aber zu Verhandlungen nicht mehr kompetent sind.

Es ist daher weniger die Art der Kompetenzen der Gemeinschaft, sondern der Zeitpunkt, ab dem die Mitgliedsstaaten selbst nicht mehr handeln dürfen, entscheidend. Die uneingeschränkte Zuständigkeit der Gemeinschaft auf dem Gebiet der Handelspolitik bedeutet, daß die Gemeinschaft prinzipiell das gesamte Gebiet der Handelspolitik übernehmen kann. Hat sie in einem bestimmten Teilbereich ihre Kompetenz ausgeübt, sind die Mitgliedstaaten insoweit an einem eigenen Handeln gehindert. Soweit man dies mit einer bundesstaatlichen Kompetenzverteilung vergleichen kann, erscheint es daher auch bei Art. 113 EWGV sachgerecht, von einer konkurrierenden Kompetenz zu sprechen, die

[3] a. A. EuGH 1977, 756, Rz. 4; Krück, S. 41 f.

[4] Vgl. Bleckmann, EuR 1977, 115; Krück, S. 109 ff.

[5] Noch 1975 mußte die Verlängerung derartiger Abkommen von der Europäischen Gemeinschaft gestattet werden, vgl. Krück, S. 163 m. w. N.

am 1. 1. 1970, soweit sie von der Gemeinschaft ausgeübt wurde, endgültig auf diese übergegangen ist. Möglicherweise steht die Auffassung der Autoren, die von einer ausschließlichen Kompetenz ausgehen, hierzu nicht im Widerspruch. Vielfach wird verkannt, daß eine konkurrierende Kompetenz, wenn sie ausgeübt wird, dieselben Wirkungen zeigt, wie eine ausschließliche Kompetenz. Der Unterschied besteht darin, daß eine ausschließliche Kompetenz bereits vor ihrer Ausübung dazu führt, daß niemand außer dem Kompetenzträger tätig werden kann. Soweit die Gemeinschaft bestehende Kompetenzen der Mitgliedsstaaten aufgrund des EWG-Vertrages übernimmt, ist zur Vermeidung von Kompetenzlücken eine ausschließliche Kompetenz daher abzulehnen[6].

Einer anderen Auslegung steht die Tatsache entgegen, daß der Begriff „Handelspolitik" nur an Hand von Einzelfällen konkretisiert werden kann. Eine allgemeine Definition ist weder möglich[7] noch sinnvoll, da es sich um eine „-politik" handelt. In diesem Wortbestandteil kommt die mögliche und notwendige Veränderung des Begriffsinhalts zu verschiedenen Zeitpunkten deutlich zum Ausdruck. Eine Politik jeglicher Art ist ein Prozeß, kein statisches Konzept. Von großer Bedeutung sind daher die Kriterien, nach denen der Zeitpunkt des Übergangs bestimmter Teilbereiche der Handelspolitik auf die Gemeinschaft bestimmt werden kann.

Es kommen verschiedene Möglichkeiten in Betracht:

- Veröffentlichung des Entwurfs eines Rechtsaktes im Amtsblatt C der Europäischen Gemeinschaften
- Beschluß eines Rechtsaktes durch das zuständige Gemeinschaftsorgan
- Veröffentlichung des Rechtsaktes im Amtsblatt L
- Inkrafttreten des Rechtsaktes
- Anwendbarkeit des Rechtsaktes

Bei der Wahl des Zeitpunkts ist davon auszugehen, daß eine klare Feststellung des Inhalts der jeweiligen Außenkompetenz an Hand des internen Rechts möglich sein muß. Die Veröffentlichung eines Entwurfs, dessen Verabschiedung ungewiß ist und der mehrfach geändert werden kann, scheidet daher unter diesem Gesichtspunkt aus.

Der Beschluß eines Rechtsaktes durch das zuständige Organ legt zwar den Inhalt fest, vor der Veröffentlichung im Amtsblatt L kann der Inhalt jedoch noch geändert und die Veröffentlichung aufgeschoben werden.

---

6 a. A. Schwarze, NJW 1979, 459 f.

7 Vgl. Lörcher, S. 128; Wurzbacher, S. 52.

Der Zeitpunkt des Inkrafttretens kann von Fall zu Fall verschieden sein. Dies gilt noch mehr für den Zeitpunkt der Anwendbarkeit beispielsweise einer Verordnung, d. h. ihrer unmittelbaren Wirkung auf die Rechtssubjekte in den Mitgliedsstaaten[8].

Der einzige eindeutige Zeitpunkt ist der Tag der Ausgabe des Amtsblattes L in Luxemburg, der grundsätzlich mit dem aufgedruckten Datum übereinstimmt[9]. Ab diesem Zeitpunkt ist für alle Rechtssubjekte der Inhalt der jeweiligen Gemeinschaftsbefugnisse fixiert und feststellbar.

Was die geographischen Weinbezeichnungen betrifft, so wurde die VO 817/70, die die bestimmten Anbaugebiete regelte, am 5. 5. 1970 im Amtsblatt veröffentlicht. Die VO 2133/74, die das allgemeine geographische Bezeichnungsrecht für Wein regelt, ist im Amtsblatt vom 7. 8. 1974 abgedruckt. Somit verfügt die Gemeinschaft ab dem genannten Zeitpunkt in diesen Bereichen über eine Außenkompetenz aus Art. 113 EWGV[10].

II. Gemeinschaftskompetenz und bilaterale Abkommen mit Drittländern

1. Kompetenzverteilung

a) Vor Inkrafttreten des EWG-Vertrages geschlossene Abkommen

Gegen die Zulässigkeit der älteren Verträge zum Schutz von geographischen Bezeichnungen, die besonders von Frankreich vor dem zweiten Weltkrieg mit Drittländern geschlossen worden sind, bestehen keine Bedenken, da der EWG-Vertrag zu diesem Zeitpunkt nicht bestand. Sie gelten nach Maßgabe des Art. 234 I EWGV fort. Eine Kollisionsmöglichkeit bei Abschluß des EWG-Vertrages bestand insbesondere deshalb nicht, weil die gemeinsame Handelspolitik noch nicht existierte.

b) Vor Ablauf der Übergangszeit (31. 12. 1969) geschlossene Abkommen

Abkommen, die nach Inkrafttreten des EWG-Vertrages geschlossen wurden, werden von Art. 234 EWGV nicht erfaßt. Hierüber enthält der Vertrag keine besondere Regelung. Zwischen 1960 und 1970 wurden

---

8 z. B. trat die VO 2133/74 v. 8. 8. 1974 am 20. 8. 1974 in Kraft, wurde aber erst zum 1. 9. 1976 für anwendbar erklärt.

9 Vgl. EuGH, Rs 98/78, Urteil v. 25. 1. 1979, Slg. 1979, 69 ff., Rz. 17.

10 Art. 28 b VO 816/70 wurde erst durch VO 1160/76 Abl. L 135 v. 24. 5. 1976 eingefügt.

mehrere bilaterale Verträge „neuen Typs" von Mitgliedsstaaten mit Drittländern geschlossen[11]. Da die Handelspolitik erst ab dem 1. 1. 1970 als solche der alleinigen Zuständigkeit der Gemeinschaft unterfiel und das Weinbezeichnungsrecht vor 1970 nicht gemeinschaftsrechtlich geregelt war, verstieß der Abschluß dieser Abkommen nicht gegen Gemeinschaftsrecht.

c) *Nach Ablauf der Übergangszeit geschlossene Abkommen*

Mehrere bilaterale Verträge zum Schutz von Herkunftsangaben und Ursprungsbezeichnungen wurden zwischen 1970 und 1974 geschlossen[12]. In diesen sind zahlreiche Weinbezeichnungen geregelt. Die Gemeinschaft hat seit dem 1. 1. 1970 die alleinige Kompetenz für die Handelspolitik. Nach der hier vertretenen Auffassung hatte die Gemeinschaft jedoch zu jenem Zeitpunkt noch keine Kompetenz im Hinblick auf die geographischen Weinbezeichnungen, da eine interne Regelung noch ausstand. Am 5. 5. 1970 wurde die VO 817/70 im Amtsblatt veröffentlicht[13]. Da diese Verordnung die bestimmten Anbaugebiete besonders schützt, durften die Mitgliedsstaaten in die ab diesem Zeitpunkt geschlossenen Abkommen keine eigenen Bestimmungen zum Schutze der Bezeichnungen der bestimmten Anbaugebiete aufnehmen. Dennoch enthält das deutsch-spanische Abkommen vom 11. 9. 1970 in Anlage A unter I fast alle Namen der bestimmten Anbaugebiete, die in Ausführung der VO 817/70 im Weingesetz vom 14. 7. 1971 als solche genannt sind (vgl. § 10 VI WeinG). Wegen der großen Zahl bestimmter Anbaugebiete in Frankreich ist eine Einzelnachprüfung unmöglich, aber die bestimmten Anbaugebiete „Bordeaux", „Bourgogne" und „Champagne", um drei der bekanntesten zu nennen, sind nach dem französisch-spanischen Abkommen vom 27. 6. 1973, dem französisch-österreichischen Abkommen vom 10. 5. 1974 in Verbindung mit der Übereinkunft vom 24. 6. 1975 und im französisch-schweizerischen Abkommen vom 14. 5. 1974 geschützt.

Hierzu war seit dem 5. 5. 1970 nur noch die Gemeinschaft zuständig. Etwas anderes gilt für die sonstigen geographischen Weinbezeichnungen, da vor der Veröffentlichung der VO 2133/74 am 17. 8. 1974 keine Gemeinschaftsregelung bestand.

---

[11] Deutsch-griechisches Abkommen v. 16. 4. 1964, BGBl II 177 (1965); deutsch-schweizerischer Vertrag v. 7. 3. 1967, BGBl II 139 (169).

[12] Deutsch-spanischer Vertrag v. 11. 9. 1970, BGBl II, 109 (172); französisch-spanische Übereinkunft v. 27. 6. 1973, J.O.R.F. 1975, S. 4011; französisch-österreichisches Abkommen v. 10. 5. 1974 nebst Übereinkunft v. 24. 6. 1975, J.O.R.F. 1975, S. 11356; französisch-schweizerischer Vertrag v. 14. 5. 1974, J.O.R.F. 1975, S. 11575.

[13] Abl. L 99 v. 5. 5. 1970, S. 20.

Zum französisch-österreichischen Abkommen ist jedoch anzumerken, daß es 1974 geschlossen wurde, zu jenem Zeitpunkt aber ohne Inhalt war. Die Liste der geschützten Bezeichnungen war noch nicht ausgehandelt. Hierüber wurde im Gegensatz zu den übrigen Abkommen eine gesonderte Übereinkunft am 24. 6. 1975[14] geschlossen. Dieses Vorgehen erscheint nicht unbedenklich, da die Gemeinschaft seit dem 17. 8. 1974 für alle geographischen Weinbezeichnungen die ausschließliche Außenkompetenz besaß. Andererseits läßt sich nicht verkennen, daß der rechtliche Regelungsinhalt des Abkommens bereits vor Veröffentlichung der VO 2133/74 verbindlich festgelegt war. In ähnlicher Weise wie beim AETR-Urteil[15] wird man daher das französische Vorgehen nicht als Vertragsverletzung werten können. Auch hat die Gemeinschaft erst im Dezember 1975 eine eindeutige Erklärung, diese Kompetenz nach außen wahrnehmen zu wollen, abgegeben[16].

Es bleibt jedoch festzuhalten, daß die nach der Veröffentlichung der VO 817/70 geschlossenen Abkommen wegen der sich überlagernden Kompetenzen der Gemeinschaft und der Mitgliedsstaaten als gemischte Abkommen[17] hätten geschlossen werden müssen.

2. Die rechtliche Behandlung der bestehenden bilateralen Verträge

Gemäß Art. 234 II, III EWGV sind die Mitgliedsstaaten zur Anpassung von dem Vertrag widersprechenden Abkommen unter Beachtung der völkerrechtlichen Verpflichtungen gehalten. Für nach Inkrafttreten des Vertrages geschlossene Verträge besteht keine Regelung. Wenn jedoch diese Verpflichtung bereits für Altverträge besteht, muß sie erst recht in den Fällen gelten, in denen die Mitgliedsstaaten in Kenntnis des EWG-Vertrages Abkommen mit Drittländern geschlossen haben. Sie läßt sich unmittelbar aus Art. 5 EWGV herleiten.

Andererseits ist zu berücksichtigen, daß eine obligatorische Neuverhandlung dieser Verträge die Mitgliedsstaaten vor große Schwierigkeiten stellen würde. Geht man davon aus, daß die Kompetenz der Europäischen Gemeinschaft in absehbarer Zeit den Schutz aller Herkunftsangaben und Ursprungsbezeichnungen gegenüber Drittländern erfaßt[18], würde dies die interne Unanwendbarkeit sämtlicher Abkom-

---

[14] J.O.R.F. 1975, S. 11356.

[15] Vgl. EuGH, Rs 22/70, Slg. 1971, S. 281, Rz. 81/90.

[16] Bei einer Sachverständigensitzung der WIPO in Genf, vgl. Matthies, S. 406.

[17] Zur Praxis der gemischten Abkommen, vgl. Krück, S. 102 ff.; EuGH Beschluß v. 14. 11. 1978, Slg. 1978, 2179, Rz. 34; Gutachten 1/78 v. 4. 10. 1979, Slg. 1979, 2918, Rz. 60.

[18] Nach der hier vertretenen Auffassung ist dies noch nicht der Fall, a. A. Matthies, S. 405.

men auf diesem Gebiet zur Folge haben. Andererseits steht das Aushandeln internationaler Abkommen durch die Gemeinschaft grundsätzlich in deren Ermessen, zumal sie auch personell nicht in der Lage ist, sämtliche Handelsverträge der neun Mitgliedsstaaten auf einmal neu auszuhandeln[19].

Durch den Übergang der Kompetenz auf die Europäische Gemeinschaft, mit Drittländern zum Schutz geographischer Weinbezeichnungen Abkommen zu schließen, verlieren die für Weine aus Drittländern in den bilateralen Abkommen vereinbarten Schutzklauseln ihre Wirkung, da das Gemeinschaftsrecht vorgeht. Dies bedeutet, daß diese Abkommen, soweit die Mitgliedsstaaten sich verpflichtet haben, geographische Weinbezeichnungen aus Drittländern zu schützen, gegen Gemeinschaftsrecht verstoßen, da eine derartige Verpflichtung nur noch durch die Gemeinschaft erfüllt werden kann. Auf die sich hieraus ergebenden völkerrechtlichen Konsequenzen kann im Rahmen dieser Arbeit nicht eingegangen werden[20].

Um diesen unhaltbaren Zustand zu beenden, müßte die Gemeinschaft die Mitgliedsstaaten zu befristeten Verlängerungen der bestehenden Abkommen ermächtigen, soweit und solange die Gemeinschaft mit dem betreffenden Drittstaat noch kein eigenes Abkommen geschlossen hat[21]. Andernfalls dürfte für die jeweiligen Drittländer am Fortbestand der geschlossenen bilateralen Verträge kein Interesse mehr bestehen. Die geographischen Bezeichnungen für Industrieerzeugnisse, für die die Gemeinschaft bisher mangels eigener Regelungen nicht zuständig ist, dürften nicht ausreichen, diese Abkommen am Leben zu erhalten. Für alle im freien Verkehr innerhalb der Europäischen Gemeinschaft befindlichen Waren gelten die Art. 30 ff. EWGV[22].

3. Abschluß neuer bilateraler Abkommen

Zum Abschluß neuer bilateraler Abkommen ist bei Wein nur noch die Europäische Gemeinschaft zuständig. Dies ergibt sich aus der zu Art. 113 EWGV vertretenen Auslegung. Außerdem enthält Art. 52 VO 337/79 (= Art. 28 b VO 816/70), eine 1976 eingefügte Vorschrift[23],

---

19 Aus diesem Grund wurden zahlreiche Verlängerungen von alten Abkommen der Mitgliedstaaten zum Ende der Übergangszeit im Rahmen der gemeinsamen Handelspolitik erforderlich, vgl. Krück, S. 163 m. w. N.

20 Vgl. Krück, S. 142 ff.

21 Vgl. dazu Krück, S. 163 f.; die Kommission hat erstmalig den Rat um ein Verhandlungsmandat zu einem Abkommen mit Österreich gebeten, vgl. Dok. KOM (78) 657, endg. v. 30. 11. 1978, ergänzt durch das Dok. KOM (79) 25, endg. v. 5. 2. 1979.

22 Vgl. Art. 10 I EWGV.

23 VO 1160/76 (EWG) Abl. L 135 v. 24. 5. 1976.

eine Konkretisierung, die die Europäische Gemeinschaft verpflichtet, Weinen aus Drittländern den Sonderschutz für Qualitätsweine bestimmter Anbaugebiete nur auf Gegenseitigkeit zu gewähren. Hierdurch wird Art. 113 I EWGV eingeschränkt, gleichzeitig aber auch durch die Mitgliedsstaaten der Gemeinschaft ausdrücklich eine Stipulationskompetenz zugestanden[24].

III. Gemeinschaftskompetenz und multilaterale Abkommen

1. Kompetenzverteilung zwischen der Europäischen Gemeinschaft und den Mitgliedsstaaten

a) Bisher geschlossene multilaterale Abkommen

Hinsichtlich der Kompetenzverteilung beim Abschluß multilateraler Abkommen ergeben sich im Vergleich zu den bilateralen Verträgen keine Besonderheiten. Die Pariser Verbandsübereinkunft und das Madrider Herkunftsabkommen sind insoweit Altabkommen i. S. v. Art. 234 I EWGV.

Das Lissaboner Ursprungsabkommen wurde 1958 geschlossen und 1967 geändert. Die letzte Revision der Pariser Verbandsübereinkunft erfolgte ebenfalls 1967, für das Madrider Herkunftsabkommen wurde damals ein Zusatzprotokoll vereinbart. Da die Übergangszeit erst am 31. 12. 1969 endete, bestehen insoweit keine Bedenken.

b) Neuabkommen und künftige Revisionen von Altabkommen

Gegenwärtig ist die Revision der Pariser Verbandsübereinkunft in Vorbereitung[25]. Auch laufen Verhandlungen über die mögliche Revision des Lissaboner Ursprungsabkommens bzw. den Abschluß eines neuen multilateralen Abkommens zum Schutze von Herknuftsangaben und Ursprungsbezeichnungen. Gegenwärtig sind diese Arbeiten noch nicht in ihr entscheidendes Stadium getreten, da die Revision der Pariser Verbandsübereinkunft vorrangig behandelt wird[26].

Die Gemeinschaft besitzt Zuständigkeiten auf dem Gebiet des Patentrechts, ferner beim Schutz von Herkunftsangaben und Ursprungsbezeichnungen für Wein, hingegen bisher nicht für alle anderen Erzeugnisse, insbesondere handwerklicher oder industrieller Art. Solange das

---

[24] d. h. die Befugnis, eine Gegenleistung zu empfangen, vgl. dazu Bleckmann, EuR 1977, 115 ff.

[25] Vgl. WIPO-Dok. PR/PIC/III/6 v. 14. 9. 1977; PR/PIC/IV/5 v. 28. 6. 1978 u. PR/WGAO/I/6 v. 24. 11. 1978.

[26] Vgl. WIPO-Dok. TAO/I/2 v. 28. 6. 1974; TAO/II/2 v. 25. 8. 1975; TAO/II/3 v. 25. 8. 1975; TAO/II/6 v. 12. 12. 1975.

europäische Markenrecht noch keine endgültige Form angenommen hat, wird man der Gemeinschaft noch keine Kompetenz zuerkennen können. Eine Koordinierung der Aktivitäten der Mitgliedsstaaten in diesem Bereich ist jedoch geboten (vgl. Art. 116 EWGV). Zur Art der Kompetenz der Gemeinschaft auf dem Gebiet des Patentrechts kann im Rahmen dieser Arbeit nicht Stellung genommen werden.

Da die Gemeinschaft in bestimmten Bereichen, die in der Pariser Verbandsübereinkunft, wenn auch mangelhaft, geregelt sind, eine Außenkompetenz besitzt, ist ihre Beteiligung wünschenswert. Da hierbei auch politische Erwägungen maßgeblich sind, hat die Gemeinschaft jedoch ein weites Ermessen in dieser Frage. Das Gesagte gilt auch im Hinblick auf die Revision des Lissaboner Ursprungsabkommens bzw. ein neues Abkommen zum Schutze von Herkunftsangaben und Ursprungsbezeichnungen, da die Weinbezeichnungen zahlenmäßig den größten Teil der geschützten Angaben bilden.

2. Beitrittsprobleme der Europäischen Gemeinschaft

Die Beteiligung der Europäischen Gemeinschaft an multilateralen Abkommen vollzieht sich gegenwärtig in verschiedenen Formen, in der Regel jedoch ohne formelle Mitgliedschaft der Gemeinschaft. Im Bereich der gemeinsamen Handelspolitik ergibt sich aus Art. 116 EWGV[27] seit dem Ablauf der Übergangszeit eine Verpflichtung der Mitgliedsstaaten zu gemeinsamem Vorgehen. Diese Vorschrift betrifft somit nur das Verhalten der Mitgliedsstaaten, nicht jedoch die Frage eines Beitritts der Gemeinschaft zu einem internationalen Abkommen. Da im Rahmen der multilateralen Abkommen Kompetenzen der Mitgliedsstaaten fortbestehen, bei Herkunftsangaben und Ursprungsbezeichnungen zumindest für die nichtlandwirtschaftlichen Bezeichnungen[28], müßte man möglicherweise auf die Praxis der gemischten Abkommen zurückgreifen. Dies würde jedoch zahlreiche Probleme, u. a. des Stimmrechts der Gemeinschaft innerhalb der Pariser Union, aufwerfen. Meines Erachtens wäre eine Parallele zur Beteiligung der Gemeinschaft im GATT vorzuziehen, wobei hier nicht erörtert werden soll, ob die Gemeinschaft einem derartigen Abkommen formell beitreten kann[29], sondern aus praktischen Gründen die gegenwärtige Praxis zugrunde ge-

---

27 Zur Abgrenzung zwischen Art. 113 und Art. 116 EWGV vgl. EuGH, Gutachten 1/78 v. 4. 10. 1979, Rz. 50 f.

28 Vgl. das Problem der Spirituosen, die bisher keiner gemeinschaftsrechtlichen Regelung unterliegen, da sie als Industrieerzeugnisse nicht unter Art. 38 ff. EWGV fallen; vgl. aber den Entwurf einer AlkoholVO Abl. C 309 v. 31. 12. 1976, S. 2.

29 Vgl. hierzu Steinberger, GATT und regionale Wirtschaftszusammenschlüsse, Köln, Berlin, Bonn, München 1963, S. 216 f.

legt wird, wonach die Gemeinschaft an den GATT-Verhandlungen teilnimmt, die Mitgliedsstaaten als Block abstimmen und die Gemeinschaft sich durch den Erlaß einer Verordnung intern selbst bindet[30]. Dieser Weg bietet noch am ehesten die Gewähr, von den Mitgliedsstaaten akzeptiert zu werden.

Probleme ergeben sich bei einer Beteiligung am Madrider Herkunftsabkommen und am Lissaboner Ursprungsabkommen, da nur fünf bzw. zwei EG-Mitgliedsstaaten diese Abkommen unterzeichnet haben. Unter diesem Gesichtspunkt kommt für die Gemeinschaft ein Beitritt nur zur Pariser Verbandsübereinkunft und zu einem neuen Abkommen zum Schutze von Herkunftsangaben und Ursprungsbezeichnungen in Betracht. Eine Beteiligung am Madrider Herkunftsabkommen und am Lissaboner Ursprungsabkommen erscheint nicht erstrebenswert, da nicht für alle Mitgliedsstaaten der — außerdem geringe — Schutzumfang des Madrider Herkunftsabkommens und die rechtssystematischen Erfordernisse einer Registrierung im Lissaboner Urspungsabkommen akzeptabel sind.

Wie sich die Gemeinschaft verhalten will, liegt in ihrem eigenen Ermessen[31], das im Rat, der zum Abschluß von Abkommen zuständig ist (vgl. Art. 114 EWGV), gegenwärtig eher durch die Einzelinteressen der Mitgliedsstaaten bestimmt wird.

Sollte die Gemeinschaft einen formellen Beitritt erwägen, ist dies im Hinblick auf die neueste Rechtsprechung des Europäischen Gerichtshofs möglich. Sie betrifft zwar den Euratom-Vertrag, behandelt aber die allgemeine Frage, unter welchen Voraussetzungen die Gemeinschaft neben den Mitgliedsstaaten an einem internationalen Abkommen beteiligt werden muß. Werden gemeinschaftliche Zuständigkeiten durch ein internationales Abkommen berührt, kann der Gemeinschaft durch die Mitgliedsstaaten eine Beteiligung nicht verwehrt werden. Vielmehr sind die Mitgliedsstaaten verpflichtet, alles zu tun, um der Gemeinschaft die Beteiligung zu ermöglichen[32].

---

30 Vgl. Jackson, World trade and the Law of GATT, S. 102 f.; Le Tallec, RMC 1972, 639; EuGH, Rs 21 - 24/72, Slg. 1972, 1227 f., Rz. 14/18; Kovar, RMC 1974, 345; Capelli, RMC 1977, 27; zu praktischen Aspekten der EG-Beteiligung in zwischenstaatlichen Organisationen vgl. Maes, RMC 1977, 395.

31 Zum Ermessenspielraum der Gemeinschaft bei der Ausübung von Außenkompetenzen vgl. EuGH, Rs 3, 4 u. 6/76, Urteil v. 14. 7. 1976, S. 1311, Rz. 34 ff.; Groux, CDE 1978, 24 f.

32 EuGH, Beschluß 1/78 v. 14. 11. 1978, Slg. 1978, 2178 (2179), Rz. 31 ff. (34).

3. Die Pflicht der Gemeinschaft zum Schutz von Herkunftsangaben und Ursprungsbezeichnungen bei EG-Weinen in Drittländern

Grundsätzlich steht es im Ermessen der Gemeinschaft, ob sie internationale Abkommen auf ihr zugewiesenen Gebieten abschließen will. Dies wird auch in Art. 52 VO 337/79 (= Art. 28 b VO 816/70) durch die Formulierung „kann" unterstrichen. Im Rahmen des Vertrages können die Mitgliedsstaaten ein Tätigwerden der Gemeinschaft verlangen (vgl. Art. 175 EWGV). In einem solchen Fall muß die Gemeinschaft prüfen, ob ihr Tätigwerden erforderlich ist.

Eine Verpflichtung könnte jedoch bestehen, wenn die Gemeinschaft den Drittlandsweinen einen internen Schutz zuerkannt hat, obwohl sie bisher keine Abkommen mit diesen Staaten zum Schutze der EG-Weine getroffen hat.

Die Art. 27 - 34 VO 355/79 (= VO 2133/74) enthalten Bezeichnungsvorschriften für Weine aus Drittländern, die denjenigen für EG-Weine entsprechen. Art. 28 I VO 355/79 (= VO 2133/74) läßt die Einfuhr von Weinen aus Drittländern mit geographischen Bezeichnungen zu. Aus der genannten Vorschrift i. V. m. Art. 10 II VO 1608/76 ergibt sich, daß die in Anhang 2 zur VO 1608/76 aufgeführten geographischen Bezeichnungen von Drittlandsweinen eine Anerkennung der Gleichwertigkeit der Produktionsbedingungen mit Weinen der Gemeinschaft, die eine geographische Bezeichnung tragen, beinhaltet. Dies bedeutet keinen Sonderschutz, wie er für Qualitätsweine bestimmter Anbaugebiete besteht[33]. Dieser kann gemäß Art. 52 VO 337/79 (= Art. 28 b VO 816/70) gewährt werden. Über Art. 43 VO 355/79 (= VO 2133/74) genießen die ausländischen Weinbezeichnungen jedoch denselben Irreführungsschutz wie die Weine der Europäischen Gemeinschaft.

Art. 34 b VO 355/79 (= VO 2133/74) enthält einen Schutz der in der Liste in Anhang 2 der VO 1608/76 aufgeführten geographischen Bezeichnungen gegenüber anderen Weinen aus Drittländern bei der Verwendung von Marken auf der Etikettierung. Hierdurch wird den in der Liste enthaltenen geographischen Bezeichnungen ein Schutz gewährt, der für EG-Weine in Drittländern nicht in demselben Umfang besteht. Die Bezeichnungsverordnung will in erster Linie den EG-Verbraucher schützen. Dies gilt auch für die genannte Vorschrift, die aber auch einen Schutz für bestimmte Erzeuger in Drittländern beim Export ihrer Weine in die Gemeinschaft bewirkt. Auf diesen Fall kann Art. 52 VO 337/79 (= Art. 28 b VO 816/70) nicht zur Anwendung kommen, da diese Art des Schutzes nicht zum Sonderschutz aus Art. 16 und 17

---

[33] Vgl. Heine / Reichardt, VO 1608/76, Rdn. 12 zu Art. 10 VI der VO.

VO 338/79 (= Art. 12 und 13 VO 817/70) zählt, sondern als Irreführungsschutz ausgestaltet ist. Insoweit hat jedoch die Gemeinschaft nicht im Interesse der weinbauerzeugenden Mitgliedsstaaten gehandelt, als sie aus praktischen Erwägungen auf Abkommen mit den Drittländern, deren geographischen Bezeichnungen in Anhang 2 der VO 1608/76 aufgeführt sind, bisher verzichtet hat.

Bei dieser Sachlage, die als Beispiel für die Schwierigkeiten des Übergangs von Kompetenzen der Mitgliedsstaaten auf die Gemeinschaft gelten kann, muß der Ermessensspielraum der Gemeinschaft zum Abschluß internationaler Abkommen im konkreten Fall reduziert werden. Im Hinblick auf die stärkere Stellung der Mitgliedsstaaten wurde bisher nur der Grundsatz des gemeinschaftsfreundlichen Verhaltens aus Art. 5 EWGV zur Begründung von Pflichten der Mitgliedsstaaten erörtert. Diesen Sinn hat besonders die Rechtsprechung des Europäischen Gerichtshofs zu Recht hervorgehoben[34].

Bei der Entwicklung der Gemeinschaftskompetenzen muß aber künftig auf Gebieten, auf denen die Gemeinschaft tätig wird, auch umgekehrt eine Verpflichtung der Gemeinschaft zum mitgliedsstaatsfreundlichen Verhalten stärker betont werden. Diese Pflicht ergibt sich der Gesamtheit des EWG-Vertrages, der zum Nutzen aller Mitgliedsstaaten geschlossen wurde. Konkret läßt sie sich aus der Zuerkennung der Aufgaben und Tätigkeiten der Gemeinschaft in Art. 2 und 3 EWGV durch die Mitgliedsstaaten herleiten. Auf Antrag eines Mitgliedsstaates ist daher bei dieser Sachlage die Gemeinschaft aus Art. 2 und 3 b EWGV verpflichtet, Verhandlungen mit dem jeweiligen Drittstaat aufzunehmen. Unter diesen Umständen kann sie sich nicht auf einen Ermessensspielraum berufen, der es ihr im übrigen gestattet, untätig zu bleiben.

In dem Maße, in dem die Gemeinschaft Kompetenzen an sich zieht, wird es notwendig sein, den Grundsatz des mitgliedsstaatsfreundlichen Verhaltens aus Art. 2 und 3 EWGV dem bereits in der Rechtsprechung des Gerichtshofes stark betonten Grundsatz des gemeinschaftsfreundlichen Verhaltens aus Art. 5 EWGV gleichwertig gegenüber zu stellen.

---

[34] Vgl. z. B. EuGH, Rs 22/70, Slg. 1971, 275, Rz. 20/22.

Ergebnisse

Der Schutz geographischer Weinbezeichnungen gehört seit Erlaß der VO 816/70 und 817/70 am 28. 4. 1970 zu den Aufgaben der Gemeinschaft. Zu jenem Zeitpunkt war dieser Fragenkreis unvollkommen geregelt, da lediglich die Bezeichnungen der bestimmten Anbaugebiete und der Weinbaugebiete von den damals erlassenen Verordnungen erfaßt waren.

Mit Erlaß der VO 2133/74 am 8. 8. 1974 und deren Veröffentlichung im Amtsblatt am 17. 8. 1974 wurde das Weinbezeichnungsrecht durch die Gemeinschaft umfassend geregelt. Seither haben die Mitgliedsstaaten intern keine originären Befugnisse mehr. Durch die umfassende Regelung des Weinbezeichnungsrechts wurde die Gemeinschaft in die Lage versetzt, die entsprechende Außenkompetenz zum Abschluß von internationalen Abkommen auszuüben, mit dem Ziel, den Schutz der EG-Weinbezeichnungen in Drittländern zu verbessern.

Diese Kompetenz beruht auf Art. 113 EWGV, wonach die Handelspolitik durch die Gemeinschaftsorgane allein für alle Mitgliedsstaaten wahrgenommen wird. Der Schutz geographischer Weinbezeichnungen durch internationale Abkommen stellt eine Maßnahme dar, die aus Gründen der Exportförderung vorgenommen wird und daher der Handelspolitik unterfällt.

Die Gemeinschaft hat mit Erlaß der VO 1160/76 im Jahre 1976 ihre Kompetenz aus Art. 113 EWGV dadurch eingeschränkt, daß ein Sonderschutz für Drittlandsweine in der Weise, wie er den Namen der bestimmten Anbaugebiete für Qualitätsweine bestimmter Anbaugebiete gewährt wird, nur auf der Basis der Gegenseitigkeit ausgehandelt werden kann. Für die übrigen Bezeichnungen gilt Art. 113 EWGV ohne Einschränkungen.

Die Mitgliedsstaaten sind daher seit Veröffentlichung der VO 2133/74 (EWG) am 17. 8. 1974 am Abschluß eigener Abkommen mit Drittländern zum Schutze geographischer Weinbezeichnungen gehindert.

Bestehende Abkommen dieser Art müssen, soweit sie gegen die Bestimmungen des Gemeinschaftsrechts verstoßen, angepaßt werden. Hierzu sind die Mitgliedsstaaten aus Art. 5 EWGV verpflichtet. Da alle Weinbezeichnungen, die in den bilateralen Abkommen aufgeführt sind, betroffen werden, besteht die Gefahr einer Kündigung dieser Abkommen durch die jeweiligen Drittländer. Es sollte daher erwogen werden, ob die Gemeinschaft diese Abkommen nicht befristet im Wege einer Ermächtigung an die Mitgliedsstaaten verlängert, bis sie die entsprechenden Abkommen selbst geschlossen hat.

Auf alle Abkommen der Mitgliedsstaaten sind die Bestimmungen des EWG-Vertrages, insbesondere der Art. 30 ff. EWGV anwendbar. Gattungsbezeichnungen sind daher in derartigen Abkommen keinesfalls schutzfähig.

Die Gemeinschaft sollte einem internationalen Abkommen zum Schutze von Herkunftsangaben und Ursprungsbezeichnungen neben den Mitgliedsstaaten beitreten. Da ihre eigenen Befugnisse berührt sind, ist sie hierzu berechtigt. Es steht jedoch in ihrem Ermessen, welche Beteiligungsform sie wählt.

Soweit die Gemeinschaft ihr zustehende Befugnisse in wachsendem Maße ausübt, ist sie ebenso wie die Mitgliedsstaaten verpflichtet, sich vertragsfreundlich zu verhalten. Eine solche Verpflichtung ergibt sich aus dem Gesamtzusammenhang des EWG-Vertrages, insbesondere aus Art. 2 und 3 EWGV. Sie kann das grundsätzlich weite Ermessen der Gemeinschaft bei der Frage des Abschlusses internationaler Abkommen einschränken. In einem derartigen Fall ist die Gemeinschaft verpflichtet, auf Antrag eines oder mehrerer Mitgliedsstaaten mit dem jeweiligen Drittstaat über ein Abkommen zu verhandeln, wenn auf dem geregelten Rechtsgebiet Altabkommen von Mitgliedsstaaten bestehen, die durch gemeinschaftsrechtliche Vorschriften in ihrem Anwendungsbereich tangiert werden.

Schlußbetrachtung

Es ist bezeichnend, daß sich das Gemeinschaftsrecht in den Bereichen besonders stark entwickelt, die im nationalen Recht eher als Nebengebiete anzusehen sind. Hierfür ist das europäische Weinrecht ein gutes Beispiel, da es infolge seiner umfassenden Regelung eine Vielzahl von Auswirkungen auf die Rechtssetzungsbefugnis der Mitgliedsstaaten im internen Bereich zur Folge hat, die bisher nicht in allen ihren Aspekten erfaßt sind.

Noch gravierender dürfte für die Mitgliedsstaaten im Hinblick auf ein nationales Souveränitätsdenken der Verlust der Außenkompetenz in diesem Bereich sein, da zahlreiche bilaterale Abkommen bestehen. Diese Tendenz ist symptomatisch für die Entwicklung der wirtschaftlichen Außenbeziehungen der Gemeinschaft, die sich noch im Anfangsstadium befindet. Nachdem der Europäische Gerichtshof durch das AETR-Urteil die Möglichkeiten der Gemeinschaft in diesem Bereich angedeutet hatte, war in der Praxis aufgrund der zurückhaltenden Einstellung des Rates und seiner restriktiven Interpretation des genannten Urteils keine wesentliche Änderung der Situation eingetreten. In den letzten Jahren hat der Europäische Gerichtshof in dem Maße, in dem der Rat die Aktivitäten der Kommission als Hüterin der Verträge und Antriebskraft zur europäischen Integration gebremst hat, diese Aufgabe übernommen. Er hat mehrere Urteile zur Frage der Außenkompetenz erlassen. Dabei ist bemerkenswert, daß nicht alle Entscheidungen auf Betreiben der Kommission ergangen sind, sondern in der Sache Kramer aufgrund eines nationalen Verfahrens und im Falle des Beschlusses vom 14. 11. 1978 sogar auf Veranlassung Belgiens, d. h. eines Mitgliedsstaates. Dies ist ein bemerkenswerter Schritt auf dem Weg, die Rechtsprechung des Gerichtshofs allseits als Lösungsmöglichkeit EG-interner Kompetenzstreitigkeiten zu akzeptieren.

Es bleibt zu wünschen, daß die vorliegende Arbeit Denkanstöße zu einer eingehenderen Untersuchung des Verhältnisses des Gemeinschaftsrechts zum Recht der Mitgliedsstaaten geben kann. Es wäre erfreulich, wenn sie zu einem Überdenken der internationalen Rechtsbeziehungen unter dem Einfluß von weitgehend unbekannten Aspekten des sekundären Gemeinschaftsrechts, das für das Funktionieren des Gemeinsamen Marktes unerläßlich ist, anregen kann.

Literaturverzeichnis

Auby, Jean Marie: Le régime juridique des appellations d'origine simple en matière de vin, J.C.P., I.-Doctrine (1973) 2516

— / *Plaisant*, Robert: Le Droit des Appellations d'Origine, L'appellation Cognac, Paris 1974

Baumbach, Adolf (Begr.) / *Hefermehl*, Wolfgang: Wettbewerbs- und Warenzeichenrecht, Band I, Wettbewerbsrecht, 12. Auflage, München 1978 (zit.: Baumbach / Hefermehl I)

— / — Warenzeichenrecht und internationales Wettbewerbs- und Zeichenrecht, 11. Auflage, München 1979 (zit.: Baumbach / Hefermehl II)

Beier, Friedrich-Karl: Herkunftsangaben und Ursprungsbezeichnungen im Gemeinsamen Markt, GRUR Ausl. 1959, 277

— Der Schutz geographischer Herkunftsangaben in Deutschland, GRUR 1963, 169 und 236

— Geographische Herkunftsangaben und Ursprungsbezeichnungen (Soll Deutschland dem Lissaboner Ursprungsabkommen beitreten), GRUR Int. 1968, 69

— Internationaler Schutz von Ursprungsbezeichnungen (62 B), GRUR Int. 1974, 134

— Das Schutzbedürfnis für Herkunftsangaben und Ursprungsbezeichnungen im Gemeinsamen Markt, GRUR Int. 1977, 1

Bigay, Jacques: L'application des règlements communautaires en droit pénal français, RTDE 1971, 53

— Droit communautaire et Droit pénal, RTDE 1972, 725

Bleckmann, Albert: Europarecht, Köln, Berlin, Bonn, München 1976

Bogsch, Arpad: Conflitto fra denominazioni di origine e marchi, Rivista di diritto industriale, I - 1978, 189

Boulouis, Jean / *Chevallier*, Roger Michel: Grands arrêts de la cour de justice des Communautés européennes, Tome 1, Paris 1974

Brogsitter, Walter: Der Rechtsschutz geographischer Herkunftsbezeichnungen von Weinen im deutschen und französischen Recht, Weinblatt-Bücherei, Band 33, ohne Jahresangabe = Diss. Mainz 1964

— Die Reform des geographischen Weinbezeichnungsrechts in Deutschland unter Berücksichtigung der vorgehenden EWG-Regelung, GRUR 1966, 238

— Die wettbewerbsrechtlichen Bestimmungen im Entwurf eines neuen Weingesetzes, GRUR 1967, 463

Bußmann, Kurt: Herkunftsangabe oder Gattungsbezeichnung, GRUR 1965, 281

Caluwé, Aimé de / *Delcorde*, A. Claude / *Leurquin*, Xavier: Le droit de la concurrence, Band I, Les pratiques du commerce, Brüssel 1973

Capelli, Fausto: Réglementation communautaire et réglementation du GATT, RMC 1977, 27

Capus, Joseph: Les Fondements de l'Appellation d'origine de Vins fins, in Germain Lafforgue, Le vignoble Girondin, Paris 1947

Chavanne, Albert / *Burst,* Jean-Jacques: Droit de la propriété industrielle, Paris 1976

Christian, Rudolf: Herkunftsangaben und Ursprungsbezeichnungen, GRUR Ausl. 1957, 478

Cosmo, I.: Commento alle disposizione sulle denominazioni di origine dei vini, Treviso 1968

Dalloz: Nouveau Répertoire de Droit, Paris 1962, mit Ergänzung 1977

Ehlermann, Claus-Dieter: Die Bedeutung des Artikel 36 EWGV für die Freiheit des Warenverkehrs, EuR 1973, 1

Everling, Ulrich: Rechtsprobleme der gemeinsamen Handelspolitik in der Europäischen Wirtschaftsgemeinschaft, Göttingen 1965

Gamm, Friedrich Freiherr von: Wettbewerbsrecht, in Reimer, Wettbewerbs- und Warenzeichenrecht, Band 2, 4. Auflage, Köln, Berlin, Bonn, München

Geisser, Thomas: Die Bezeichnungen der schweizerischen, österreichischen, italienischen, französischen und deutschen Weine, Bern 1968

Groeben, Hans von der / *Boeckh,* Hans von / *Thiesing,* Jochen: Handbuch für Europäische Wirtschaft, Stand: Oktober 1978
(zit.: Groeben)

— / — / — Kommentar zum EWG-Vertrag, 2. Auflage, Baden-Baden 1974
(zit.: Groeben / Boeckh)

Groux, Jean: Le parallelisme des compétences internes et externes de la Communauté économique européenne, C.D.E. 1978, 3

Heine, Joachim-Friedrich / *Reichardt,* Alfred: Weinrecht der EWG, der Bundesrepublik Deutschland und der Bundesländer, Band I, Teil 1 EWG-Recht, Regensburg, Stand: 31. 5. 1978

Hieronimi, H.: Weinbezeichnungs- und Wettbewerbsrecht, GRUR 1979, 79

Iatosti, Armando: a proposito di denominazione di origine, Le Scelte Del Consumatore 1974, No 5 - 6, 8

Institut National des Appellations d'Origine des Vins et Eaux de vie, Bulletin de l'INAO No 2 — Décrets et Arrêtés des vins et eaux de vie d'appellation d'origine, Paris 1976
(zit.: INAO)

Ipsen, Hans Peter: Europäisches Gemeinschaftsrecht, Tübingen 1972

Jackson, John H.: World Trade and the Law of GATT, Indianapolis, Kansas City, New York 1969

Johannes, Hartmut: Das Strafrecht im Bereich der Europäischen Gemeinschaften, EuR 1968, 63

Joliet, René: EEC Law and Appellations of Origin, The Scotch Whisky Case, The Modern Law Review, Vol. 38 (1975), 200

Karnov's Lovsamling, Bearb. *W. E. von Eyben,* Stephan Hurwitz, Band 2, 8. Auflage, 1972
(zit.: Karnov)

Kerly's Law of Trade Marks and Trade Names, Bearb. *R. A. Blanco White*, 10. Auflage, London 1971
(zit.: Kerly)

Koch, Hans-Jörg: Weingesetz und zugehörige Regelungen, Frankfurt, Stand: Juni 1975

Kovar, Robert: Les accords liant les Communautés européennes et l'ordre juridique communautare: a propos d'une jurisprudence récente de la Cour de Justice, RMC 1974, 345

Krebs, Friederun: Die Wechselbeziehungen zwischen den weinrechtlichen Vorschriften und dem Warenzeichenrecht, GRUR 1976, 171

— Der Einfluß der EWG-Bestimmungen für die Bezeichnung und Aufmachung der Weine und Traubenmoste auf das deutsche Weinrecht und das Warenzeichenrecht, GRUR 1978, 83

Krieger, Albrecht: Möglichkeiten für eine Verstärkung des Schutzes deutscher Herkunftsangaben im Ausland, GRUR Ausl. 1960, 400

— Zur Auslegung der zweiseitigen Abkommen über den Schutz geographischer Weinbezeichnungen, GRUR Ausl. 1964, 499

— Der deutsch-schweizerische Vertrag über den Schutz von Herkunftsangaben und anderen geographischen Bezeichnungen, GRUR Int. 1967, 334

Krsjak, Peter: Urteilsanm. zum EuGH-Urteil v. 20. 2. 1975, Gazette du Palais, 1976, 131

Krück, Hans: Völkerrechtliche Verträge im Recht der Europäischen Gemeinschaften, Berlin, Heidelberg, New York 1977

Kühn, Manfred: Zum Schutzumfang geographischer Bezeichnungen nach den zweiseitigen Verträgen über den Schutz von Herkunftsangaben, GRUR Int. 1967, 268

Kunz-Hallstein, Hans Peter: Revision der Pariser Verbandsübereinkunft zugunsten der Entwicklungsländer — neuere Entwicklungen und Vorschläge, GRUR Int. 1976, 64

— Konventionsrechtliche Probleme eines „Präferenzstatuts" für Entwicklungsländer, GRUR Int. 1977, 293

Ladas, Stephen P.: Patents, Trademarks and Related Rights, National and International Protection, Vol. II, Cambridge, Mass. 1975

Lesguillons, Henry: L'extension des compétences de la C.E.E. par l'article 235 du traité de Lomé, A.F.D.I. 1974, 886

Le Tallec, Georges: Quelques aspects des rapports entre la C.E.E. et les organisations internationales, RMC 1972, 636

Lörcher, Gino: Der Abschluß völkerrechtlicher Verträge nach dem Recht der drei europäischen Gemeinschaften, Bonn 1965

Maes, Albert: La Communauté Européenne, les organisations intergouvernementales et les accords multilatéraux, RMC 1977, 395

Marenco, Giuliano: Les conditions d'Application de l'Article 235 du Traité C.E.E., RMC 1970, 147

— Le denominazioni geografiche dei vini nella normativa comunitaria, diritto comunitario e degli scambi internazionali, 1975 (Nr. 1), 1

— I Termini „Sekt" e „Weinbrand" no sono riservati al prodotti tedeschi, diritto comunitario e degli scambi internazionali, 1975, Nr. 3, 358

Marsh, Norman S.: Unlauterer Wettbewerb und englisches Recht, GRUR Ausl. 1964, 493

Mattera Ricigliano, Alfonso: L'indication d'origine sur les produits et les règles sur la libre circulation des marchandises à l'interieur de la Communauté, diritto comunitario e degli scambi internazionali, 1975, 208

— Libre circulation des marchandises et articles 30 à 36 du Traité C.E.E., RMC 1976, 500

Matthies, Heinrich: Herkunftsangaben und Europäisches Gemeinschaftsrecht, in Festschrift für Gerhard Schiedemair, hrsg. von Gerhard Lüke, Othmar Jauernig, München 1976, 391

Matthiolius, Karl: Der Rechtsschutz geographischer Herkunftsangaben, München, Berlin, Leipzig, 1929

Mauron, P.: Situation de la viticulture dans le monde en 1977, Bulletin de l'Office International de la vigne et du vin, Paris, Okt. 1978, 809

Mestmäcker, Ernst Joachim: Europäisches Wettbewerbsrecht, München 1974

Moser v. Filseck, Richard: Der Schutz geographischer Herkunftsbezeichnungen als internationale Aufgabe, Der Markenartikel 1955, 191

— Zum Schutz geographischer Herkunftsbezeichnungen von besonderem Ruf, GRUR Ausl. 1962, 381

Müller, Hans-Jürgen: Sind Lagebezeichnungen für Warenzeichen tabu? GRUR 1978, 154

O'Keefe, John A.: The Law Relating to Trade Descriptions, London, Stand: 1. 1. 1977

Oppenhoff, Walter: Geographische Bezeichnungen und Warenzeichen, Gutachten für die WIPO, GRUR Int. 1977, 226

Peeters, G.: L'article 235 du Traité C.E.E. et les relations extérieures de la C.E.E., RMC 1973, 141

Pigassou, Paul: Indications de Provenance, Juriclasseur Commercial, Annexes, Stand: 5/1977

Plaisant, Marcel: Traité de Droit Conventionnel International Concernant la Propriété Industrielle, Paris 1949

Précigout, J. de: La sanction des infractions aux règlements de la C.E.E., RMC 1962, 142

Prüfer, Lutz H.: Zur Eintragbarkeit von Weinbergslagenamen als Warenzeichen, GRUR 1977, 242

Ronga, Giulio: L'Accordo di Lisbona del 31 Ottobre 1958, il diritto dell' economia 1966, 581

— La protezione delle denominazioni di origine dei mosti e dei vini (D.P. 12 luglio 1963 n 930), Il diritto dell'economia 1967, 193

Roubier, Paul: Le Droit de la Propriété Industrielle, Band II, Paris 1954 (zit.: Roubier II)

Roux, Xavier de: Dominique Voillemot, Thierry Vassogne, Le droit francais de la concurrence, Paris 1975

Schricker, Gerhard: Das belgische Gesetz über Handelspraktiken. GRUR Int. 1972, 184

Schwarze, Jürgen: Die EWG in ihren völkerrechtlichen Beziehungen, NJW 1979, 456

Sordelli, Luigi: Segni distintivi e nomi dei prodotti, Rivista di diritto industriale 1959, 25

— Die Rechtliche Regelung der Ursprungsbezeichnungen und Herkunftsangaben in Italien, GRUR Ausl. 1960, 421

— Denominazione di origine ed indicazioni di provenienza in Encyclopedia del diritto, Milano 1963

Stuyck, Jules: Vier Jahre Rechtsprechung zum belgischen Gesetz über die Handelspraktiken, GRUR Int. 1976, 520

Tilmann, Winfried: Die geographische Herkunftsangabe, München 1976

— Irreführende Werbeangaben und täuschende Werbung, GRUR 1976, 544

Tummers, Arlette: La Protection des Appellations d'origine dans la Loi du 14 juillet 1971 sur les pratiques du commerce, L'ingénieur Conseil 1974, 41

— / *Carpay-Hervé,* Michèle: L'arrêt relatif aux certificats „Scotch Whisky", L'ingénieur Conseil 1974, 297

Ulmer, Eugen: Das Recht des unlauteren Wettbewerbs in den Mitgliedsstaaten der Europäischen Wirtschaftsgemeinschaft, Band I, Vergleichende Darstellung, unter Mitwirkung von *Friedrich-Karl Beier,* München, Köln 1965
(zit.: Ulmer / Beier, RuW I)

— (Hrsg.): Band II, 1. Halbband, Belgien, Luxemburg, Bearbeiter: *Gerhard Schricker* (Belgien), Detlef Wunderlich (Luxemburg), 1967
(zit.: Ulmer / Schricker, RuW II 1)

— Band II, 2. Halbband, Niederlande, Bearbeiter: *Ludwig Baeumer,* 1967
(zit.: Ulmer / Baeumer, RuW II 2)

— Band III, Deutschland, Bearbeiter: *Dietrich Reimer,* 1968
(zit.: Ulmer / Reimer, RuW III)

— Band IV, Frankreich, Bearbeiter: *Rudolf Krasser,* 1967
(zit.: Ulmer / Krasser, RuW IV)

— Band V, Italien, Bearbeiter: *Gerhard Schricker,* 1965
(zit.: Ulmer / Schricker, RuW V)

Wellinghausen, Walter: Anm. zum Urteil des EuGH in der Rs 8/74 in EuR 1975, 322

Wille, Hans: Rechtsfragen der Weinbezeichnung in der Europäischen Wirtschaftsgemeinschaft, Diss. Saarbrücken 1965

Winkler, Rolf: Die Rechtsnatur der Geldbuße im Wettbewerbsrecht der Europäischen Wirtschaftsgemeinschaft, Tübingen 1971

Wohlfahrt, Ernst / *Everling,* Ulrich / *Glaesner,* Hans Joachim / *Sprung,* Rudolf: Kommentar zum EWG-Vertrag, Berlin, Frankfurt 1960

Wurzbacher, Hartmut: Die Aufteilung von Vertragsschlußkompetenzen zwischen der EWG und den Mitgliedsstaaten, Diss. München 1973

Wyatt, Derrick: Free movement of Goods and Indications of Origin, The Modern Law Review, Vol. 38 (1975) 679

Materialien

Kommission der Europäischen Gemeinschaften (Hrsg.): Studien, Reihe Wettbewerb-Rechtsangleichung, Nr. 20, Band 4 — Bericht über das niederländische Wirtschaftsrecht, Brüssel 1973, Bearbeiter: *Verloren van Themaat*

Band 5 — Bericht über das Wirtschaftsrecht im Vereinigten Königreich, Brüssel 1974, Bearbeiter: *Terence Daintith*

Band 6 — Bericht über das dänische Wirtschaftsrecht, Brüssel 1976, Bearbeiter: *Hanne Koktveldgaard* und *Ole Lando*

Band 7 — Bericht über das irische Wirtschaftsrecht, Brüssel 1977, Bearbeiter: *Brian M. E. McMahon*

FSC
www.fsc.org
MIX
Papier | Fördert gute Waldnutzung
FSC® C083411

Kolibri 360 GmbH
Ferdinand-Jühlke-Straße 7
99095 Erfurt, Deutschland
produktsicherheit@kolibri360.de

Druck:
CPI Druckdienstleistungen GmbH
im Auftrag der
Kolibri 360 GmbH
Ferdinand-Jühlke-Str. 7
99095 Erfurt